国家自然科学基金青年项目："央地共同事权下义务教育经费的筹集方式与分配机制优化研究"（72204200）

中央高校基本科研业务费专项资金资助（Supported by the Fundamental Research Funds for the Central Universities）

高跃光 ◎ 著

义务教育经费保障研究

基于政府间责任分配的视角

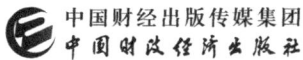

图书在版编目（CIP）数据

义务教育经费保障研究：基于政府间责任分配的视角/高跃光著．－－北京：中国财政经济出版社，2023.6

ISBN 978-7-5223-2169-1

Ⅰ.①义⋯ Ⅱ.①高⋯ Ⅲ.①义务教育－教育经费－研究－中国 Ⅳ.①G526.7

中国国家版本馆CIP数据核字（2023）第068708号

责任编辑：闫 娟　　　　责任印制：刘春年
封面设计：陈宇琰　　　　责任校对：张 凡

义务教育经费保障研究：基于政府间责任分配的视角
YIWU JIAOYU JINGFEI BAOZHANG YANJIU：JIYU ZHENGFUJIAN ZEREN FENPEI DE SHIJIAO

中国财政经济出版社 出版

URL：http：//www.cfeph.cn

E-mail：cfeph@cfeph.cn

（版权所有　翻印必究）

社址：北京市海淀区阜成路甲28号　邮政编码：100142
营销中心电话：010-88191522
天猫网店：中国财政经济出版社旗舰店
网址：https://zgczjjcbs.tmall.com
北京财经印刷厂印刷　各地新华书店经销
成品尺寸：170mm×240mm　16开　13.75印张　219 000字
2023年6月第1版　2023年6月北京第1次印刷
定价：65.00元
ISBN 978-7-5223-2169-1
（图书出现印装问题，本社负责调换，电话：010-88190548）
本社质量投诉电话：010-88190744
打击盗版举报热线：010-88191661　QQ：2242791300

前　言

"教育兴则国家兴，教育强则国家强。"党的十八大以来，以习近平同志为核心的党中央高度重视教育问题，习近平总书记在不同场合多次强调了发展教育的重要意义，为教育强国建设指明了方向。进入新时代，人民群众的教育需求正在由"有学上"向"上好学"加速转变，亟须深化教育教学改革，进一步提高义务教育质量，促进学生全面发展与健康成长，努力办好人民满意的义务教育。

办好人民满意的义务教育，在政府层面就需要厘清各层级政府间的事权和支出责任。从清末时期，我国就已经初步实施了义务教育，但限于当时的政治经济条件，义务教育经费保障体制在政府间的责任分配并不清晰，以至于义务教育发展步履维艰，清政府虽然也发布了相关文件，但并未得到有效的推行。在民国时期，义务教育发展有了一定的进步，突出表现在义务教育经费保障体制的初步实施，义务教育经费在政府间出现了分工，确切地说，中央政府承担起了一定的责任。此外，在各地方也实施了不同程度的义务教育，具体的经费保障机制在各省份也不尽相同。在新中国的一个较长时期内，我国并未明确地提出"义务教育"的正式表述，而仅为"普及教育"的表述，直到1982年才正式出现"义务教育"的表述。在此期间及以后，我国义务教育经费保障体制经历了供给责任的不清晰，供给责任由地方为主（包括从"以乡为主"到"以县为主"），到中央和地方共同承担较为清晰的事权和支出责任划分。这一过程实际上就是事权和支出责任逐步走向清晰的过程，或者说是高层级政府逐步承担起主体责任的过程。本书在以上问题的基础上，对义务教育经费在政府间的责任分配进行了研究，与以往文献相比，本书做了以下工作：

首先，从经典理论出发，结合现实条件，得出高层级政府应当承担义务教育公共产品的主要供给责任。分别从公共产品理论、政府间（府际）关系理论、财政分权理论等阐述经典理论对这一问题的认识，然后由经典理论延伸出来的性质，再结合现实特征，得出如下结论。具体地：对于义务教育公共产品的责任归属问题，一方面义务教育属于公共产品的范畴，这就决定了它不应该由市场供给，而需要由政府供给。另一方面在政府级次结构层面，无论是单一制国家还是联邦制国家，高层级政府与低层级政府均具有显著的区别，表现为低层级政府对供给本辖区的公共产品具有较高的激励，而对于公共产品因外部性而超出本辖区范围的供给激励则相对较低。然而，高层级政府具有吸收各辖区外部性的能力，即将外部性内在化。除此以外，高层级政府在财力方面也具有相对优势，能够提供低层级政府能力所不及的领域。也就是说，义务教育这类公共产品需要由高层级政府承担主要的供给责任。与此同时，义务教育经费在政府间的分配现状也显示低层级政府承担了过多的支出责任。

其次，利用实证方法研究义务教育的管理责任在政府间的分配，即研究了不同层级政府在义务教育公共产品供给上的优势。由于实现乡村振兴战略的基础在于发展农村教育，而农村义务教育阶段的事权与支出责任下放到低层级政府在一定程度上制约了农村教育发展，其中一个重要表现就是农村中小学教师工资得不到有效保障，进而不利于提升农村居民的长期受教育水平。那么，高层级政府能否解决低层级政府对于教育公共产品保障的不足？我们利用2001年农村中小学教师工资的管理责任上移这一政策改革，检验了高层级政府在管理义务教育财政资金方面的作用。具体地，利用2010年人口普查数据，基于居民个体在出生年份与所属地区两个维度，构造一个非平衡面板模型，以出生年份推算受益的时间，以户籍性质推算其就学地点，并考虑地区的自有财力状况，以反映这种管理责任上移的政策。研究发现：管理责任上移有效地提升了居民的长期受教育水平，证实了高层级政府对管理义务教育财政资金方面的相对优势，尤其是农村中小学教师工资；在分组检验方面，发现男性与女性的受益程度相近、非国家级贫困县的积极效应更为明显；在机制检验方面，从教育支出、农村教师的人员经费方面证实了管理责任上移的财政表现。

再次，利用实证方法研究义务教育财政的中央保障优势，即研究了上级拨付的财政转移支付与本地自有财政资金在义务教育供给上的效果差异。理清教育事权和支出责任在政府间的配置对教育发展至关重要，原因在于地方政府利用本地自有财政收入投入于教育领域的激励相对不足，而追求全社会利益最大化的中央政府能够吸收教育类公共产品所附带的空间外溢性，这就为财政转移支付在供给教育类公共产品上发挥比本地自有财政收入更大的效应（即结构效应）提供了理论基础。进一步，这种结构效应能否延伸到居民个体的长期受教育水平？我们利用2010年人口普查数据和宏观财政数据进行了验证。以出生年份和所属地区为基础，构造在其所属的义务教育阶段受益的财政转移支付占地方财政总收入（本地自有财政收入和财政转移支付）的比重，以反映其结构效应。研究发现，财政转移支付所占的比重每提升1个百分点，则能够为本地区居民个体至少带来额外的0.2年受教育年限，且专项转移支付的作用更为明显；同时，利用估算的教育类转移支付也发现了这一结果。分组检验发现，财政转移支付的结构效应对女性的影响更大，在地区层面对非国家级贫困县的影响更大。此外，在机制检验中，还证实了财政转移支付对本地区教育支出所具有的结构效应。基于此，为进一步提升居民的长期受教育水平，需要继续完善财政转移支付制度，以及清晰政府间关于教育领域的事权和支出责任划分。

最后，利用实证方法研究义务教育财政的地方保障，即研究了由地方主导的开拓新的义务教育经费来源渠道的问题。具有相对固定来源渠道的义务教育经费专项融资机制，对于保障义务教育经费供给具有至关重要的作用。同时，这种义务教育经费专项融资不仅需要考虑资金的筹集，还要重视资金的分配。我们利用各省份开征地方教育附加这一政策变革，根据各省份是否开征、何时开征以及省与市县的分配比例，引入双重差分模型，以识别拓展义务教育经费来源渠道对地方政府教育支出的影响。研究发现，开征地方教育附加这种筹集与分配具有专款专用性质的财政资金，有效地保障了地方教育支出。进一步研究发现，开征地方教育附加不仅为义务教育经费提供了新的专项融资渠道，还为受益于该政策变革的个体带来长期受教育水平的提升。

  本书的研究结果对未来完善义务教育经费保障具有积极的作用，主要体现在不同层级政府的责任分配上，即高层级政府应当承担更大的事权和支出责任。本书的研究结论表明，义务教育的事权和支出责任需要进一步上移，未来需要真正地实现由省级财政统筹的义务教育经费保障体制；在微观个体层面，为进一步提升居民的长期受教育水平，需要继续完善财政转移支付制度；为义务教育经费寻求具有稳定财源的专项融资渠道，并且协调好这种财政资金在政府间的分配，对于义务教育的长期发展具有积极作用。

目 录

第一章 导论 ·· 1
  第一节 研究背景与问题提出 ·· 1
  第二节 研究意义与实用价值 ·· 4
  第三节 研究方法与研究数据 ·· 6
  第四节 研究框架与主要内容 ·· 8
  第五节 研究的可能创新之处 ·· 12

第二章 文献综述 ·· 15
  第一节 义务教育与经费保障 ·· 16
  第二节 义务教育经费在不同层级政府间的职责分工 ············ 26

第三章 义务教育在政府间的责任分配 ······································ 31
  第一节 理论基础 ·· 31
  第二节 政府间的责任分配 ·· 36
  第三节 义务教育在政府间的分配现状 ································ 40
  本章小结 ·· 44

第四章 义务教育经费保障研究：历史与国际视角 …… 46
第一节 义务教育经费保障研究：历史视角 …… 46
第二节 义务教育经费保障研究：国际视角 …… 64
第三节 义务教育经费保障研究：经验与教训 …… 69
本章小结 …… 73

第五章 教育管理责任划分：基于"以县为主"的研究 …… 76
第一节 引言 …… 76
第二节 研究背景："以县为主" …… 80
第三节 数据、识别策略与实证模型 …… 83
第四节 实证检验与结果分析 …… 87
第五节 机制检验：对教育支出的影响 …… 105
本章小结 …… 107

第六章 教育财政的中央保障：基于转移支付的研究 …… 110
第一节 引言 …… 110
第二节 制度背景：财政转移支付 …… 113
第三节 数据、变量处理与计量模型 …… 118
第四节 实证检验与结果分析 …… 122
第五节 机制检验：对教育支出的影响 …… 143
本章小结 …… 145

第七章 教育财政的地方保障：基于开征地方教育附加的研究 …… 147
第一节 引言 …… 148
第二节 研究背景：开征地方教育附加 …… 151
第三节 数据、识别策略与计量模型 …… 155
第四节 实证检验与结果分析 …… 160
第五节 进一步讨论：对个体教育水平的影响 …… 177
本章小结 …… 181

第八章 研究结论、政策建议与研究展望 …………………… 184
  第一节 研究结论 ……………………………………………… 184
  第二节 政策建议 ……………………………………………… 187
  第三节 研究展望与研究不足 ………………………………… 188

参考文献 ………………………………………………………… 191

| 第一章 |

导　论

第一节　研究背景与问题提出

一、研究背景

义务教育是国家统一实施的所有适龄儿童、少年必须接受的教育，是国家必须予以保障的公益性事业。义务教育质量事关亿万少年儿童健康成长，事关国家发展，事关民族未来。"建设教育强国是中华民族伟大复兴的基础工程，必须把教育事业放在优先位置，加快教育现代化，办好人民满意的教育。"党的十九大报告中关于发展教育事业的表述，清晰定位了我国教育事业的发展目标。与此同时，党的十九大报告还对实现什么样的教育事业给予了清晰的答案，即"努力让每个孩子都能享有公平而有质量的教育"，就是要解决好教育面临的发展不平衡、不充分的各种问题，让每一个孩子都能享有优质而又公平的教育。党的十九大报告的论述可以体现出我国对教育事业的重视程度以及教育事业发展所面临的困难。我国教育事业的发展基础在于义务教育，而且地区间教育公平事业的难点也是在义务教育，地区间包括城乡间教育事业发展的不公平、教育质量的不均等同样体现在义务教育阶段。

第一，宏观经济下行与减税降费影响地方财力。近年来，随着我国经济社会发展转型与改革的并行推进，外部发展环境面临的挑战也日益严峻，我国经济增长的速度也呈现逐年放缓的趋势。在财税领域，税收收入增长速度也呈逐年放缓趋势。另外，我国还实施了大规模的减税降费改革，大幅度地减少经济主体的税负，不可避免地带来财政收入的减少。在此情况下，低层级政府尤其是县级政府的财政困难问题就会愈发突出，而义务教育以县为主的政策并未改变，财政收入下降势必影响义务教育经费投入，而如何保障义务教育经费进而促进教育公平发展就成为研究的重要内容。

第二，县级政府承担着义务教育的主要责任。2001年国务院《关于基础教育改革与发展的决定》，提出了实施地方政府负责、分级管理、以县为主的体制。但是，县级政府的财力规模依然不足以支持义务教育的发展需求，在财力层面，有研究发现2002年以来，县级地区的税收分成整体呈现下降的态势（毛捷等，2018），其原因在于省级与市级参与税收分成，导致县级财力相对下降。此外，县级政府的财力核心在于"保工资、保运转、保民生"，用于义务教育发展的资金相当有限，部分贫困地区的财政收入仅能满足保工资与保运转的需求，且基本上义务教育经费来自于上级转移支付。随着其他各项支出的不断增长，对义务教育支出的压力也在不断增大。数据显示，教育支出在县级支出的比重也在逐年下降，如1994年该比重达到了38%左右，2000年降到了25%左右，2006年又降到22%。

第三，城乡间义务教育发展的不均衡。在地区内部不仅存在城乡教育禀赋的差异，在教育支出方面还存在着严重的城市偏向政策，表现为优质的教育资源流向城镇学校，办学条件差距堪忧（鲍传友，2005）。在财力层面，1992年实施的《中华人民共和国义务教育法实施细则》规定实施义务教育，城市以市或者市辖区为单位组织进行；农村以县为单位组织进行，并落实到乡（镇），显然前者的财力强于后者。而以乡（镇）财政供给为主的农村基础教育经费并不足以满足基础教育发展的需求，加上乡级财政还要用于不断膨胀的行政管理费，使得以乡（镇）主导的基础教育发展举步维艰。另外，部分地方政府普遍实施的重点学校政策，即承办一些重点小学、重点中学等，但重点学校往往设置在城镇地区，而非农村地区，且重点学校生均教育经费严格多于非重点学校。这一结果不可避免地会导致阶层分割问题，我国初中阶段就是如此（吴愈晓和黄超，2016），而随着我国"撤点并校"政策的实施，农村学校变得越来越少，尽管目的是在于整合教育资源，但无疑增大了农村学校的入学成本。以2010年人口普查数据为例，按照个体的户籍分类，即城镇人均受教育年限以某一地区的某一出生年份的个体为城镇户口的平均水平表示，农村人均受教育年限以某一地区的某一出生年份的个体为农村户口的平均水平表示，然后取二者之差作为城乡间人均受教育年限差距的指标。在统计描述中，我们发现该指标的均值为0.5929，严格大于0，说明了城乡间受教育水平差距的存在性。

第四，贫困地区义务教育发展依然相对落后。以国家级贫困县数量较多的8个省份为例，人口平均受教育年限在1987年为4.98年；到2000年，其人口平均受教育年限为6.05年；2014年为8年；均严格落后于全国平均水平。对于贫困地区的居民而言，由于解决温饱问题而投入了大量家庭财富，使得自身用于投入教育的资金严重不足，显然对政府形成一定程度的依赖。然而，贫困地区的义务教育经费也不容乐观，《中国教育扶贫报告（2016）》指出，贫困地区经济基础薄弱，财政拮据，且大多为"吃饭"财政，导致贫困地区学校数量不足，办学条件差，教学设施落后。在师资力量层面，义务教育发展的问题更为突出，表现为教师整体数量不足，生师比过高，优秀教师外流严重，有的地方甚至无法维持正常的教学秩序；此外，现有的教师队伍整体素质水平偏低、知识的深度和广度不够，学校无力满足教师培训、外出培养、观摩学习的需求。有的地方拖欠教师工资问题尚未彻底解决，一定程度上影响了教学质量的提高，等等。

二、问题提出

基于上述问题，本书尝试从义务教育经费保障这一主题，研究如何保障义务教育经费的有效供给问题，缓解或解决义务教育经费的不足以及义务教育受益的不均衡问题。研究的落脚点主要在以下两个方面：

第一，在体制上理清哪一层级政府应当承担主要的责任，本书认为低层级政府难以解决义务教育这种具有广泛的空间外部性的公共产品供给，除了财力薄弱这一原因以外，主要就是低层级政府不具备这种公共产品的供给激励，而高层级政府具有相对充裕的财力，具有一定的税费征收权，且追求的目标在于实现辖区间的效用最大化，故需要将义务教育这种公共产品的事权与支出责任上移。也就是说，由高层级政府承担义务教育的主要责任。

当然，随着教育领域的事权和支出责任划分的逐步清晰，义务教育的责任分工也会得到改善，但并不意味着地方政府消除了其相应的财政压力。2019年国务院印发的《教育领域中央与地方财政事权和支出责任划分改革方案》，规定中央和地方分档承担一定的（义务教育）共同财政事权，其中：经常性事项由中央和地方分档负担，其使用的主要工具依然是财政转移支付；而且，阶段性任务和专项性工作事项依然是地方政府承担主要的统筹责任，中央承担的部分也依然是通过财政转移支付的方式统筹支持。这就说明，虽然中央政府承担着其应承担的责任，但地方政府的统筹责任压力依然存在，也就意味着在持续的改革过程中，高层级政府需要承担更大的财政责任，且财政转移支付是实现责任划分的重要载体，而完善财政转移支付依然是义务教育领域的重要内容。

第二，在融资体制和融资机制上，也需要高层级政府承担主要的征收与分配责任，例如为义务教育经费来源寻求新的渠道。从国外的经验教训上看，具有相对完整的且相对独立的税费征收权，用以投入义务教育领域的专项税费资金，对本地区的义务教育发展具有重要意义。我国实施以省级政府为主导的为义务教育经费筹集资金的改革，在一定程度上有利于弥补县级政府在教育资金方面的不足。

第二节 研究意义与实用价值

第一，丰富义务教育经费保障关于责任上移的研究。

现有关于义务教育经费保障的研究，尽管在研究机理层面涉及部分政府支出责任上移的研究，如由原来的乡（镇）统筹到当前的县统筹，进而推动由县统筹到省统筹，以实现高层级政府对义务教育的管理责任，但在实证层面并未有涉及财政资金的管理责任上移的研究；此外，关于上级拨付的财政转移支付与本级自有财政收入在公共产品供给上的效应差异的研究，鲜有将研究对象落实到居民个体层面，即上级拨付的资金与本地自有资金哪一个对居民长期受教育水平的作用更大。因此，本书试图将低层级政府的管理责任上移、财政转移支付与本地自有财政收入的效应差异作为义务教育经费保障研究的补充内容，丰富义务教育的理论与实证研究。

第二，丰富以比例税为补充经费来源的义务教育经费保障研究。

义务教育作为特殊的公共服务，在国民经济发展中承担着保障人力资本积累与长期经济发展的重任，显然，这就需要保障其经费的充足性。仅仅依赖于财政拨款并不能完全弥补义务教育经费的不足，需要建立多元化、多渠道的融资机制，其中就包括以专属的税收收入作为经费来源的补充。国外业已有研究证明建立专门属于教育经费的比例税收入有助于促进教育的发展，在我国尽管也开征了地方教育附加，但相关的理论与实证研究则相对不足。因此，本书试图将以固定的且专属于教育类公共服务的比例税作为研究的起点，探讨开征地方教育附加对义务教育经费保障的影响，重点突出该项改革对教育资源供给的影响以及对教育公平的影响。

第三，有助于解决县级义务教育经费投入不足与来源不足的困境。

现有对于义务教育经费保障的研究，普遍集中在增加教育经费层面，但是以县为主的义务教育经费供给并不能有效地提供质量高且公平的教育公共服务。一个突出的问题在于，作为低层级政府的县级财政并不具备统筹财力的能力，提供满足居民教育公共服务需求的财力与事权并不匹配，并且在地方政府竞争的条件下，低层级政府用以投入教育类公共服务的激励依然不足。此时，就需要将义务教育的管理责任上移，而本书研究的重要内容即关于由乡镇财政管理的农村中小学教师工资上移到县管理，实际上就是一种管理责任上移，就是由更高一级的政府管理义务教育财政资金。然而，我们从这一问题中得到的启示应该是管理责任甚至支出责任进一步上移，即实现由县统筹上移到由省统筹，以解决低层级政府义务教育投入不足且投入激励不足的问题。

另外，以建立固定的比例税收作为教育经费的补充来源，在一定程度上有助于教育经费来源的多元化，这种拓展经费来源渠道势必对教育公共服务供给产生积极影响。本书的研究结论也可以为未来义务教育经费来源的多元化提供基础数据。

第三节　研究方法与研究数据

一、研究方法

（一）比较研究

义务教育经费保障在国内外均存在着不同的发展历程，我们可以借鉴在不同发展阶段、不同国家结构形式条件下义务教育经费保障的实施差异，利用多维度进行比较研究。第一个维度就是对我国在不同时期关于义务教育经费保障的理论研究、实践运行等进行比较研究，反映我国经济社会不同发展阶段的差异；第二个维度就是对不同结构形式的国家关于义务教育经费保障的理论研究、实践运行等进行比较研究，以作为未来完善我国义务教育经费保障的重要参考。

（二）理论研究

政府间关于义务教育公共产品的供给分工与配置，现有研究主要是以公共产品具有的外部性作为基本原则，低层级政府对非本辖区受益的义务教育类公共产品并不具有积极的供给激励，而该类公共产品对人力资本的积累与长期经济增长具有积极作用，且高层级政府会直接受益于所辖辖区义务教育的外部性，因此，高层级政府应该对义务教育类公共产品的供给承担主要责任，即需要供给责任上移。另外，从政府间的财力分配方面，通常是层级越高的政府，其财力水平也就相对越高，对公共产品供给的统筹能力越强。在我国尤其如此，即现有的政府间税收分成制度下，高层级政府掌握着更多的财政资源，如2017年地方财政收入中有42%是来自于中央财政转移支付；尽管各省份内部即省以下税收分成各异，但也都是省级政府掌控分配的主导权。因此，需要从理论层面厘清高层级政府与低层级政府在义务教育经费保障层面的作用。

（三）实证研究

本书的核心部分在于探讨义务教育经费保障的责任上移对长期受教育水

平的影响，如以农村中小学教师工资的管理责任上移，进而对受益于该政策变革的居民个体的影响；研究居民个体在义务教育阶段受益的财政转移支付占本地区财政总收入的比重，以反映受益的财政转移支付每增加一个百分点，对居民个体的长期受教育水平带来额外的多少年受教育年限；以地方教育附加为代表的资金筹集责任对教育资源供给的影响，如地方政府开征地方教育附加对县级教育支出的影响，以及这种专项融资渠道对受益的居民个体其长期受教育水平带来的影响。

上述研究均以对应的改革时间节点为基础，并结合受益的地区或受益的群体，以识别政策变革对地区或个体层面的因果效应。主要采取的实证方法是双重差分法与最小二乘法回归模型，以评估管理责任上移、上级政府拨付的资金与本地自有收入的效应差异、开征地方教育附加这种专项融资渠道对受益地区或受益群体的影响，为未来完善义务教育经费保障提供定量数据支持。

二、研究数据

（一）微观数据

第一，微观数据主要来源于2010年的人口普查数据，该数据的构建是以家庭为单位，包含所属家庭的个人信息的数据，一个主要优势就是基本涵盖所有县（市、区）单位，且受访的样本量大。拥有家庭与个体层面的相关变量，如性别、年龄、民族、受教育程度、行业、职业、迁移流动、社会保障、婚姻生育、死亡、住房情况等。

第二，微观数据的补充来源就是各科研机构、大学、基金组织等支持的微观调查数据库。例如，CFPS数据（中国家庭追踪调查），该数据旨在通过跟踪收集个体、家庭、社区三个层次的数据，反映中国社会、经济、人口、教育和健康的变迁，为学术研究和公共政策分析提供数据基础。该数据从2010年开始实施，并以2010年作为基线，追踪了2012年、2014年、2016年、2018年四轮，凭借其具有广泛的信息量以及追踪调查的方式，贡献了大量可用的数据。还有CGSS数据（中国综合社会调查），该数据是我国最早的全国性、综合性、连续性学术调查项目，系统、全面地收集社会、社区、家庭、个人多个层次的数据，为学术研究提供了便利。该数据虽然不是追踪调查数据，但开始时间早，持续时间长，已公布了 2003 年、2005 年、2006 年、2008 年、2010 年、2011 年、2012 年、2013 年、2015 年、2017 年的数据，为构造基于群组的非平衡面板提供了可能性。

（二）宏观数据

宏观数据主要是县级层面数据，来源于 1994—2009 年《全国地市县财政统计资料》，该数据含有全国 2800 多个县（市、区）详细的财政收支数据。微观数据与宏观数据均具有可匹配且唯一的标识编码，为宏微观数据的匹配提供了良好条件。

（三）人工搜集

部分数据并未呈现在宏观数据库或微观数据库，需要人工搜集，如开征地方教育附加的数据，即每一个省是否开征以及何时开征、省与省以下的分成比例等均需要手工搜集。此外，其他手工搜集的如国家贫困地区义务教育工程，省直管县、国定贫困县等反映县（市、区）是否属于或参与上述计划的数据。

第四节　研究框架与主要内容

本书的研究对象是义务教育经费保障，观测义务教育经费保障的各项改革对教育发展的影响，具体地：首先，梳理现有关于义务教育经费保障的文献，并得出本书试图研究的方向；其次，从理论层面验证不同层级政府对义务教育经费的责任分配，目的在于说明义务教育的责任更适合高层级政府承担；再次，从义务教育经费保障的重要性层面，梳理我国在不同历史阶段关于义务教育发展及其经费保障机制的历史教训，并借鉴国外不同国家结构形式下的经验教训，总结我国义务教育经费保障存在的问题与未来可能改善之处；然后，从义务教育经费保障的三项改革出发，即以农村中小学教师工资的管理责任上移研究教育管理责任的划分问题、以财政转移支付制度研究教育财政的中央保障问题、以开征地方教育附加研究教育财政的地方保障问题，检验各项改革对教育发展的影响；最后，总结研究内容并提出政策建议（具体框架如图1-1所示）。

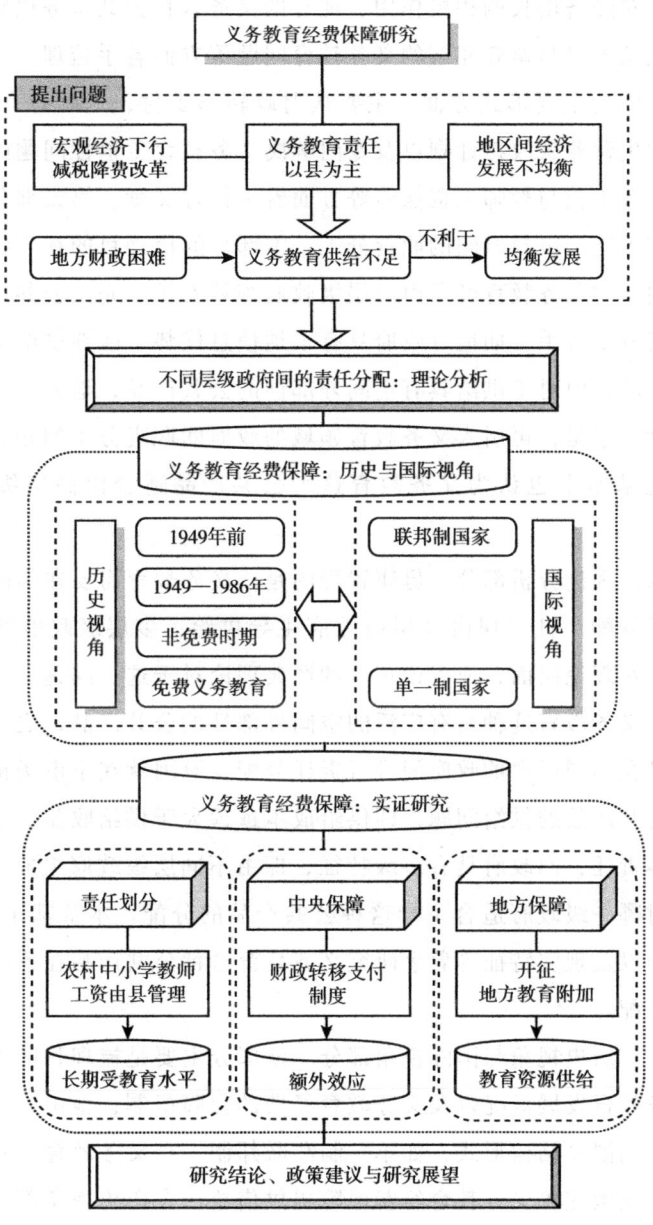

图1-1 研究框架

第二章是文献综述部分。该部分主要从义务教育与经费保障、义务教育经费在不同层级政府间的职责分工两大部分展开。第一部分综述义务教育与经费保障,在为什么重视义务教育方面,主要从义务教育对长期人力资本积累的作用、对经济增长的积极作用、现有的义务教育公共服务供给不足、特殊群体如流动人口与留守儿童的义务教育问题等方面着手梳理文献;在义务教育经费保障的主要形式方面,主要从财政转移支付、"两免一补"政策、义务教育学生营养餐改善计划以及专门解决义务教育急迫性问题的国家贫困地区义务教育工程与教师工资保障等方面着手梳理文献。第二部分综述义务教育经费在不同层级政府间的职责分工,本部分的梳理目的在于归纳出本书的研究方向,即义务教育经费由高层级政府统筹安排。先从公共产品领域的政府间职责分工着手,如地方政府具有本地信息优势,能够供给本辖区范围内的公共产品,但对于供给具有空间外部性的公共产品,地方政府就弱化了其供给激励。于是,再引入义务教育领域的政府间职责分工的相关文献,发现现有研究基本上也认为义务教育这种公共产品适合由高层级政府统筹供给。

第三章是理论分析部分。毋庸置疑的是,义务教育需要在不同层级政府间进行责任分配,且实现由高层级政府主导供给,多层级政府共同参与承担。那么,在理论层面,或者说现有的经典理论对于这一问题又是如何认识的?显然,义务教育这种具有广泛的空间外部性的公共产品,之所以需要由政府供给且在不同层次的政府间进行责任分配,原因就在于市场机制不能有效地解决公共产品的供给问题,即供给成本远远大于供给收益,进而需要政府承担主体责任,而政府具有多级特征,即由不同层级政府组成。于是,我们需要探讨哪一级政府适合主导这种公共产品的分配。本章基于经典理论、理论的延伸以及现实特征等着手研究义务教育这种公共产品在不同层级政府间的责任分配。

第四章是历史视角与国际视角部分。该部分主要是梳理我国不同的历史阶段,义务教育发展概况以及义务教育经费的保障机制;他山之石,可以攻玉,基于不同国家结构形式,如单一制和联邦制,在义务教育经费保障方面的实践,为我国完善义务教育经费保障提供借鉴。在历史视角部分,主要梳理了新中国成立前(1949年前)如清末时期、民国时期关于义务教育发展的概况，以及义务教育经费保障（即经费在政府间的分担情况）情况，新中国成立以后（1949—1986年）的时期，我国官方并未出现"义务教育"这一表述，仅为"普及教育"的表述，意味着这一阶段的义务教育发展相对缓慢，且义务教育经费保障也相对缺失；非免费义务教育时期（1986—2005年），这一时期正式出现了"义务教育"这一官方表述，且出台了《义务教育法》，标志着我国正式实施义务教育，但这一时期因受制于经济发展水平，故依然是非免费性的义务教育，居民（学生）依然需要负担学杂费；免费义务教育时期（2005年至今），这一时期我国逐步推行实施免费的义务教育，且政府间的事权与支出责任划分也在逐步完善，关于义务教育间的事权与支出责任划分也在逐步清晰。在国际视角，我们以单一制国家和联邦制国家分别举例说明，如单一制国家选取了日本和法国，联邦制国家选取了美国和德国，前者的义务教育经费保障突出表现在中央支出占义务教育经费的主体部分且各层级政府共担，后者的义务教育经费保障突出表现在联邦政府支出相对较低，而州政府占据主体地位且各层级政府共担。在此基础上，对国内外视角的内容进行经验总结。

第五章是教育管理责任划分：基于"以县为主"改革的研究。如何衡量高层级政府与低层级政府在义务教育公共产品供给上的效应差异，需要识别这种供给在不同层级政府间的变化，而2001年的政策变革为识别这种变化提供了条件。例如，我国在相当一段时间内并未有效地保障农村教师的工资待遇，这就严重影响了农村教师的社会经济地位与工作积极性。为此，需要在政府层级方面着手改革教育公共产品的供给，即提升高层级政府在教育公共产品供给的责任，进而保障农村教师的工资待遇，提升农村居民的长期受教育水平。以往关于我国农村教师的工资待遇保障与居民长期受教育水平的研究基本以政策研究为主，鲜有涉及实证的因果效应分析，并且将这种因果效应归于不同层级政府的责任分配层面。具体地，该部分利用2001年国务院发布的《关于基础教育改革与发展的决定》中关于农村中小学教师工资的管理权由乡镇财政上移到县级财政这一政策，结合政策实施前的地区自有财力状况，识别了管理责任上移对受益居民的长期受教育水平的影响。并利用2010年人口普查数据，验证了这一积极效应的存在性，证实了高层级政府在管理义务教育财政资金方面的相对优势。

第六章是教育财政的中央保障：基于转移支付的研究。前文在验证了高层级政府在义务教育财政资金管理上具有的相对优势，那么，高层级政府的财政转移支付资金相对于低层级政府自有财政资金，是否也具有独特的优势？或者说居民受益于高层级政府提供的财政资金与受益于本地政府提供的财政资金，是否具有显著的差异？现有关于财政转移支付与本地自有财政收入在教育公共产品供给的研究，基本可以确定财政转移支付对地方教育支出的作用更大。然而，鲜有研究将其延伸到财政转移支付的结构效应，以及将研究对象归于微观个体层面。于是，该部分利用分税制改革以来的财政转移支付制度，结合宏微观数据研究了转移支付对居民个体的长期受教育水平的结构效应，也就是财政转移支付为居民个体带来额外的受教育年限。

第七章是教育财政的地方保障：基于开征地方教育附加的研究。2006 年修订的《义务教育法》明确规定，义务教育经费投入实行国务院和地方各级人民政府根据职责共同负担，省、自治区、直辖市人民政府负责统筹落实的体制。也就是说，义务教育经费应该是由省级统筹。前文验证了高层级政府在资金管理方面具有的相对优势，那么，省级统筹安排义务教育经费如开拓经费供给来源是否也具有积极效应？美国的义务教育投入具有相对稳定的税源支持，而我国并没有一个专门用于支持义务教育发展的税种，或者说义务教育经费投入没有可以依赖的税种，以至于义务教育经费来源渠道相对较窄。我国现有关于义务教育经费来源渠道的研究相对较少，且更鲜有涉及专项融资来源渠道的义务教育经费在政府间的分配比例问题。于是，该部分尝试以开征地方教育附加这一政策变革研究义务教育专项融资对地方教育支出的影响，发现开征地方教育附加能够有效地保障地方政府的教育支出，验证了开拓义务教育专项融资渠道对义务教育发展的积极作用。

第八章是研究结论、政策建议与研究展望。归纳本书的主要研究结论，并结合现有的政策要求，展望未来义务教育发展的趋势，进而提供政策建议。

第五节　研究的可能创新之处

第一，以外溢性为前提假设，研究不同层级政府间义务教育责任分配。

现有关于公共产品在政府间分配的研究相对较多，且多注重于理论机理层面的研究，但对于具有明显的具有空间外部性的义务教育层面的研究相对较少，且将研究视角以高层级政府承担支出责任、管理责任、资金筹集责任层面的研究则更不多见；在我国的现有研究中，多侧重于财政分权作为政府间公共产品配置机制的研究，即在地方政府间竞争的视角下，研究地方政府对生产性公共产品与非生产性公共产品间的供给配置（赵志耘和吕冰洋，2005；王麒麟，2011；张莉等，2018），研究结论一般为地方政府倾向于多投入生产性公共产品，而具有代表性的非生产性公共产品，如教育类公共产品则相对不足。该类研究的出发点在于生产性支出能够为短期经济增长作出贡献，而非从公共产品的外溢性。因此，本书将重点以外溢性为前提假设，以义务教育作为研究对象，探讨高层级政府与低层级政府在义务教育经费保障层面的责任分配。

第二，从管理责任划分（上移）角度研究义务教育经费保障。

基于可查到的文献搜集，我们并未发现在实证层面关于义务教育经费管理责任上移的研究。现有关于义务教育经费保障的研究基本集中在义务教育的结果层面，如义务教育经费的均衡发展（中央教育科学研究所教育政策分析中心，2007；武向荣，2013）、教育公平（薛海平和王蓉，2010），以及在贫困地区或农村地区的义务教育发展结果层面，如西部农村地区（高如峰，2004；司晓宏，2009；司晓宏和杨令平，2010），也有教育经费管理对贫困地区人力资本发展的研究（范子英和高跃光，2019），等等。上述研究的起点，鲜有涉及管理责任的分配，尤其是管理责任上移的研究。在政府支出责任方面，赵力涛（2009）从教育分权的角度研究了农村义务教育管理体制，突出了重新确立政府责任的制度安排对教育公平的影响。然而，现有关于政府间责任配置的研究较少，且对于管理责任上移的研究也仅停留在机理分析层面，而对于实证方面的研究则更不多见。于是，本书尝试从管理责任上移的角度，实证检验高层级政府对义务教育资金的管理效应。

第三，从地方专项融资这一角度研究义务教育经费保障。

长期以来，我国义务教育经费来源主要是以财政拨款为主，即资金来源渠道相对单一。为保障教育经费供给充足与有效供给，我国分步骤地实施了开征地方教育附加的改革。该项改革为地方政府教育资金提供了充足的财源,国外也有研究证明类似的改革有助于经济增长与促进收入均等化(Eckstein and Zilcha,1994)。但是,我国现有关于义务教育经费资金的筹集与分配的实证研究尚不多见,我们需要检验以省级政府为主的资金筹集与分配责任对教育资源供给的影响,以及对受益于该政策变革的居民个体的影响。

第二章
文献综述

义务教育与其他教育阶段的主要区别就是义务教育具有强制性、普遍性与免费性。也就是说,义务教育阶段的学生只要达到学龄,均可入学且均需入学,排除了其他不可入学的条件,而且免除学生学费(当然,这仅适用于免费义务教育时期)。显然,从义务教育具有的特性来看,它具备着维护社会公平正义的职能,即均等化儿童的入学条件,在一定程度上有利于实现孩子同在一个起跑线上。

此外,从义务教育的公共品属性来看,义务教育具有广泛的空间外部性,这就决定了义务教育需要以政府为主导,或者是由高层级政府统筹安排。也就是说,义务教育的事权与支出责任需要在不同层级政府间进行有效且合理的分配。究竟低层级政府与高层级政府在义务教育公共产品供给方面存在何种差异,现有研究给出了部分答案;在义务教育经费的融资渠道上,国外的实践业已表明多元化融资渠道能够有效地弥补义务教育经费的不足。

本章先从义务教育及其经费保障的主要形式着手,综述现有文献关于为什么重视义务教育,即从义务教育的重要性方面研究,还有就是我国关于义务教育经费的保障形式有哪些,现有文献分别作了什么研究。然后,从义务教育经费在不同层级政府间的职责分工着手,研究为什么义务教育经费需要由高层级政府主导而非低层级政府。

第一节　义务教育与经费保障

"义务教育之目的,在使养成公民必要之知识行为,与其生存能力,故在教育上之性质,为国民教育"(袁希涛,1931)。也就是说,义务教育属于基础教育的范畴,也是公民的必要教育。而且,义务教育对经济社会的效应相当突出,如洛奇纳和莫雷蒂(Lochner and Moretti,2004)发现义务教育有效降低了美国的犯罪概率,布莱克等(Black et al.,2004)发现义务教育有效降低了美国和挪威的未成年怀孕概率;更有研究发现额外增加一年的义务教育年限,会大大延缓去世的年龄(Lleras - Muney,2005)。而如何保障义务教育经费,不仅是政府决策部门关注的重要议题,也是学术研究界普遍关心的问题。现有的义务教育经费主要来源于政府预算内的财政拨款与征收的各种税费。此外,为了保障义务教育发展,还实施了其他形式的具有专项性质的保障机制。

一、为什么重视义务教育

(一)义务教育对人力资本的形成具有重要作用

现有研究对人力资本的重视程度相对较高,经典的内生增长理论认为技术进步是一国经济长期增长的源泉,而技术进步又依赖于人力资本的存量的提升(Lucas,1988;Romer,1989)。从经济发展需求层面,经济的产出增加取决于物质资本与人力资本的共同作用(Solow,1956),而且在物质资本驱动经济增长的动力逐步减弱的情况下,以知识部门为代表的新生产要素供给是跨越发展阶段的主导力量(中国经济增长前沿课题组,2015)。在我国,随着人口红利的逐渐衰减,劳动力不再是无限供给的,除非人力资本的提升才能解决生产率的问题(蔡昉,2011)。

人力资本理论的开创者舒尔茨发现,人力资本的形成来源于对受教育者的各种投入(舒尔茨,1990)。中国也同样如此,改革开放初期的经济起飞得益于计划经济时代的基础教育投资,特别是识字率的提高,一些研究发现当时中国的识字率比相同发展水平的国家高出 15 个百分点（徐坚成等，2010）。随着中国经济的快速发展和人口结构的老龄化，人口数量的红利效应将逐步消失（蔡昉，2011），经济发展模式开始逐步转向高质量发展阶段，此时更加需要高质量的人力资本，而马晓强等（2017）的研究发现教育将成为人力资本增长的主要因素。此外，有研究认为教育是解决低收入和中等收入国家社会、政治、经济和地理上不平等的几乎无可争辩的发展战略（Datzberger，2018）；也有研究基于 OECD 跨国数据的实证检验表明，政府公共教育投资能够促进人力资本水平的提高，且这种促进作用在收入风险较大、融资约束较强的国家其效果会更为突出（才国伟和刘剑雄，2014）。当然，我们也不可忽视国家能力对人力资本积累的影响（冯晨等，2019）。

一般而言，人力资本积累包括具有经济价值的知识、技能和个体等存量之和（Chiswick，1966）。因此，全面的人力资本应该包括健康、教育、认知能力和非认知能力等多个维度能力的培养和积累（程名望等，2016），其中，教育又对非认知能力（Chen et al.，2017）以及认知能力和健康都存在积极影响（Xiao et al.，2017）。也就是说，教育投入不仅能够提升人力资本水平，还会产生正向的溢出效应（Acemoglu and Angrist，2001；Lochner and Moretti，2004）。

（二）义务教育对长期经济增长具有重要作用

在现阶段的社会经济结构条件下，我国初级教育对经济增长的作用大于高级教育的作用（黄燕萍等，2013），其中一个重要机制就是地方政府对教育的投入会影响当地的劳动力素质，这将通过直接提高劳动的边际产出以及间接提高资本的边际产出而带来地方经济的更快增长（陈钊和徐彤，2011）。

现有关于教育对长期经济增长的研究相对较多，如罗默（Romer，1990）、曼昆等（Mankiw et al.，1992）以及巴罗和李钟（Barro and Lee，1993）等人深入研究了教育投入对于人力资本的作用，且基本以入学率、成人识字率或者平均受教育年限以及教育投入作为人力资本的指标来研究对于经济增长的贡献，验证了人力资本是经济增长的重要因素。当然，教育对经济增长的影响差异也会在时间和地区层面具有异质性，如丹尼森（Denison，1983）研究发现，1929—1957 年，教育对美国经济增长的贡献率为 20%；以巴西为例，研究认为1970—1980年，巴西全社会人均受教育年限每增加一年，可提高巴西国民经济总产出约20%，人力资本对巴西经济增长的贡献率达到了25%（Lau et al.，1983）。与此相类似，范柏乃和闫伟（2013）基于中国1996—2011年的省级面板数据测算了我国教育投入对经济增长贡献率的时空差异，得出我国教育投入对经济增长具有显著的正向影响，贡献率为35%。

还有一些研究关注了教育投入对农村经济的贡献情况，周晓和朱农（2003）使用面板数据研究了人力资本对农村经济增长的作用，结果发现前者对后者具有重要的促进作用。进一步，李瑞锋（2007）通过我国农村教育发展与农村经济增长的实证研究发现，我国农村教育发展对农村经济增长具有显著的正向促进作用，平均受教育年限每增加一年，农村经济就增长0.28%，即农村教育对农村经济增长的贡献率高达24%，同时也指出，我国农村义务教育发展虽然很快，但受制于我国低重心的农村义务教育财政体制，农村基础教育发展依然很困难。

（三）义务教育公共服务供给不足

对于政府的各类型财政投入问题，现有研究多侧重于生产性与非生产性支出的类型差异研究（Alesina and Rodrik，1994；Devarajan et al.，1996；Kneller et al.，1999）。由于我国分税制以来的财政分权，即政治上的集权与经济上的分权，地方政府间竞争使得支出结构呈现出系统性的偏差特征（Keen and Marchand，1997），一个重要特征就是生产性支出偏向（尹恒和朱虹，2011），导致地方政府倾向于多投资于生产性支出，而有利于人力资本提升的教育支出则相对较少，即地方政府基于地方政府间竞争的政绩考核制度，将资源投入到了具有生产性公共服务和提升政绩的领域（张军等，2007；范子英和张军，2013），降低了地方政府的公共教育供给（周亚虹等，2013），尤其是小学义务教育的有效供给（乔宝云等，2005；林江等，2011）。另外，不可忽视的是，公共服务供给还存在地区间的不均衡，政府在贫困地区的人力资本投资相对不足，会导致经济可能陷入低增长的道路（West and Wong，1995）。

这种教育公共服务供给的不足，还体现在地区间、城乡间供给不均衡这一维度。较为明显的是以户籍制度为基础的一系列城乡二元结构制度安排和教育投入经费的不足（褚宏启，2009；吕炜和刘国辉，2010；王善迈等，2003；段成荣等，2008；甘行琼和刘大帅，2015），具体到如何衡量这种供给不足或供给的不充分问题，目前的研究首先选取具有代表性的指标并通过一定的方法进行描述，并对其原因进行解释和分析，一方面是对我国义务教育的均等化程度或者是供给的不充分问题作出描述，如张侠和刘小川（2015）选择生均经费、生师比和文盲率三个指标通过极差和变异系数衡量义务教育的省际差距；袁镭和李燕凌（2015）选择预算内义务教育经费投入、学校数量和专任教师三个指标，通过泰尔指数衡量2004—2012年地区间以及地区内部的教育差距。另一方面，目前很多研究都将原因归结为我国的财政分权导致的教育经费投入不足以及转移支付制度的不完善（乔宝云等，2005）。针对上述提出义务教育基本公共服务供给不足以及供给的不均衡，目前的研究也指出财政分权度的提高并未对义务教育产生正向提升作用，教育财政分权程度越深则基础教育公共支出偏向问题越严重（林江等，2011；张晏等，2013），关键是需要提高转移支付对义务教育公共服务均等化的效应（常斌，2015）。

可以看出，义务教育对人力资本与经济增长的重要性相当突出，而且政府在其中发挥着关键作用，突出表现在对教育类公共服务的供给上，但由于地方政府竞争而导致义务教育公共服务供给不足，从而抑制着对人力资本、经济增长的积极作用。在此类情况下，一方面需要认识到地方政府竞争的存在性，另一方面需要考虑将义务教育公共服务供给的责任上移，即以更高层级的政府作为主要供给方。

（四）流动人口与留守儿童的教育供给乏力

第一，流动人口子女的教育问题。一方面，流动人口子女教育在我国存在不公平问题；另一方面，流动人口数量不断增加也对教育公共服务带来挑战，即流动人口的义务教育存在着阻力（Goodburn，2009）。围绕解决流动人口义务教育问题的理论和实践意义，目前主要从义务教育公共品属性（李贞，2005；李阳，2011）、教育公平（杨东平，2009）及社会稳定（范先佐等，2011）几个方面论证了解决好流动人口义务教育问题的紧迫性。

第二，留守儿童的教育问题。党的十九大报告指出，未来我国将推动城乡义务教育一体化发展，并高度重视农村义务教育，努力让每个孩子都享有公平而有质量的教育。随着中国经济的高速增长和城镇化进程加深，大城市对劳动力需求扩大，外出务工人数与日俱增。由于我国特殊的户籍制度、较高的落户门槛以及城乡资源分配的不平衡，造成外出务工人员的子女无法享受与本地儿童同等的教育，因此产生了大量的留守儿童（魏东霞和谌新民，2018）。吕利丹等（2018）根据2015年全国1%人口抽样调查微观数据，计算出了全国留守儿童的数量达到了6788万人。2004年在国家颁布的文件中也首次提出，要高度重视流动人口家庭子女的义务教育问题。显然，从儿童权利的视角出发，由于父母角色的缺失，以至于留守儿童可能会在受教育方面遇到比流动儿童更多的问题（谭深，2011）。

在留守儿童的教育方面，父母陪伴与监管的缺失会对留守儿童教育产生不利的影响（陶然和周敏慧，2012；Mckenzie and Rapoport，2006；Meng and Yamauchi，2015），尤其是对义务教育阶段的儿童会产生明显的负向影响（段成荣和周福林，2005）。此外，丁继红和徐宁吟（2018）运用中国营养与健康调查（CHNS）1997—2011年六轮家庭数据，研究了父母外出对留守儿童健康和受教育情况的影响，结果表明父母外出务工对留守儿童的受教育情况造成显著的负面影响。梁载和陈耀波（Liang and Chen，2007）基于广东省1995年1%人口抽样调查数据发现省内流动儿童入学率低于农村没有外出的儿童。赖芳（Lai et al.，2014）基于北京农民工子弟学校流动儿童和陕西农村公办学校儿童的调查发现前者的学业成绩表现好于后者。徐红伟和谢雨（Xu and Xie，2015）基于中国家庭追踪调查数据（CFPS）的研究也发现流动儿童与农村没有外出的儿童相比，数学成绩明显更好。

针对上述可能存在的问题，尤其是处于义务教育阶段的随迁子女，中央政府在2001年取消了"限制流出，交费借读"的规定，提出"以流入地政府管理为主，以公办中小学为主"（"两为主"政策）的政策。

当然，留守儿童问题在国外也很显见，如弗兰卡维拉和詹内利（Francavilla and Giannelli，2007）对阿尔巴尼亚的相关数据进行研究发现，长期来看，父母的移民会对留守儿童的入学有负面影响，也增加了在校留守儿童辍学的可能性。

总体而言，无论是属于流动人口的儿童还是留守的儿童，其教育表现的不良主要源于以政府为主导的义务教育供给的不足,加上缺乏父母的陪伴与监管,进一步加剧了这种供给不足而导致的教育表现。

二、义务教育经费保障机制的主要形式

(一) 财政转移支付

理论上转移支付制度不仅应该具有平衡政府间财力差距的作用,前任财政部长楼继伟认为还应该具有设立执行政策的财力激励作用(刘克崮和贾康,2008),即还应该存在引导地方政府执行特定政策的要求,如地区间基本公共服务均等化。而义务教育就属于基本公共服务的范畴,因为中央政府在义务教育公共服务供给方面承担着一定的责任,以至于财政转移支付就成为中央参与义务教育公共服务供给的一个重要方面。

县级政府是教育类公共服务的主要供给者,不同经济发展程度的地区也具有异质性,即经济相对发达的地区,对转移支付资金的依赖程度低,教育投入多依赖于自有收入,而经济相对落后的地区,对转移支付资金的依赖程度高,教育投入多依赖于转移支付。比如,现有许多地区的义务教育均依赖于中央政府的专项转移支付(乔宝云等,2005)。现有研究业已验证转移支付对县级教育支出的影响大于本地自有收入(成刚和萧今,2011),也就是说转移支付还具有结构效应,即没有直接税收成本的转移支付发挥着比本地财政收入更大的作用。

此外,对于如何完善教育转移支付,现有研究也提供了相应的思路。第一种方法是根据生均标准支出(或成本)以及各地财政能力,确定各地区获得的补助额度。例如,马国贤(2002)提出以生均成本和地区人均支出水平为基础确定各地的补助额度;杜育红和王善迈(2000)提出根据各地工资水平(作为成本调整系数)、全国生均教育经费额度(作为义务教育最低保障线的依据)以及地方财政努力程度(作为各地财政供给能力的依据)来确定各地获得的转移支付额度,并以此对我国1997年各省获得的义务教育转移支付数据进行了模拟。第二种方法是分项目确定中央财政、省级财政以及县级财政在不同地区的投入责任。例如,高如峰(2004)提出建立东部、中部、西部分地区分级分担的政府农村义务教育经费分担机制:东部地区实行

以县（市）、省级政府作为投资主体；中部地区实行中央和省级政府作为投资主体；西部地区实行以中央政府作为投资主体。也有研究指出中央层面的转移支付还是应该向农村倾斜，同时强化省级政府统筹责任，使整个义务教育保障重心不断地上移（范先佐，2004）。

（二）"两免一补"政策

为解决好农村义务教育阶段的贫困家庭学生上学难问题，让每一个适龄儿童都能够接受义务教育，我国于2001年开始实施"两免一补"政策，即对农村义务教育阶段的贫困家庭学生免杂费、免书本费、逐步补助寄宿生生活费。"完善农村义务教育财政保障机制"课题组（2005）研究发现，该项政策不仅对贫困家庭的教育支出具有积极的减负效应，还在一定程度上增加了居民收入水平，即还存在着收入效应，显然这就有效地促进了教育公平。此外，王小龙（2009）对义务教育"两免一补"的研究发现，该政策对农户子女辍学的抑制效果明显，对初中学生而言，其就学概率提升了6个百分点，这对提升地区间、城乡间教育公平具有积极作用，也有研究发现初中升高中的概率提升了11个百分点（Wang，2018）。当然，这种政策并非是完美的，在减轻农民子女上学负担的同时，留守儿童问题等依然很严重（陶菁，2007）。

实际上，"两免一补"政策属于免费义务教育的范畴之内，而实施义务教育这一政策本身就属于义务教育经费保障机制的内容，针对实施义务教育政策的研究，这里也作如下梳理。例如，刘生龙等（2016）利用中国城镇住户调查数据（2007—2009年），基于断点回归设计的方法对1986年开始实施的义务教育法对个体的受教育年限及教育回报率进行了实证研究，结果表明义务教育法的实施显著提高了个体的受教育年限，平均提升了约0.36—0.39年，这对中国人力资本提升具有积极意义。同时，方海等（Fang et al.，2012）对这一政策的估计结果也是大致如此，即义务教育法的实施提高了个体受教育年限达0.82年，但拉·文森特（La Vincent，2014）认为前者的估计结果明显高估，主要是因为在实施义务教育以后的时间里，中国刚好经历了经济的高速增长，因而导致教育回报率被高估。同时也有研究指出虽然我国的义务教育法的起点可追溯到1986年颁布的《义务教育法》，并且明确规定了义务教育的免费性质，即"国家对接受义务教育的学生免收学费"，但是这条法令未被严格执行（Xiao et al.，2017），况且不同省份颁布的实施条例的时间也是有差异的，例如黑龙江和辽宁是1986年7月1日颁布的，而湖南和广西是1991年9月1日颁布，由此也导致受义务教育法实施影响的组群间的受教育年限在不同省份之间存在差异（刘生龙等，2016）。

（三）义务教育学生营养餐改善计划

如前所述，高质量的人力资本依赖于持续性的教育投入（Kotera and Seshadri，2017）。教育投入一般来源于家庭和以政府为主导的公共部门两部分，而我国长期以来的经济社会发展不平衡，使得贫困地区的农村学生并不能获得良好的家庭和公共教育投资，其中一个重要原因归于贫困地区的农村家庭无力满足学生的营养健康需求，而这又严重影响着人力资本的两项基本组成要素的质量，即人的身体健康与教育表现（Middleman et al.，1996；Pollitt et al.，1998）。作为政府公共教育投入的一种重要形式，实施以政府为主导的营养干预政策，可以有效弥补贫困地区农村家庭营养投入的不足，也就成为了解决低水平陷阱的有效方案。与此同时，国外不同发展程度的国家也提供了不同水平的营养干预计划，为家庭经济困难的学生提供免费营养餐食，研究人员也做了大量的理论与实证研究，用以分析与检验实施营养干预政策的影响。总体上，研究结果显示实施营养干预的效果相当明显，有效地解决了家庭经济困难学生的健康与教育绩效问题（Glewwe et al.，2001；Winicki and Jemison，2003；Alderman et al.，2006）。因此，政府采取积极的营养干预行为是必要的，尤其是解决家庭食品短缺与营养摄入的问题（Schmidt et al.，2013）。

为学生提供营养餐计划已成为世界各国的普遍做法，一个可能的原因是政府以食品券类的形式对生活困难的居民提供援助，要比以现金的形式更能获得政治支持（Hoynes and Schanzenbach，2009）。以政府为主导的营养餐计划，主要目的在于解决家庭困难居民的食品安全与营养摄入问题（Bartfeld and Dunifon，2006；Schmidt et al.，2013），缓解不健康的饮食对居民健康状况产生短期或长期的不利影响（Ryu and Bartfeld，2012），因为食品短缺与营养摄入不足可能会导致不良的心理问题（Kleinman et al.，1998；Murphy et al. , 1998)，甚至出现沮丧的情况（Oberholser and Tuttle, 2004）。当然，客观上营养餐计划还会对家庭食品支出形成一定的挤出效应（Long, 1991；Fraker et al. , 1995；Hoynes and Schanzenbach, 2009）。当前，不同发展程度的国家提供的营养餐形式各异，例如，美国为贫困程度高的家庭提供援助的社区资格条款（CEP），对学校的所有学生提供免费午餐和早餐（Gordon and Ruffini, 2018）；而美国最大的食品援助计划，即补充营养援助计划（SNAP），也是以贫困家庭作为援助对象，对学生的饮食安全产生了积极影响（Schmidt et al. , 2013）。另外，在发展中国家如印度也实施了学校营养餐计划，为6—14岁的部分学生提供免费午餐，且已有超过1亿名学生受益于该计划（Drèze and Khera, 2017）。我国对于义务教育阶段学生的营养餐改善计划的研究也在逐步展开，如范子英等（2020）研究了该计划对学生表现的影响，还发现政府为主导的营养改善计划有效地改善了贫困地区农村学生的营养不良以及教育公平问题，缓解了经济困难家庭的教育投入不足的状况，但仍需要警惕地方政府或学校对经费盘剥的情况。

虽然各国提供营养餐的形式与水平具有差异，但均对学生的健康与教育水平的提升具有积极作用，包括具有显著的短期和长期影响。在短期，主要体现在解决困难家庭学生的健康饮食问题，以及在此基础上的学习成绩。因为在困难家庭成长的儿童更有可能面临较差的饮食系统（Bhattacharya and Haider, 2006），且往往消费那些高卡路里、低营养的不健康食品，进而不利于学生的健康水平及在校的表现（Middleman et al. , 1996；Pollitt et al. , 1998）。进一步，实施营养餐计划不仅体现在短期影响，还会对参与营养餐计划的学生产生积极的长期影响。以较早实施营养餐干预行为的挪威为例，比蒂科费尔（Bütikofer, 2018）利用挪威在19世纪20—30年代提供的奥斯陆早餐计划（Oslo breakfast），研究了该计划对学生的长期影响，结果显示参与该早餐计划的学生，其平均受教育年限提升了0.1年，并且收入增加了2%—3%；不仅如此，该项计划的收益还具有明显的代际溢出作用，即还促进了下一代人的健康成长。

可以看出，现有关于义务教育经费保障机制的形式主要以财政转移支付为主，针对贫困地区学生义务教育经费保障主要以"两免一补"为主，针对贫困地区学生义务教育阶段的营养保障是以营养餐为主。但是，鲜有研究涉及地方教育附加的研究,即地方政府开启新的财源以支持义务教育经费供给。普遍情况下,义务教育经费的资金供给来源需要多元化,政府拨款需要有专门的、固定的税收来源,这样才能够完善义务教育经费保障机制,为义务教育发展提供充足的财源。进而,研究以专门税类的地方教育附加对义务教育经费保障机制的影响就显得尤为重要。国外也有证据证明该问题,如认为以固定比例的税收为义务教育融资,对经济增长与减少收入不平等均大有裨益(Eckstein and Zilcha,1994)。

(四) 专项问题:国家贫困地区义务教育工程

为了贯彻落实党中央、国务院提出的"科教兴国"战略,帮助贫困地区普及义务教育,我国在1995—2000年实施了国家贫困地区义务教育工程,该工程是专门针对教育方面的扶贫工程。

国家贫困地区义务教育工程属于解决义务教育急迫性的专项性支持计划,现有研究该问题的实证研究相对较少,如汪德华等(2019)利用CHIP2013数据以双重差分法研究了该工程对受益儿童的增智效应和增收效应,发现以基础设施建设为主的国家贫困地区义务教育工程较好地实现了增智效应,即提升了受益儿童长期受教育水平(受教育年限)约0.7年,但增收效应并不明显。哈巍等(2018)利用1994—1997年的县级宏观数据,也基于双重差分法研究了该工程对县级教育支出的影响,研究发现该工程显著地提升了县级教育支出,尤其是公用经费,但减少了人员经费支出。

(五) 专项问题:教师工资保障

我国的教师工资保障主要是中小学阶段的教师工资保障问题,而这一阶段又以农村地区中小学教师工资的保障问题最为突出。现有研究证实多种因素均影响着农村教育水平,包括农村教育的硬件设施与软件设施(谢桂华,2012),其中的关键又在于农村教师因素(袁贵仁,2016[①]),当然这也是城乡教育差距的关键所在。于是,我们就需要将优质的教师资源留下来以促进

---

① 2016年全国政协十二届四次会议开幕前,教育部部长袁贵仁在"部长通道"中的讲话。

农村教育发展，但我们不可忽视影响教师资源的重要因素即教师工资待遇的问题（Stoddard，2005），因为它不仅影响着教师的行为与工作激励，还对学生的学习表现具有积极的正向影响（Hedges，1994）。也就是说，教师的行为特征与学生表现具有紧密的关联（Ferguson，1991；Loeb and Page，2000），即教师的素质是影响学生表现的一个重要因素（Bishop，1996）。

在教师的工资待遇方面，现有研究侧重于教师工资激励的研究（Lavy，2002；Figlio and Kenny，2007；Springer and Taylor，2016），证实了强化教师工资激励有利于学生的表现的研究结论。激励措施就是旨在留住教师的各类奖励计划（Berlinski and Ramos，2020），包括提供各种额外的财政激励，如工资补助、贷款豁免、签约资金等以吸引教师到低收入或高需求的学校工作（Williams et al.，2016）。当然，这种教师工资激励在不同资金富裕程度的地区也具有差异，如财力较好的地区一般会投入更多的财政资金用以提升教师的工资待遇（Ushomirsky and Williams，2015），而财力较弱的地区则投入相对较少，其教师的工作效率也相对较低，甚至难以完成教师工作（Goldhaber et al.，2015；Lankford et al.，2002；Sass et al.，2012）。而恰恰我国的部分农村地区就属于后者，因为我国存在着城市偏向的教育经费投入政策（陈斌开等，2010），表现为优质的教育资源流向城镇学校，而农村地区的办学条件则相对较差（鲍传友，2005），农村优质教师流失现象相当严重，这其中的原因主要在于农村地区的教育投入不足，农村教师的待遇普遍较低，且工资待遇也很难得到有效保障（庞丽娟和韩小雨，2006）。

可惜的是，就现有国内研究文献而言，鲜有文献涉及农村中小学教师工资的实证研究，同时很难量化教师工资这一因素对学生的长期影响。当然，这也是本书试图解决的一个重大问题。

第二节 义务教育经费在不同层级政府间的职责分工

政府机构是一种具有政府职能和官方既定规则的等级组织（Weber，1947）。为了合理履行政府职能，基于既定的等级规则，政府机构按级次进行分别管理。各层级政府按管理层级的划分，决定着各级政府在政府体系中的职能与地位，现有研究也认为政府的决策过程是在不同层级政府间的互动中完成的（中国行政管理学会，2009）。义务教育属于具有广泛的空间外部性的公共产品，从公共产品的属性来说，义务教育就属于政府的事权范围。这就意味着不同层级政府对于该类公共产品的供给应该存在差异性，如低层级政府对于供给责任属于本辖区或外部性在本辖区内部的公共产品具有较强的激励，对于外部性在本辖区之外的公共产品的供给激励则相对不足（Shah，1994；Rosen，1995）。而高层级政府注重的是，公共产品在辖区内或辖区间的福利水平最大化，因此高层级政府在义务教育经费供给方面应当承担更大的责任。

一、公共产品领域的政府职责分工

哈耶克较早地对地方信息知识优势进行了研究，其著名的局部知识论的一个重要假设就是人类的理性是有限的，无知是一种常态，即人并不能认识所有的知识。此时，存在一个争论就是社会计划者是由一个主体集中执行，还是由多个主体分散参与执行，而解决这一争论的关键就在于哪一个体制下更能充分地利用知识优势（Hayek，1945）。显而易见，哈耶克强调了中央与地方公共产品供给权的归属取决于哪一方具有本地信息优势，进而适合提供能够完美匹配地方居民需求偏好的公共产品。相对而言，受知识能力的制约，中央政府并不完全掌握各地方的信息，而地方政府更能掌握辖区内部的相对完整且相对集中的知识，即能够更好地获取居民的需求偏好信息，以至于地方政府更适合提供局部性的公共产品和服务。

第一代财政联邦主义理论也持相类似的观点，但更为突出的是多层级政府在公共产品供给上更有效率。例如，斯蒂格利兹认为相对于中央政府而言，地方政府对本地区居民的偏好需求具有相对优势，更能掌握公共产品的供给方式与规模，而且公共需求及其层次差异也依赖于地方政府掌握更多的公共职能。同时，马斯格雷夫（Musgrave，1959）、奥茨（Oates，1999）也认为地方政府在公共产品供给方面具有一定的优势，表现在供给的效率更高。进一步，在公共产品的需求层面，居民也会对政府的决策形成反应，如查尔斯·蒂布特（Charles Tiebout, 1956）用脚投票理论认为居民会根据偏好选择最合适的地区，形成地方公共产品供给与居民需求偏好的良好匹配，实现资源的有效配置。显然，赋予地方政府更大的权限，不仅能够实现公共产品的有效供给，还能吸收居民需求偏好的反应，进而可能形成对地方政府公共产品供给的倒逼效应。当然，第二代财政联邦主义理论在此基础上纳入了激励机制，鼓励地方政府竞争也提供更加优质的公共产品和服务（Weingast, 1995; Qian and Weingast, 1997）。实际上，我国在分税制改革以后，也赋予了地方政府一定的自主发展权，并给予了充分的发展竞争激励。其中为地方政府放权，鼓励地方政府提供公共产品和服务，支撑了我国不断取得的经济成就（Weingast, 1995）。

公共产品理论认为，公共产品的供给是有一定边界的，地方公共产品的受益范围不仅受到地区内部社会成员的影响（吴俊培和卢洪友，2004），而且还受到地区间的地理与空间因素的影响，自然就具有空间外溢性（费雪，2000），即政府提供的公共产品并未有效地被限定在所管辖的边界内，享受公共产品的居民也并非完全属于所管辖的区域。实际上，这就为高层级政府参与公共产品的供给提供了理论依据。

对于地方政府官员而言，提供与本地区居民需求偏好相匹配的公共产品，还具有独特的激励，这就是公共选择理论中的经济人假设。其代表性人物詹姆斯·布坎南认为，公共选择是以经济市场分析的工具应用到政治市场，丹尼斯·缪勒将其定义为非市场决策的经济研究，即将政府官员作为市场中的一个主体参与经济活动，目标是追求自身利益的最大化。那么，在政治利益动机条件下，地方政府是否还会有激励投向与本地区居民需求偏好不相匹配的公共产品？此外，部分公共产品可能对本地区产生不利的影响，而对其他地区具有积极影响的特征（Duflo and Pande, 2007），地方政府可能面临着一种零和博弈（周黎安，2004），在决策过程中将不得不考虑行为的外溢性（Case et al., 1993），进而理性的地方政府在具有本地信息优势的情况下，会避免提供具有空间外溢性的区域性公共产品即产生 NIMBY（Not - in - my - back - yard）问题（Schively, 2007）。也就是说，地方政府对非本地区居民需求偏好的公共产品并不具有供给的激励。

上述理论研究说明了三个问题：第一，以知识作为公共产品供给的基础，往往具有信息优势的一方才能更好地实现公共产品供给与居民需求偏好的良好匹配；第二，知识是以不完整且分散的形式而存在，这就为地方政府掌握本地信息优势提供了基础条件，赋予了地方政府提供具有局部性需求的公共产品的权力，地方政府也有激励实现公共产品的供给与居民需求偏好的良好匹配；第三，地方政府公共产品供给的有效性仅限于辖区内受益的公共领域，而义务教育具有广泛的空间外溢性，导致地方政府并没有供给的激励，则需要高层级政府承担更大的责任，即责任上移。

二、义务教育领域的政府职责分工

具体到义务教育的公共产品属性问题，现有研究也有分歧，部分认为义务教育并非是公共产品，如斯蒂格利兹认为义务教育只是公共部门提供的私人产品。厉以宁（1999）从义务教育的供给者与接受者两个角度出发，认为政府提供的义务教育属于公共产品，而接受政府补贴的私人办学者提供的义务教育则具有私人产品性质。但大多研究人员均认为义务教育属于公共产品的范畴，如王善迈（1997）认为义务教育不仅在消费端具有非排他性，且在供给端也不易排他，故义务教育属于公共产品。既然义务教育属于公共产品的范畴，它就应该属于政府的事权范围。也就是说，政府应当承担义务教育的财政支出责任（范先佐等，2015）。

义务教育与其他公共产品相比则具有一定的特殊性，即义务教育具有广泛的空间外溢性。在地方政府供给激励不足的条件下，需要高层级政府承担相应的支出责任、管理责任以及资金的筹集责任。现实层面，部分财力较弱的地区并没有足够的能力提供义务教育公共服务（吕炜，2015），因此，义务教育公共产品在政府间的分配就显得尤为重要。现有研究基本认为政府间不同层级的设置对于公共产品供给、促进经济增长、减少收入不平衡具有重要作用（Besley and Persson，2010），在公共产品层面表现为不同层级的政府在公共产品的供给与分配上具有显著的差异（Cassidy et al.，1971），如第一代财政联邦主义认为相对于高层级政府（中央政府）而言，低层级政府（地方政府）在公共产品供给方面具有一定的优势（Musgrave，1959；Oates，1999），但公共产品理论认为公共产品的供给是有边界的，即受益范围具有一定的空间外溢性（费雪，2000）。显然，低层级政府对于空间外溢性强的公共服务缺乏投资的动力（Shah，1994；Rosen，1995），进而更高层级政府应该拥有比完成自身直接服务责任更多的收入支配能力，以实现公共产品供给效率与公平的目标（Shah，2003）。从这一角度来说，将具有广泛的空间外溢性的公共产品的分配责任上移到高层级政府就具有了一定的合理性，而恰恰义务教育类公共产品就具有很强的空间外溢性。

第三章

义务教育在政府间的责任分配

义务教育是国家统一实施的所有适龄儿童、少年必须接受的教育，是国家必须予以保障的公益性事业。义务教育公共产品的供给良好，不仅体现在居民接受教育以提升人力资本的问题，还体现在维护社会公平正义的问题。毋庸置疑的是，一个运行良好的公共产品供给必然是不同层级政府间的责任清晰的供给。显然，义务教育公共产品的供给需要不同层级政府间的协作。根据义务教育公共产品具有的属性特征以及义务教育所需财力，就决定了它不适合低层级政府承担主体责任，而需要高层级政府承担主体责任。本章从经典理论以及现实层面出发，研究为什么义务教育公共产品需要高层级政府供给。

第一节 理论基础

对于如何认识义务教育公共产品在不同层级政府间的责任分配问题，现有的经典理论也均有涉及。本节针对义务教育公共产品由政府而非市场供给，以及在政府间的责任分配问题，从义务教育属性特征的公共产品理论、不同层级政府具有不同职责范围的政府间（府际）关系理论、不同层级政府的财政事权与支出责任分配的财政分权理论着手，梳理义务教育在政府间责任分配的理论基础。

一、公共产品理论

公共产品理论最早源于大卫·休谟的《人性论》(1739)，该书从社会角度探讨了基于公共意见与信念而形成的人的社会本性，并讨论了"搭便车"问题，这也就是曼柯·奥尔逊在《集体行动的逻辑：公共利益和团体理论》(1956)中论述的不用支付成本而坐享其成的问题。大卫·休谟还举了一个经典的例子，即"公共草地排水"，就是当两个人协调排水的问题时，都想将责任或负担强加在他人身上。该例子用以说明政府作为协调公共意见与信念的主体的重要性，这意味着涉及公共利益或者是超越了个体利益时，政府就具有了参与公共产品供给的合理性与必要性。接着，亚当·斯密在《国富论》(1776)中又从政府职能的角度来讨论公共产品问题，由政府提供公共安全类的公共产品，如国防安全、社会治安等。显然，早期的研究为公共产品的存在性提供了理论基础。

最早出现"公共产品"一词的是马尔科的著作《公共财政学基本原理》，随后，奥意学派和瑞典学派分别就公共产品理论进行了初步的探索，如探讨了公共产品的来源即税收的问题，奥意学派就提出以差别税率解决公共产品在消费过程中出现的不可分割性。进一步，瑞典学派的威克塞尔将公平问题引入公共产品理论，强调了税赋公平必须以分配公平为基础，并对公共产品的供给程序提出意见，即以"近似一致"的原则替代"完全一致"的原则。总体上，奥意学派与瑞典学派的贡献就是将微观经济学的相关内容引入到公共经济学中。

就现代公共产品理论的阐述，主要体现在萨缪尔森所著的《公共支出的纯粹理论》《公共支出理论的图式探讨》两篇文章，他按照公共产品的特性，如非排他性与非竞争性，用以区分公共产品与其他产品的差别。在另一篇文章《公共支出理论图解》中对公共产品进行了再认识，即部分公共产品并非是纯公共产品，例如教育类就不属于纯公共产品。布坎南在他的研究基础上，又提出俱乐部公共产品，即从公共产品的排他性与否出发，同时认为该类公共产品随着会员数目的增加，也会变得拥挤。马斯格雷夫也对公共产品理论进行了丰富性的研究，如认为法院、监督、国防、教育等公共产品由市场供给是低效率的，需要国家承担主体责任，并认为公共部门的扩张具有一定的合理性，主要在于它对经济增长具有积极作用。

此外，其他经济学家也对公共产品进行了多方位的研究。但总体上，公共产品理论可以确定的是，具有公共利益需求且超越了个体利益时，市场就很难有效地供给该类产品，只能由具有更为广泛利益诉求的国家或政府提供。针对教育类公共产品，尽管有纯公共产品与非纯公共产品的认识差别，但均认为该类公共产品属于广泛的公共产品范畴，也就是说需要以政府为主导的供给。

二、政府间（府际）关系理论

我们讨论的府际关系基本上就是政府间关系。府际关系一词最早源于《社会科学百科全书》（1935），威廉·安德森在其著作《府际关系评论》（1960）中认为府际关系是美国联邦制度中各类型和各层级的政府单位之间所出现的一种重要活动或互动作用。对这一关系的认知源于美国经济在大萧条时期所衍生的社会问题，就是单一地方政府并无能力或不足以有效地解决经济问题，需要高层级政府或联邦政府的财政支持以及经济指导等，即需要不同层级政府间的协调行动。第二次世界大战以后，该理论继续延续下去，且联邦政府的权力日益深入到经济各领域，即高层级政府越来越发挥着主导性的作用。其中，联邦制国家的政府间关系呈现出从分散到集中的发展趋势，如美国、德国、奥地利等正向中央集权方向发展；单一制国家的政府间关系呈现出从集中到分散的发展趋势，如日本、法国等国正向地方分权方向发展（谢庆奎和杨宏山，2007）。

现有研究基本认为府际关系的运作模式有两类，一类是高层级政府与低层级政府间的互动关系，即垂直互动关系；二是相同层级政府间的互动关系，即水平互动关系（贺曲夫，2011）。无论是哪一类运作模式，均是不同层级政府间或同层级政府间的权力分工关系。从我国情况来看，府际关系就是国内不同层级政府间的权力协调与分工关系，当然也包括中央与地方间的权力协调与分工，也包括地方各级政府间的权力协调与分工关系。

与此同时，对于政府关系的研究越来越倾向于府际间的财政研究、府际间的管理研究等（白易彬，2017）。在我国，政府间财政关系的研究相对较多，且财税关系日益成为政府间博弈与资源分配的重要手段，如分税制改革的一个重要特征就是实现了中央与地方间的财政收入分配，即中央财政收入在全国财政收入所占的比重大幅提升，进一步提高了中央政府的财政能力。然而，事权和支出责任在相当一段时期内并未得到清晰的划分，导致财力上收的同时，事权和支出责任在下移，以至于中央与地方形成了垂直的财政不平衡。

在教育层面，尤其是义务教育层面，公共产品理论已经说明了具有广泛的空间外部性的公共产品适合以政府为主导的供给，那么，在不同层级政府间哪一层级的政府应该提供该类公共产品，就涉及政府间的财政关系安排。无论是从联邦制国家还是从单一制国家，我们都可以看出政府间关系正经历着深刻的变化，均倾向于各层级政府协调提供公共产品，避免某一层级政府单独承担责任。

三、财政分权理论

财政分权就是高层级政府（中央政府）赋予低层级政府（地方政府）一定的自主权，如税收、支出、债务等方面的自主权，以便更好地服务于各级政府所辖居民的公共服务需求。财政分权理论发展相对较快，且应用相对较为广泛，已分为不同核心思想的两代财政分权理论。

第一代财政分权理论也就是传统的财政分权理论，以蒂布特（Tiebout，1956）发表的文章《地方公共支出的纯理论》为主要代表，还包括奥茨和马斯格雷夫等人的代表作，一个重要假设就是政府是仁慈的，其主要观点就在于分权，即将部分财政责任或财政职能下放到地方政府。原因在于，受知识能力的制约，中央政府并不完全掌握各地方的信息，而地方政府更能掌握辖区内部的相对完整且相对集中的知识，即能够更好地获取居民的需求偏好信息，以至于地方政府更适合提供局部性的公共产品和服务。进一步，就是蒂布特的"用脚投票"理论，即居民可以根据自己的偏好自由地迁徙于各辖区间，这就使得地方政府间存在公共产品供给的竞争，即尽可能地提供能够满足于本辖区居民的公共服务，地方政府提供公共服务的信息来源还是本地区的居民需求偏好。因此，第一代财政分权理论认为适当下放权力，让地方政府承担更大的公共产品供给责任。当然，中央和地方分别承担着各自的职责，即各层级政府在公共产品供给上要有区分。

显然，第一代财政分权理论的重要结论就是政府间的职责分工问题，即高层级政府与低层级政府合理分担公共产品的供给。具体到哪种领域或哪部分公共产品适合高层级政府（中央政府）承担，哪些又适合分配给低层级政府（地方政府）承担，马斯格雷夫在《公共财政理论》（1959）中，将有关收入分配和宏观经济稳定的部分归高层级政府（中央政府）承担，而有关具体的资源配置的部分归低层级政府（地方政府）承担。进一步，奥茨在《财政联邦主义》（1972）中，也讨论了划分高层级政府与低层级政府的职能问题，如高层级政府（中央政府）并不掌握低层级政府（地方政府）辖区的居民偏好信息，以至于高层级政府并不能有效地供给反映地方居民偏好的公共产品，而低层级政府具有这一方面的供给优势。

当然，并不是所有的公共产品都依赖于低层级政府供给，高层级政府与低层级政府需要有具体的最优分工，即最优的分权问题（Oates，1972）。

第二代财政分权理论的一个突出表现就是认为政府并非是完全仁慈的，政府也具有理性经济人的一面，即也追求自身利益的最大化。该理论的代表人物是钱颖一、杰拉德·罗兰（Gerara Roland）、巴里·温格斯特（Barry Weingast）和大卫·E.怀尔德森（David E.Wildasin），该理论重视政府官员与居民福利的激励相容关系，并将激励相容与机制设计纳入该理论，鼓励地方政府竞争也提供更加优质的公共产品和服务（Weingast，1995；Qian and Weingast，1997）。

此外，还不可忽视公共产品的外溢性问题。低层级政府（地方政府）提供本辖区居民需要的公共产品，具有一定的相对优势，但公共产品往往具有广泛的空间外部性，例如教育类公共产品，尤其是义务教育，它的收益并不完全属于本地区，而且还属于周边或更为广泛的区域。显然，当义务教育的本地区收益与外溢收益严格大于本地区的供给成本时，低层级政府（地方政府）则并不能有效提供或者供给规模会低于有效水平，进而需要高层级政府主导供给。

从财政分权理论中可以看出，政府间关于公共产品的供给存在一个分担机制。第一代财政分权理论与第二代财政分权理论的差别在于前者认为政府是仁慈的以至于可以将资源配置的权力下放到低层级政府（地方政府），后者认为政府并非是仁慈的，具有理性经济人动机，以至于需要考虑激励机制，以保证公共产品的供给。从这一差别得到的启示就是，义务教育作为具有广泛的空间外部性的公共产品，如果以低层级政府（地方政府）作为投资主体，则低层级政府可能出于理性经济人动机，并不具有积极的供给激励；进而，需要高层级政府主导或者出台激励措施以保证义务教育公共产品的供给。

第二节 政府间的责任分配

既然已经确定义务教育公共产品需要在不同层级政府间的分配，那么，由哪一类或哪一层级政府负责该类公共产品的供给？本节从以下三个方面着手研究，一是根据公共产品的受益范围来确定哪一层级政府需要承担义务教育公共产品的主体责任，二是根据公共产品供给过程可能存在的规模经济来确定哪一层级政府适合承担义务教育公共产品的主体责任，三是根据不同层级政府的财政能力来确定哪一层级政府能够承担义务教育公共产品的主体责任。

一、基于受益范围的责任分配

如前文公共产品理论的相关研究，认为公共产品的供给是有一定边界的，这一边界实际上就是公共产品的受益范围问题。也就是说，公共产品的供给在地理和空间上具有显著的差异，部分公共产品的受益范围可能是本辖区内部，部分公共产品的受益范围可能是本辖区内部与本辖区外部，这不仅决定着地方政府对公共产品供给的激励问题，也决定着公共产品在区域间的划分问题。基于此，可以将公共产品按照受益范围的大小而划分为全国性的公共产品和地方性的公共产品。

就全国性的公共产品而言，它需要满足以下几个条件：一是受益范围是全国疆域内或者是跨区域的公共产品（刘剑文和侯卓，2017），二是在全国范围内的分布相对较为平均，三是根据该类公共产品的供给成本与供给收益的对称性原则，该类公共产品的供给主要是由中央政府或高层级政府承担。显然，其原因就是该类公共产品的外溢性会延伸到全国层面或者至少是跨辖区的外溢，以至于低层级政府的供给成本与供给收益不匹配，严格地说，供给成本严格大于供给收益。相类似地，就地方性的公共产品而言，它需要满足以下几个条件：一是受益范围是本辖区内部；二是在本辖区内部的分布相对较为平均；三是该类公共产品的供给主要是由地方政府或低层级政府承担（孙开，2002）。显然，其原因就是低层级政府能够充分掌握本辖区内部居民的需求信息与偏好，而高层级政府并不掌握这一点，以至于低层级政府能够供给相对最优的地方公共产品。

　　于是，我们进一步分析义务教育这类公共产品。现有研究基本也认为义务教育属于全国性公共产品，从经济因素上看，居民接受义务教育能够掌握基本的文化知识，并提升其人力资本水平，这对于经济发展具有积极作用；同时，在人口流动层面，我国经济发达地区吸收了大量的劳动力资源，主要就是城乡的流动人口（李实，1999；李强，2003），而这些劳动力的人力资本形成与积累基本上来自于全国其他地方，但产出贡献却在经济发达地区。也就是说，义务教育的供给成本在其他地方，但义务教育的收益却在经济发达地区，这就突出了义务教育具有的广泛的空间外部性，即义务教育的发展事关全局，会使整个国家受益，也就验证了义务教育的受益范围是全国（刘惠林，2017），属于全国性公共产品。因此，从公共产品的受益范围来讲，义务教育本身就属于全国性公共产品，应该由中央政府或者高层级政府承担主体责任。

　　更为重要的是，从受益范围来讲，中央政府或高层级政府能够提供更具效率的义务教育公共产品。首先，从低层级政府来说，如果义务教育公共产品是低层级政府供给，那么受益于本辖区义务教育公共产品的居民可能会在其他地区就业，或者将人力资本红利释放到其他地区，进而使本辖区以外的居民受益（蒋洪等，2004），这样造成的一种结果就是低层级政府供给的公共产品的成本远远大于收益，或者说供给的义务教育公共产品并不能收回成本或获得补偿。于是，低层级政府并不具备这种义务教育公共产品供给的积极性,显然也不能够保证义务教育公共产品的供给数量、质量以及供给的效率。然后,从中央政府或高层级政府来说,中央政府或高层级政府追求的是全国范围内或各辖区间的效用最大化,即受益的是各辖区的总效用,且这种义务教育公共产品在不同辖区间的需求偏好并不存在明显的差异,或者说不同辖区间的需求偏好是相似的,以至于能够吸收各辖区间的外部性。因此,中央政府或高层级政府供给义务教育公共产品更具效率。

二、基于规模经济的责任分配

规模经济通常用在宏观经济方面,用以表示企业生产经营规模扩大,进而其经济收益也逐步增加的情况。也就是说,当一个企业的生产规模达到了一定的高度,且单位成本呈现逐渐下降的趋势,就会产生规模经济。其核心就在于单位成本随着生产规模的扩大而下降,这些情况下,企业生产效率相对较高,具有相对较低的可变成本,能够将单位成本分摊到固定成本上面。具体来说,就是当企业在相对较小的规模时,逐步增加各种生产要素,并扩大生产规模,则企业的生产能力或经济效益会逐步提升。

公共产品在一定程度上也适用于规模经济的效应分析。各低层级政府供给本辖区内的公共产品时,主要考虑本辖区内的收益最大化,甚至在一定程度上还存在相邻地区之间相互掣肘的情况,如地方保护主义、市场分割等恶性竞争(Young,2000;Cai et al.,2016),更具体地说就是存在边界效应(唐为,2019)。显然,在这种地方政府竞争的态势下,很难取得公共产品供给的规模经济。对于具有广泛的空间外部性的义务教育公共产品来说则更是如此。因为义务教育公共产品在全国层面或各辖区间的偏好差异相对较小,具有广泛的需求一致性,以至于义务教育公共产品具有产生规模经济的条件。

既然低层级政府在辖区间存在相互竞争的行为,那么对于这种辖区间偏好差异相对较小的义务教育公共产品,就很难达成共同供给或协调供给的一致性。此时,就需要更高层级政府统辖管理或安排各辖区间的义务教育公共产品供给。例如,全国实行统一的九年制义务教育,且对于部分地区不足以实现九年制义务教育的，中央政府采取部分专项性义务教育投资计划以支持其实现九年制义务教育，目的在于达到全国或各辖区间均等化的义务教育水平。

显然，这种高层级政府提供义务教育公共产品具有一定的规模经济。在软件层面，其主要体现在制定统一的义务教育发展政策、统一的城乡生均支出标准、统一的事权与支出责任安排，以及整合财政资源以实现义务教育发展要素的统一投入。在硬件层面，以"国家贫困地区义务教育工程"为例，中央政府主导各类型教育基础设施建设，购置课桌凳、图书、配套教学仪器设备，以及教师培训等项目。因此，在高层级政府的统一安排下，能够实现义务教育公共产品供给的规模经济。

三、基于财政能力的责任分配

在财政能力方面，无论是单一制国家还是联邦制国家，其中央政府或联邦政府，抑或是省（州）政府等高层级政府，得益于拥有或分享主体税种的税权，均集中了大量的财力。相对应地，低层级政府的财力相对有限，且依赖于高层级政府的财政转移支付，以至于在财政能力方面，高层级政府严格强于低层级政府。

在我国则尤其如此，中央政府或高层级政府具备更为充裕的财政收入。分税制改革以来，改革了原有的分支包干制的财政体制，进而划分了中央税、共享税以及地方税，大部分税权上移到中央政府，使得中央财政收入占全国财政收入的比重得到大幅度提升；与此同时，为了缓和央地间的垂直不平衡，中央给予财政转移支付，而恰恰省级政府能够截留一部分财政转移支付，以至于省以下地方政府的财力受限。2002年以后实施的所得税分享改革基本上也是这一改革路径，即中央获得了所得税收入的大部分。到2014年以后逐步推行"营改增"，将地方政府依赖的主体税种即营业税改为增值税，原营业税属地方税种，而增值税则属央地共享税种，这也是一种税权的上移，使得中央政府在全国范围内获得了更多的财政收入。显然，在财力层面，中央政府就具有了充分满足各辖区间居民的义务教育公共产品的需求。例如，在部分相对贫困的地区，中央政府能够采取专项性的义务教育支持计划以解决落后地区的义务教育发展需求,而低层级政府并不具备这样的能力。因此,高层级政府能够将义务教育的外部性内在化。

第三节 义务教育在政府间的分配现状

根据我国现有的政府间财政体制关系,中央与地方政府的支出配比关系呈现出地方占主导的局面,且在地方各级政府层面,低层级政府承担着主要的支出责任,尤其是县级政府。与此同时,教育支出是我国最大的支出项目,地方各级政府也承担着主要的支出责任,而义务教育又是教育支出的重中之重,故义务教育支出是我国最大的单项支出项目。

一、政府间财政支出的分配概况

随着我国财政体制的持续改革,中央政府和地方政府间的财政支出分配也经历了不同的变化趋势,这里以1980年及以后为例,如图3-1所示,1985年以前的中央和地方支出配比关系呈现出明显的中央强而地方弱的局面,1985年及以后的央地支出配比关系呈现出明显的中央弱而地方强的局面,主要原因就在于实行了"划分税种、核定收支、分级包干"的财政管理体制,还有根据利改税的税种设置,划分各级财政收入,而在支出方面依然按照隶属关系划分,具体的制度安排在一定程度上刺激了地方政府的支出活动。

此后,随着分税制改革的持续推进、建立适应社会主义市场经济的公共财政管理体制以及当前我国推进的现代财政制度,均未改变地方支出强而中央支出弱的局面。也就是说,地方财政支出所占的比重一直呈现不断上升的趋势,且远远高于中央财政所占的比重,这表明地方政府承担的支出责任远大于中央政府。

与此同时,从地方各级财政支出占地方财政支出比重的变动情况来看,总体来说,省级政府财政支出占比最小,县级政府所占的比重最大(陶勇,2016),也呈现出低层级政府占主导的局面。如图3-2所示,2000年以后的地方各级政府支出活动呈现出县级支出比重不断上升、省级与地市级的支出比重明显下降的趋势,且县级与省、地市级的比重差异在不断拉大,说明低层级政府的支出规模比重将会越来越大。从这一层面来说,省以下财政关系的发展方向应该就是向基层财政穿透。

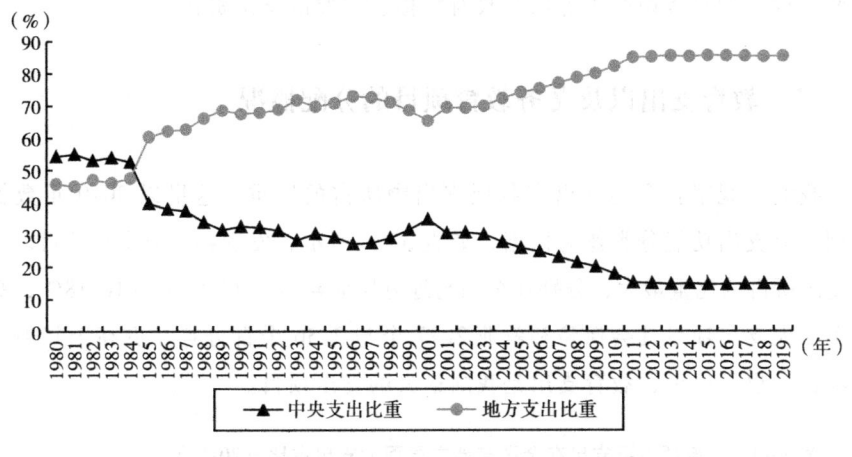

图 3-1　历年中央与地方的支出比重

数据来源:国家统计局。

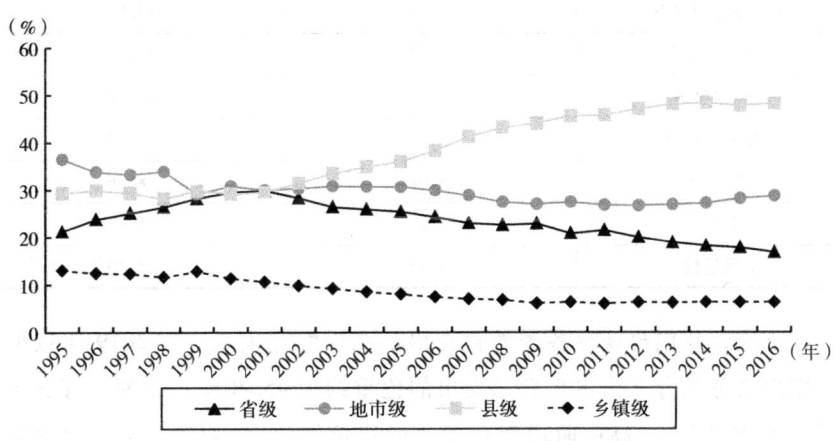

图 3-2　历年各层级政府的支出配比关系

数据来源:《中国财政年鉴》。

以 2016 年数据为例,省级政府(一般公共预算)支出占比为 17.8%,地市级政府支出占比为 28.2%,县级政府支出占比为 47.7%,乡镇级政府支出占比为 6.3%，即县级政府及以下的占比达到了 54%，占据着各级政府支出的一半还要多。总体而言，上述呈现出了两个趋势：一是在全国层面的支出配比关系上，中央弱而地方强，即呈现出以地方支出为主的局面；二是在地方各级政府的支出配比关系上，又以低层级政府即县级政府支出为主的局面。这两种趋势说明了低层级政府承担着主要的支出责任。

二、教育支出以及义务教育项目的分配概况

我们先观察教育类支出在各项支出中所占的比重。这里以 2019 年数据为例，以支出功能分类作为依据，如表 3-1 所示，发现各主要支出项目以教育支出所占的比重最大，分别在全国与地方层面超过了 14.57% 与 16.18%，高于第二大支出项目社会保障和就业 2.27 个与 2.36 个百分点，更高于其他支出项目。也可以说，教育支出是我国最大的支出项目。

表 3-1　各项主要支出在全国与地方层面的支出占比（2019 年）　　单位:%

支出类别	全国	地方
教育	14.57	16.18
社会保障和就业	12.30	13.82
城乡社区事务	10.42	12.17
农林水事务	9.57	10.96
一般公共服务	8.52	9.01
医疗卫生	6.98	8.06
公共安全	5.82	5.92
交通运输	4.95	5.10

接下来，我们再观察各类教育支出的结构配比关系。以 2019 年数据为例，发现义务教育支出占教育总支出的比重约为 45.40%，高等教育支出的比重约为 26.83%，高中阶段教育支出的比重约为 15.41%，学前教育阶段支出的比重约为 8.17%，其他教育支出的比重约为 4.19%，具体如图 3-3 所示。从中可以发现，在全国支出项目中教育支出是最大的支出项目，而义务教育支出又是教育支出中最大的支出项目，说明义务教育支出是全国最大的支出项目。

第三章 义务教育在政府间的责任分配

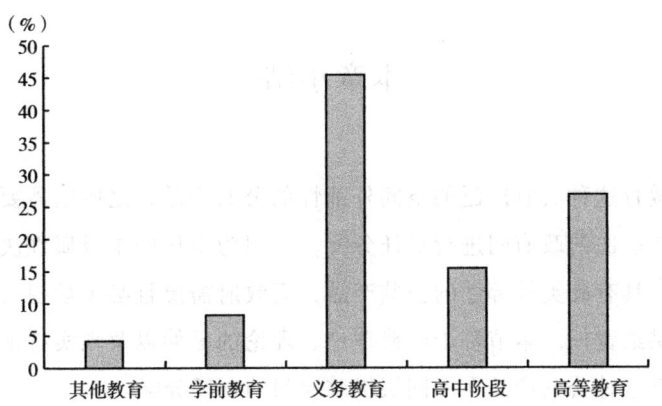

图 3-3 各类型教育支出所占的比重

数据来源：2019 年全国教育经费执行情况统计快报。

进一步，观察中央政府和地方政府在义务教育公共产品供给方面的差异。这里以 2017 年数据为例，如表 3-2 所示，发现无论是城镇地区（普通初中与普通小学）还是农村地区（农村初中与农村小学），均显示地方政府承担主要的义务教育支出责任，基本上超过了 99.6%。也就是说，义务教育公共产品的绝大部分是由地方政府供给的。

表 3-2 义务教育支出在中央和地方政府间的配比关系（2017 年）

	全国（亿元）	中央（亿元）	地方（亿元）	地方占比（%）
总计	41211.72	3287.07	37924.65	92.02
普通初中	7300.91	25.61	7275.30	99.65
农村初中	4213.17	15.14	4198.03	99.64
普通小学	11840.46	37.40	11803.07	99.68
农村小学	7308.05	25.81	7282.24	99.65
其他	—	—	—	—

数据来源：2018 年《中国教育经费统计年鉴》。

显然，在义务教育作为最大支出项目的情况下，中央政府集中了全国主要的财力，在低层级政府具有（或不具有）生产性支出偏向的情况下，以低层级政府作为义务教育公共产品的主要供给方，则很难满足居民的义务教育需求。

本章小结

义务教育这种具有广泛的空间外部性的公共产品,之所以需要由政府供给且在不同层次的政府间进行责任分配,是因为市场的本身属性决定了市场不适合提供具有此类外部性的公共产品,而政府需要且必须承担义务教育公共产品的供给责任。本节基于经典理论、理论的延伸以及现实特征等方面研究义务教育这种公共产品在不同层级政府间的责任分配。

首先,在理论基础方面,分别从公共产品理论、政府间(府际)关系理论、财政分权理论着手,探讨经典理论关于义务教育这种公共产品在政府间的责任分配问题。在公共产品理论部分,梳理了公共产品理论的来源以及发展过程,并从公共产品的属性即非竞争性与非排他性等特征说明义务教育属于公共产品的范畴,也就是说,它需要由政府主导其供给。在政府间(府际)关系部分,回顾了府际关系的来源以及发展过程,并从府际关系涉及的各层级政府间存在的互动关系来说明义务教育需要由各层级政府共同承担。在财政分权理论部分,同样也回顾了该理论的来源及发展历程,并以第一代财政分权理论与第二代财政分权理论分别说明不同层级政府的作用差异,如前者认为政府是仁慈的,进而需要将部分公共产品的供给责任下放到低层级政府,而后者则认为政府并非是仁慈的,也存在理性经济人动机,即需要考虑低层级政府的激励问题。于是,在义务教育公共产品的供给方面,可以认为它需要不同层级政府共同承担,但需要由高层级政府主导完成。

其次,在具体的责任分配方面,分别从基于受益范围的责任分配、基于规模经济的责任分配、基于财政能力的责任分配,探讨在不同机制下义务教育这种公共产品由高层级政府主导的科学性。在基于受益范围的责任分配部分,主要从义务教育公共产品具有的受益范围差异这一特性出发,如低层级政府倾向于供给那些收益在本辖区内部或外部性内在化在本辖区的公共产品,对于具有广泛的空间外部性的或外部性体现在辖区间而非本辖区内部的公共产品则不具备供给激励;高层级政府具有外部性内在化的需求与能力,其追求的是各辖区间的收益最大化。在基于规模经济的责任分配部分,主要从义务教育公共产品供给的规模经济着手,即公共产品在供给时存在一定的规模经济,在义务教育层面则体现为能够制定统一的教育发展政策,并在一定程度上能够供给统一的义务教育公共产品如软件与硬件设施。在基于财政能力的责任分配部分,这里从我国的财政体制着手,如分税制改革、所得税分享改革、"营改增"等均是将财权进一步上移,以至于高层级政府掌握着大量的财力,而低层级政府依赖着上级拨付的财政转移支付。因此,需要将义务教育公共产品的责任分配给高层级政府。

最后,在政府间的分配现状方面,分别从财政支出在政府间的配置着手,展示不同层级政府的支出责任配比关系,归纳出哪一层级政府承担着主要支出责任;基于此,再以教育支出为例,说明教育支出在全国与地方支出中所占的比重,进而测度义务教育在财政支出中所占的比重。研究发现,在央地支出配比关系上,地方支出占主导地位,且低层级政府承担着主要的支出责任,尤其是县级政府。在支出方面,发现教育支出是最大的支出类别,且义务教育支出是全国最大的单项支出项目,而地方政府尤其是低层级政府承担着义务教育的主要支出责任。

| 第四章 |

义务教育经费保障研究：历史与国际视角

义务教育最早来源于欧洲地区，要求在国家层面强制居民接受教育，以实现教育的普及化，如英国 1870 年出台了《初等教育法》，要求 5—10 岁的儿童必须接受小学教育。随后，其他欧洲国家也纷纷出台相关法律法规，要求实施不同程度的义务教育。我国最早要求实施义务教育是在清末时期，尽管并未呈现出实际的推进，但也显示出中华民族追求富强、不甘落后的决心。本章主要以国内历史视角展示义务教育发展的历程及义务教育经费保障，如义务教育经费在政府间的配置；同时，借鉴不同国家结构形式下的义务教育经费保障，如单一制国家的日本和法国，联邦制国家的美国和德国。在此基础上，总结义务教育经费保障在国内外视角下的经验。

第一节 义务教育经费保障研究：历史视角

生产力决定着生产关系。当生产力水平相对较低时，很难完善或实现义务教育经费的有效保障。回顾历史时期，我国在各个时期基本上都重视义务教育发展，但受制于经济发展水平、国内外复杂的政治经济形势，在一个较长时期内，我国义务教育发展相对缓慢，且义务教育经费保障不足。直到 2005 年以后，我国才开始逐步推进免费义务教育，且义务教育经费也得到了基本保障，表现为义务教育经费的稳步增长以及政府间的责任分担机制逐步完善。

一、新中国成立前（1949年前）的义务教育发展与经费保障

我国最早提出实施义务教育的时期是清末，其实施的是具有初步强制性的义务教育，经费来源部分来自于地方政府投入，大部分来自于民间力量的投入。虽然清朝末期清政府在义务教育建设方面试图作出一定的努力，但随着清政府的覆灭，制定的义务教育推行方案也并未得到有效落实。

民国时期，义务教育发展呈现明显的推进趋势，初期也较为重视义务教育的发展，但义务教育经费投入责任的不清晰以及经费拮据，导致义务教育发展缓慢。随着中央和地方关于义务教育经费分担机制的逐步确立，义务教育发展也取得了一定的成就，尤其是抗战初期的教育经费不降反增。与此同时，各地方也实施具有地方特色的义务教育，虽然各省份的义务教育经费投入策略具有一定的差异，但在一定程度上也推进了义务教育发展。

（一）清末时期

我国最早在清末时期就提出要实施义务教育，1904年清政府颁布了《奏定初等小学堂章程》，规定设立初等小学堂，五年毕业，且七岁必须入初等小学，并规定初等小学教育为义务教育，如"外国通例，初等小学堂，全国人民均应入学，名为强迫教育"。具体到经费安排方面，规定"地方官有承办本地小学堂之责任……官设初等小学堂，永不令学生贴补学费，以便贫民；公立私立者不在此限"。也就是说，此时的义务教育由地方政府承办，而官办的义务教育经费由政府承担，对其他形式设立的学堂则并无此规定。

随后，1906年清政府颁布了《强迫教育章程》，针对义务教育的强迫性质，规定"幼童至七岁须令入学，及岁不入学者，罪其父兄"。这是从法律意义上针对实施强迫义务教育所采取的措施。

1911年清政府又颁布了《试办义务教育章程案》，规定了四年制的义务教育，并提出了具体的试办义务教育办法，但该案并未得到有效的实施。

（二）民国时期

1. 责任不清晰的义务教育经费筹集与保障

在民国时期，尽管我国并未摆脱半殖民地半封建社会的束缚，且生产力

水平普遍落后，但对于义务教育发展也给予了一定程度的重视。

1912 年，中华民国临时政府颁布《壬子学制》，规定了"初等小学四年，为义务教育"，再一次确认了实施四年义务教育的制度。

针对义务教育及其经费保障，相对较为完善的是 1916 年 10 月修正的《国民学校令》，提出"国民学校施行国家根本教育，以注意儿童身心之发育，施以适当之陶冶，并授以国民道德之基础及国民生活所必需之普通知识技能为宗旨"，在第五章的就学部分，规定"儿童自满六周岁之翌日始，至满十三岁止，凡七年，为学龄。儿童达学龄之日后，以最初学年之始为就学始期，以国民学校毕业之时为就学终期。学龄儿童之父母为其监护人，自儿童就学之始期至于终期，有使之就学之义务"。这一规定，实际上就从儿童的学龄到父母监护其就学的义务，作出了具有一定强制性的就学要求，具有了初步义务教育的形态。但就其强制性的实施主体而言，并非是落实到国家或政府层面，而是落实到了父母监护人层面，故这种教育形态并非是国家意义层面的义务教育。

具体到这种教育经费的承担层级方面，该令在第七章的经费部分，规定"区立国民学校之经费，由自治区负担之"。也就是说，其教育经费主要由地方政府负责承担，主要包括设备费及维持费、职员薪俸及其他给与诸费、校内杂费。

具体到这种教育的免费程度方面，该令在第七章的经费部分，规定"区立国民学校不征收学费，但视地方特别情形，经县知事之认可，得征收之。征收学费之细则，由教育总长定之"。也就是说，其教育形式在原则上不收学费，类似于免费义务教育，但实际上还会按照地方经济发展状况征收，但征收学费的标准或具体征收章程由中央部门决定。

很明显，民国初期的各项义务教育政策，并未深入地触及义务教育经费来源，以及这种来源的保障。更为重要的是，一个不稳定的民国政府很难为义务教育的长期发展作出有效可行的规划，进而导致义务教育发展推行进展缓慢。

2. 以地方为主的义务教育经费筹款方案

为了解决义务教育经费来源问题，保障义务教育经费的投入，1925 年 10 月举行的"第十一届全国教育会联合大会有关决议案"提出了《实行义务教育应规定筹款办法案》，该法案痛陈了义务教育计划实施以来，义务教育所需经费来源并无详细的规定,如"教育部以空言责之各省,各省以空言责之各县,各县之能自谋者,仅零细杂捐而已,且不易邀财政官吏之核准"。也就是说,义务教育经费来源并不明确,中央部门将责任下推到省,省又将责任下推到县,而县投入极少且缺乏监管。说明以前的义务教育经费投入有名而无实,且有限的投入不足以支撑义务教育的发展。这种义务教育经费筹集责任层层下放,是阻碍义务教育发展的重要原因。

基于此,该法案在义务教育经费筹集方面,提出以下几项办法:

第一,省区政府应强制各县筹集义务教育经费;

第二,各省区由教育厅规定每个儿童需费多少,为各县筹款之标准;

第三,各县应调查学龄儿童确数(除已就学者外),依厅令规定每个儿童用费数目,于一定限期内筹足义务教育经费;

第四,一县义务教育经费,分县款与区款两种,县款占几成,区款占几成,由各县自定之,但须呈报财教两厅备案;

第五,地方行政人员,不得以不实不足之款捏报搪塞,省官厅亦不得以增加人民负担驳斥;

第六,筹款兴学事项,应另定地方行政人员考成条例。

从上述看来,该法案依然强调地方在义务教育经费筹集与保障方面的主要责任,且由县来承担主要责任。这一法案的突出点就是规定了生均经费标准,如规定参照各省区教育统计调查,制定每个儿童用费(吉林、奉天须十元左右,甘肃、山西须二元左右,云南须二元八角至三元,江苏须五元左右)。但是,该法案并未强调中央财政拨款,初始来源渠道依然过于单一。

3. 中央承担部分义务教育财政拨款

以地方为主导的义务教育经费保障体制,很难实现义务教育的均衡发展以及长远发展,对于落实的地区而言则尤其如此。于是,义务教育经费来源多元化,开源节流,就成了我国近代解决义务教育经费问题的特色(熊贤君,2006)。而中央参与承担部分拨款项目,主要来自1935年的《教育部实施义务教育暂行办法大纲》,规定了义务教育经费以地方负担为原则,但对于边远贫瘠省份及其他有特殊情形之省市,得由中央酌量补助之。同时,《中央义务教育经费支配办法大纲》规定:"中央之义务教育经费以国库支出义务教育经费、边疆教育经费及庚款机关拨充义务教育之经费充之。"具体以 1935—1937 年的义务教育拨款为例，中央划拨到各省市办理义务教育的经费分别共计 320 万元、467.8 万元、649.5 万元，其中，义务教育拨款分别为 240 万元、390 万元、590 万元，庚款分别为 30 万（美元、英镑）、29.5 万元（美元、英镑、法郎）、13 万元（美元、法郎、比利时币），边疆教育费分别为 50 万元、48.3 万元、46.5 万元（中国第二历史档案馆编，1994）。尽管当时的国民政府在不断地加大对义务教育的财政拨款，但这种以中央财政拨款作为辅助的义务教育经费筹集措施，很难满足义务教育发展的需求，毕竟义务教育经费的筹集主体是在地方政府。

4. 各地方义务教育经费筹集与分配

第一，山西省。有数据显示，1924 年山西省学龄儿童入学率达到了 72.2%，远远高于全国其他省份。山西省领先全国的入学率主要得益于完善的义务教育经费筹资机制，以省长负责教育经费的筹集事宜，形成一个从上至下责任分担的经费筹集网络（申国昌，2008）。以 1919 年为例，山西省义务教育经费投入占财政性教育投入的 53.9%，义务教育经费在学校配置方面，主要是以区立学校分配最多、其次是县立学校、然后是私立学校、最后是省立学校（申国昌，2008）。

第二，江苏省。得益于良好的经济发展条件，江苏省的生均义务教育经费在全国最高，1912 年、1918 年、1927 年生均经费分别达到了 6.93 元、6.30 元、7.51 元，严格高于全国其他地区[①]。江苏省对于推行义务教育的探索，主要是提出了《促进义务教育办法》7 条，如"就地筹款"原则，成为以后义务教育筹款的基本原则（熊贤君，2018）。

第三，云南省。云南省在义务教育经费保障方面突出的特点就是教育经费独立。1929 年，云南省实施省、县教育经费一律实行独立的决议，提定财政厅所管卷烟特捐作为省教育经费独立专款（龚自知，2017），并成立了专门的委员会管理教育经费，从而保障了义务教育经费的来源稳定和充裕。

5. 革命地区的义务教育发展与经费保障

1940 年，陕甘宁边区政府颁布《陕甘宁边区实施普及教育暂行条例》，规定 8—14 岁为儿童接受义务教育的年龄，且不分性别均应受义务教育，义

---

① 《第一次中国教育年鉴》（丙编），开明书店 1934 年版。

务教育年限定为初级小学三年。针对经费保障方面,仅涉及了具备实施义务教育条件的地区,如当地能够筹集义务教育经费的一半以上的地区。

二、新中国成立后(1949—1986年)的义务教育发展与经费保障

新中国成立后,百废待兴,在以国民经济恢复与发展作为主轴的情况下,义务教育发展相对缓慢,主要原因就在于这一阶段的生产力水平不高,且义务教育投入的责任并不清晰。此外,在这一阶段的大部分时间,我国并未明确地提出"义务教育"这一发展目标,而仅仅是以"普及教育"作为教育发展的目标。

(一)1949—1954年:具有临时宪法性质的《共同纲领》时期

新中国成立前夕,通过了具有临时宪法性质的《中国人民政治协商会议共同纲领》(以下简称《共同纲领》),规定了中华人民共和国的文化教育性质是新民主主义的,即民族的、科学的、大众的文化教育。具体到实施义务教育性质的教育方面,《共同纲领》在第五章文化教育政策第四十七条,提出"有计划有步骤地实行普及教育"。尽管普及教育与强制性的义务教育具有一定的差别,但是该普及教育是未来实施义务教育的初始步骤。

当然,《共同纲领》仅是纲领性文件,并非具体的执行条例,故对发展普及教育并未规定主要经费来源。

1949年12月新中国第一次全国教育工作会议也指出,"发展教育要普及与提高相结合,即在提高指导下普及,在普及基础上提高。在相当长时期内以普及为主。"

(二)1954—1982年:普及教育的初步推进

1954年,新中国第一部《宪法》规定了"中华人民共和国公民有受教育的权利。国家设立并且逐步扩大各种学校和其他文化教育机关,以保证公民享受这种权利。"显然,这与《共同纲领》具有明显的区别,关键在于后者说明每一个公民的受教育权,并为这种教育权的实现提供场所与设立国家机构。实际上,这也为未来义务教育的实施提供了最基础的指导意见。

随后，全国人民代表大会常务委员会颁布了《一九五六年到一九六七年全国农业发展纲要》，提出"农村办学应当采取多种形式，除了国家办学以外，必须大力提倡群众集体办学，允许私人办学，以便逐步普及小学教育"，这是针对农村地区的小学教育发展提出的意见，也为未来农村地区推行义务教育提供了基础。

1980年12月，中共中央、国务院作出《关于普及小学教育若干问题的决定》，规定"在80年代，全国应基本实现普及小学教育的历史任务，有条件的地区还可以进而普及初中教育。而普及小学教育，必须坚持"两条腿走路"的方针，以国家办学为主体，调动社队集体和厂矿企业等各方面办学的积极性。"该决定，针对普及小学教育问题的经费来源作出了粗略的规定，并未涉及具体的普及小学教育经费的责任归属，仅是在方针策略上作出了规定。

总体而言，这一时期及以前我国基础教育发展虽有所推进，但真正的义务教育始终并未有效地推进，只是解决了人民的初步教育问题，如扫盲、提高识字率等，各项文件也并未出现一次明确的"义务教育"的表述，仅仅出现了"普及教育"的表述，更不用说义务教育的经费保障问题。

（三）1982—1986年：义务教育的正式出台

新中国成立以后，第一次正式提出发展"义务教育"的是1982年《宪法》，其中规定"国家举办各种学校，普及初等义务教育，发展中等教育、职业教育和高等教育，并且发展学前教育。"这与之前各类法律法规或政策文件具有明显的不同，首次在国家根本大法层面提出"义务教育"，就为实现真正意义上的义务教育奠定了法律基础。

三、非免费义务教育时期（1986—2005年）的经费保障机制

新中国第一次正式提出实施"九年义务教育"，是在1985年发布的《中共中央关于教育体制改革的决定》中正式提出"有步骤地实行九年制义务教育"。此外，为了在全国各地推行义务教育，该决定还规定了各级政府可以根据地方自身情况制订本地区的义务教育条例，包括推进进程、办法与义务教育年限等。在具体的义务教育经费负担方面，规定了"实行九年制义务教

育,实行基础教育由地方负责、分级管理的原则",也就是说,此时的九年制义务教育经费筹集主要由地方政府承担。

针对我国义务教育发展的各项问题,均反映在1986年的《义务教育法》,这也是我国第一部专门用以指导义务教育发展的法律。具体规定了实施义务教育的办法,如凡年满六周岁的儿童应当入学接受义务教育(条件不具备的地区,可推迟到七岁),且将义务教育阶段分为初等教育和初级中等教育两个阶段。在教育经费负担方面,再一次确认了地方负责、分级管理的原则。还有一个重要问题就是该法规定了义务教育经费与财政经常性收入的挂钩机制,如义务教育的财政拨款的增长比例,要高于财政经常性收入的增长比例,这就为义务教育经费的稳定增长提供了依据。或者说,此时义务教育经费属于一种重点支出项目,即类似于优先保障的财政支出项目。

(一)分级包干制下的义务教育经费保障

新中国成立以后,在财政体制上总体经历了计划经济时代的"大锅饭"、划分收支与分级包干的"分灶吃饭"、分税制等变革。在"大锅饭"体制下,义务教育经费保障在政府间的事权和支出责任是不清晰的,且这种不清晰不仅仅体现在法律法规上,而且也体现在实际操作上。也就是说,在计划经济时代的义务教育经费的分担机制并不明确,以至于义务教育发展得不到有效的保障和持续推进。

为了充分发挥中央和地方的积极性,适应逐步实现四个现代化的需要,1980年2月,国务院颁发了《关于实行"划分收支,分级包干"的财政管理体制的规定》,规定了按照经济管理体制规定的隶属关系,明确划分中央和地方财政的收支范围,例如,中央所属企业的收入、关税收入和中央其他收入归中央财政,作为中央财政的固定收入;地方所属企业的收入、盐税、农牧业税、工商所得税、地方税和地方其他收入归地方财政,作为地方财政的固定收入……在支出方面与教育相关的部分,如中央级的文教卫生科学事业费归中央财政支出范畴,地方级的文教卫生科学事业费归地方财政支出范畴。

显然,在分级包干制下的教育经费是由中央与地方分别负担的,或者说是由中央与地方切块分担的,即属中央级的教育经费由中央承担,属地方级的教育经费由地方承担。

但是，义务教育经费在分级包干制下属于地方级的范畴，即地方承担着义务教育经费的筹集责任。原因在于，1986年的《义务教育法》规定了地方负责、分级管理，这就将义务教育的事权和支出责任下放到了地方政府。

1. 农村以乡为主的义务教育经费保障

乡镇财政作为我国一级财政单位，在新中国历史上经历了多次变化。在1949—1958年，乡镇是我国最基层的一级政权组织，如1954年《宪法》在行政区域划分方面规定县、自治县分为乡、民族乡、镇；且上述乡镇设立人民代表大会和人民委员会。1958—1983年，在全国农村基本已实现人民公社化的情况下，人民公社实行政社合一体制，而人民公社实质上就成为一级基层政权组织，具体就是1958年的《中共中央关于在农村建立人民公社问题的决议》，规定实行政社合一，乡党委就是社党委，乡人民委员会就是社务委员会。1983年以后，又陆续恢复乡镇一级政权组织。如1983年国务院发布《关于实行政社分开，建立乡政府的通知》，规定"当前农村改变政社合一体制的首要任务是把政社分开，建立乡政府。……随着乡政府的建立，应当建立乡一级财政和相应的预决算制度"，1984年以后开始陆续重新复建乡镇一级政权，而根据"一级政府一级财政"的要求，乡镇财政也随之建立。

根据我国的政府间行政体制，城市地区的中小学教育经费主要由区级人民政府负担，农村中小学教育经费由县、乡财政共担，而根据地方负责、分级管理的分级包干制要求，即在一级政府一级财政的条件下，乡镇财政就成为农村义务教育的主要承担者，或者说农村义务教育就成为"地方负责、分级管理、以乡为主"的财政体制。与此同时，农村地区的中小学（主要是义务教育学校）是由乡镇政府设立的，那么按照"谁办学谁掏钱"的原则，乡镇政府和农民就成为农村义务教育经费的承担主体（孟航鸿，2010）。显然，城市地区的财力明显强于普通县、乡的财力水平，这就为城乡间教育发展的不均衡埋下了种子。

2. 以征收教育费附加作为义务教育经费的重要来源渠道

普及农村地区的小学教育，推动普及初中教育及学前教育等，均需要稳定的教育经费来源，而农村地区办学条件与经费投入均相对较弱，于是1984年国务院发布了《关于筹措农村学校办学经费的通知》，提出征收农村教育费附加，如"乡人民政府征收教育事业费附加，对农业、乡镇企业都要征收",这种农村教育费附加要取之于乡,用之于乡。显然,征收农村教育费附加对于完善乡镇财政在义务教育经费的筹集方面发挥了重要作用。进一步地,为了贯彻落实《中共中央关于教育体制改革的决定》,加快地方教育事业发展,扩大地方教育经费的资金来源,1986年国务院又发布了《征收教育费附加的暂行规定》,将教育费附加扩展到了城市教育费附加。如规定"凡缴纳消费税、增值税、营业税的单位和个人,除按照《国务院关于筹措农村学校办学经费的通知》(国发〔1984〕174号)的规定,缴纳农村教育事业费附加的单位外,都应当依照本规定缴纳教育费附加",具体就是按照消费税、增值税、营业税的3%计征。这种以征收教育费附加作为教育投入体制的重要形式,在一定程度上弥补了我国教育经费投入不足的局面,于是在1986年版《教育法》中也确认了城乡征收教育事业费附加这一事项,且主要用于实施义务教育。至此,教育费附加成为除国家财政性拨款以外的主要资金来源渠道。

如图4-1所示,教育费附加属中央与地方共同所有的收入,但主要收入归于地方所有,属地方所有的教育费附加从1991年的27.26亿元,增长到了2010年的859.15亿元,增长了约31倍;属中央所有的教育费附加也从1991年的0.75亿元,增长到了2010年的68.37亿元,增长了约91倍。这为义务教育发展提供了相对稳定的财源。

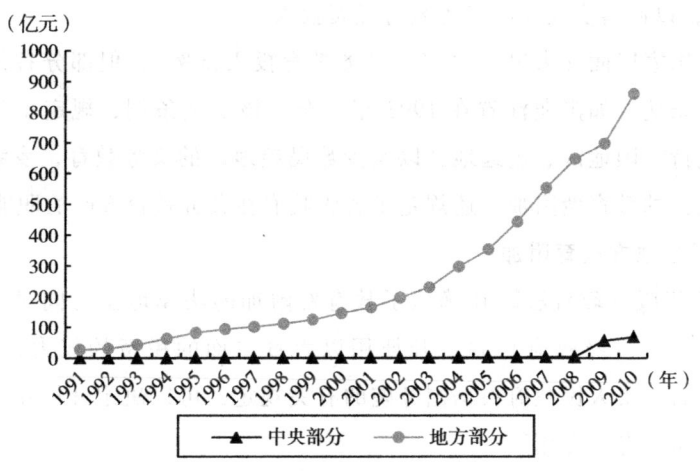

图4-1 历年中央与地方的教育费附加收入

数据来源:《中国财政年鉴》。

（二）分税制下的义务教育经费保障

1994年，为了解决中央财政困难与平衡地区间财力差距，实施了分税制改革，以财政转移支付作为协调政府间财政关系的手段。这次改革在解决中央财政困难层面，成功地实现了两个比重的提升，即中央财政收入占全国财政收入的比重与财政收入占GDP的比重，中央财政摆脱了依赖于地方贡献的局面，彻底改变了中央财政囊中羞涩的困境。然而，在这种分权体制下，财权与事权却并不一致，即财权上移的同时而事权却并无明显的变化，导致纵向财力的不平衡。进而，随着中央财政能力的不断增强，为平衡地区间财力差距，解决中央与地方纵向财力的不平衡问题，中央逐步加大对地方的财政转移支付，这在一定程度上缓解了地方财力不足的情况。

1. 县组织、乡负责落实义务教育的具体工作

分税制改革以后，在教育领域，尤其是基础教育依然是由地方负责、分级管理的体制，县与乡均承担着部分义务教育的职能。如1994年国务院关于《中国教育改革和发展纲要》的实施意见，就提出县负责组织义务教育的实施，包括统筹管理教育经费等，乡负责落实义务教育的具体工作。还提出"有条件的经济发展程度较高的地区，义务教育经费可仍由县、乡共管，充分发挥乡财政的作用。"此外，该纲要还指示要尽快出台《实施义务教育投入条例》，以便落实具体的义务教育经费投入。

虽然国家层面并未出台《实施义务教育投入条例》，但部分省份很快就制订了该条例，如黑龙江省在1998年发布了该实施条例，规定了县建立专项经费支持贫困地区、边远地区以及少数民族地区的义务教育，乡级政府征收农村地区的教育费附加，还规定了省级政府在义务教育方面的职能等。

2. 开征地方教育附加

1995年版《教育法》在确认了教育费附加的法律地位的同时，更赋予了地方政府（省级政府）制订开征用以教育方面的税费的权力，如"省、自治区、直辖市人民政府根据国务院的有关规定，可以决定开征用于教育的地方附加费，专款专用"。

于是，从1995年开始，各地方纷纷开征了地方教育附加。最早开征地方教育附加的是内蒙古自治区，然后是辽宁省、宁夏回族自治区、福建省

等。地方教育附加与教育费附加具有显著的差异,如地方教育附加属地方开征的税费,即所得收入均归于地方且开征权属于地方,而教育费附加属中央与地方共同所有,差异就在于地方留存得较多;地方教育附加是各省根据自身条件决定是否开征以及何时开征,而教育费附加是全国"一刀切"式的推进;地方教育附加虽然也是消费税、增值税、营业税三税作为税基,但各省并无统一的征收比例,教育费附加则是全国执行统一的征收比例。

但是,地方教育附加与教育费附加具有的共同点就是均用于义务教育领域,如改善义务教育阶段中小学办学条件以及(部分省份用以)弥补剥离企业自办中小学经费不足,且不得用以发放教师福利、工资补助等方面。

3. 实施"国家贫困地区义务教育工程"

这一时期,国家为了支持贫困地区义务教育发展,不仅采取了开征教育费附加、地方教育附加这种专门用于义务教育领域的税费形式,还采取了支持贫困地区教育发展的专项计划,用于集中解决义务教育的急迫性问题为目标。

为了解决贫困落后地区的义务教育发展问题,并贯彻落实党中央、国务院提出的"科教兴国"战略,我国实施了国家贫困地区义务教育工程。其中,1994年5月,国家教委财务司、财政部文教司负责同志赴山西、内蒙古对扶持贫困地区义务教育进行专题考察,并提出实施"国家贫困地区义务教育工程"的建议。此后开始部署具体的片区实施工作,如1995—1997年部署与实施了"二片"地区,1997—1998年部署了"三片"地区的工程安排。2001年以后国家部署了第二期"国家贫困地区义务教育工程",以解决贫困地区普及义务教育的目标。

具体地,1995—2000年,国家投入39亿元中央专款,实施了第一期"国家贫困地区义务教育工程",其中28.4亿元用于西部地区。工程实施范围集中在852个贫困县,其中国家扶贫开发工作重点县有568个。"十五"期间,国家实施了第二期"国家贫困地区义务教育工程",再次投入中央专款50亿元(其中90%用于西部地区),加上地方配套资金26.3亿元,共计投入资金76.3亿元。按照规划,522个项目县共新建、改扩建中小学10663所;培训中小学校长和教师约46.7万人次;添置仪器设备1.6万台套,购置课桌凳205万套,新增图书资料2300万册;向1100万人次的小学和初中学生免费提供教科书;为近2万所农村中小学配备信息技术教育和远程教育接收设备①。

（三）公共财政体制下的义务教育经费保障

1998年以后，我国出现了一个新词汇，即公共财政，时任财政部长项怀诚最早在1994年在一次电视讲座中提到这一概念，1998年以官方的形式提出了公共财政的转型目标（刘克崮和贾康，2008）。公共财政就是在市场经济条件下，主要为满足社会公共需要而进行的政府收支活动模式或财政运行机制模式，其核心就在于满足社会公共需要。在教育方面，公共财政体制下的主要作用就在于加大中央财政的投入力度。

1. 义务教育的管理"以县为主"

如前文所述，我国义务教育经费的筹集与管理责任主要在乡镇财政一级，或者是县与乡共同负责义务教育事宜。但是，由于地区间经济社会发展的不均衡，实施义务教育的程度与效果也不均衡，且部分地区对于基础教育的重视程度也明显不足。

2001年国务院发布了《关于基础教育改革与发展的决定》，实行"地方负责、分级管理、以县为主"的体制，这就与以往"以乡为主"或"县乡共管"具有显著的差异，这一体制改革彻底将义务教育的责任归于县级财政，尤其是对农村地区的义务教育而言，实现了由"以乡为主"到"以县为主"的转变，这一政府管理层级的上升，为保障义务教育经费与义务教育稳定发展奠定了基础。

该项决定的一个重大突破就是改革农村义务教育的教师工资，即从2001年起，农村中小学教师工资的管理权上收到县，就是将原乡镇财政收入中用于支付农村中小学教师工资的财政资金上收到县级财政，并按规定设立"工资资金专户"，由县级财政统一发放农村中小学教师工资。这就避免了乡镇财政对农村中小学教师工资的挤占、挪用甚至拖欠等行为的发生②，从体制

---

① 资料来源：教育部网站，http://www.gov.cn/ztzl/fupin/content_396671.htm.
② 在此以前或在一个较长的时期内，我国农村地区教师工资得不到有效的保障，原因在于没有一部具有约束力的法律法规或条例来保障农村教师工资的发放，以至于农村教师的地位不受重视，抑制了农村教师的工作积极性。例如，20世纪90年代，出现的大面积的教师工资拖欠问题，归根到底就是教师的工资得不到保障。

上保障了农村中小学教师的权益，这对受益的学生具有长期的积极效应。此外，这一决定在地区层面还具有特殊的政策倾向，如在国家扶贫开发工作重点县等中西部困难地区建立农村中小学教师工资保障机制，中央财政提供额外的财政补助。当然，为保障这一机制的实施，还建立了举报制度等。

2. 农村税费改革与农村义务教育经费供给

2000年以后，为了减轻农民负担，规范农村收费行为，在各地区逐步推广了农村税费改革。如2000年发布的《中共中央 国务院关于进行农村税费改革试点工作的通知》，决定进行农村税费改革试点，其中与义务教育经费相关的改革就是取消乡统筹费、农村教育集资等专门面向农民征收的行政事业性收费和政府性基金、集资，而原用于支持九年义务教育的经费改由各级政府财政预算安排等。进一步地，2001年发布的《国务院关于进一步做好农村税费改革试点工作的通知》又对义务教育作出了相关规定。具体地，针对农村义务教育管理体制，由过去的乡财政与地方农民集资办学改为由县政府举办和管理农村义务教育，教育经费纳入县级财政。

当然，针对农村税费改革使基层政府丧失了部分财力，而中央为解决这一财力的不足，特别地实施了"中小学教师工资转移支付补助"，即中央开始承担一部分基层教师的工资支出。

四、免费义务教育时期（2005年至今）的经费保障机制

伴随着国家经济发展实力的不断增强，对义务教育的重视程度也日益提升，我国开始逐步实施免费义务教育。

（一）部分免费义务教育时期

1. "两免一补"政策

早在2001年，国家就提出在农村义务教育阶段的贫困家庭实施"两免一补"政策，就是免杂费、免书本费，补助寄宿生生活费。随后，多个政策文件也提出要积极推进"两免一补"政策的落实，如2003年《国务院关于进一步加强农村教育工作的决定》针对贫困家庭的义务教育情况指出，争取到2007年全国农村义务教育阶段的贫困家庭学生都能享受到"两免一补"。

而正式规定要开始实施"两免一补"的文件是2005年的《政府工作报告》，该报告提出，从2005年开始，免除国家扶贫开发工作重点县农村义务教育阶段贫困家庭学生的书本费、杂费，并补助寄宿生生活费，也就是正式实施"两免一补"，到2007年全国农村地区普及了这一政策。

具体到"两免一补"的经费负担问题，由中央和地方共同分担该经费投入。其中，中央负责免费教科书部分的经费，且这种财政资金直接下达到各级政府的财政专户，即"两免一补资金专户"；杂费以及寄宿生生活费主要由地方政府负责，中央则提供农村义务教育补助支持地方的义务教育经费投入。2005年，中央和地方共安排"两免一补"专项财政资金约64亿元，使广大中西部地区受益的农村义务教育阶段家庭贫困生人数由2004年的2400万上升到2005年的3000万人，2005—2007年共安排227亿元用以全部落实该政策。

在生均经费标准方面，中央财政免教科书补助标准（2005年春季起）是小学每学期每人35元、初中70元、特教35元，而杂费和寄宿生生活费各省的执行标准则不尽相同。

到了2016年，国家又推行统一的全国"两免一补"标准，即城乡所有的义务教育阶段学生都能享受"两免一补"政策。

2. 部分地区实施免费义务教育

新中国最早提出实施免费义务教育的是1986年版的《义务教育法》，即国家对接受义务教育阶段的学生免收学费。但是，受经济发展水平与地方财力不足的制约，免费义务教育在较长一段时间内并未得到落实。也就是说，义务教育阶段的学生依旧需要缴纳学杂费，使得学生接受的是非免费的义务教育，或者是缴纳杂费的义务教育。随着国家经济的发展，财力逐步得到了保障，教育财政体制也得到了调整，我国开始逐步实施真正意义上的免费义务教育，如2006年修订的《义务教育法》规定"实施义务教育，不收学费、杂费"，并在法律上确认义务教育经费的归属问题，即"国家将义务教育全面纳入财政保障范围"，这就为实施真正意义的免费义务教育提供了财力保障。

当然，这种免费的义务教育改革并非是"一刀切"式的改革，它是一个逐步推进的过程，如2006年首先在西部地区的农村义务教育阶段中小学生全部免除学杂费，2007 年在中部地区和东部地区的农村义务教育阶段中小学生全部免除学杂费，2008 年秋季学期开始在全国范围内全部免除城市义务教育阶段学生学杂费。

(二) 全面免费义务教育时期

1. 统一城乡生均公用经费基准定额

我国学生的流动性加大，出现了城乡义务教育经费保障政策不统一等问题。为了完善这种义务教育经费保障，我国于 2016 年实施统一公用经费基准定额这一政策，即由国家统一制定城乡义务教育学校公用经费基准定额，中央财政对城市义务教育学校（含民办学校）将按照基准定额的一定比例给予补助。中央统一确定城乡义务教育生均公用经费基准定额，中西部的小学是 600 元，初中是 800 元，东部的小学是 650 元，初中是 850 元。

2. 实施营养餐计划

早在 2010 年我国就发布了《国家中长期教育改革和发展规划纲要（2010—2020 年）》（以下简称《纲要》），首次将改善学生营养作为中长期改革和发展的目标，提出"提倡合理膳食，改善学生营养状况，提高贫困地区农村学生营养水平"，并且在健全国家资助政策体系中要求"提高农村义务教育家庭经济困难寄宿生生活补助标准，改善中小学生营养状况"。更为重要的是，该纲要提出要组织实施重大项目，其中就包括对家庭经济困难学生资助，即启动民族地区、贫困地区农村小学生营养改善计划。为进一步改善农村学生营养状况，提高农村学生健康水平，加快农村教育发展，促进教育公平，2011 年发布了《国务院办公厅关于实施农村义务教育学生营养改善计划的意见》，提出以贫困地区和家庭经济困难学生为重点，启动实施农村义务教育学生营养改善计划。具体而言，该项计划实施包含两个层面：一是组织国家试点，主要针对集中连片特殊困难地区启动农村（不含县城）义务教育阶段的学生实施营养改善计划。该计划的资金支持由中央财政负担，补助标准为每生每天 3 元，按照在校时间 200 天计算。营养改善计划提供的膳食主要包括蛋、奶、肉、蔬菜、水果等，并且还安排专项资金用以修建或改建食堂等基本用餐条件。二是积极鼓励组织地方试点，主要针对连片特困地区以外的地区，以贫困地区、民族地区、边疆地区、革命老区等为重点，资金支持主要由地方财政负担，但中央给予一定的奖励性补助资金。据此，当年秋季开始为国家试点地区供餐，随后地方试点地区也开始供餐。

随着营养改善计划的逐步推进，取得的效果也越来越明显，主要体现在以下两个方面：一是参与地方试点的地区持续性扩大。国家试点县均保持在699个，而地方试点县逐年增加（见图4-2），如2012年仅有288个县参加地方试点，到2017年就超过900个县且实现国家扶贫开发重点县全覆盖，截止到2018年6月，全国已有超过29个省份（京、津、鲁单独开展了学生供餐项目）的1631个县实施了营养改善计划。二是国家与地方试点的补助标准不断提升。如国家试点县的补助标准由原来的每生每天3元提升到了4元，寄宿生加上"一补"后达到每天8—9元，而地方试点县在2016年提高了国家补助标准，即对地方试点膳食补助标准达到每生每天4元以上的省份，按照每生每天2元标准给予奖补；对未达到4元的省份，按照每生每天1.5元的标准给予奖补。

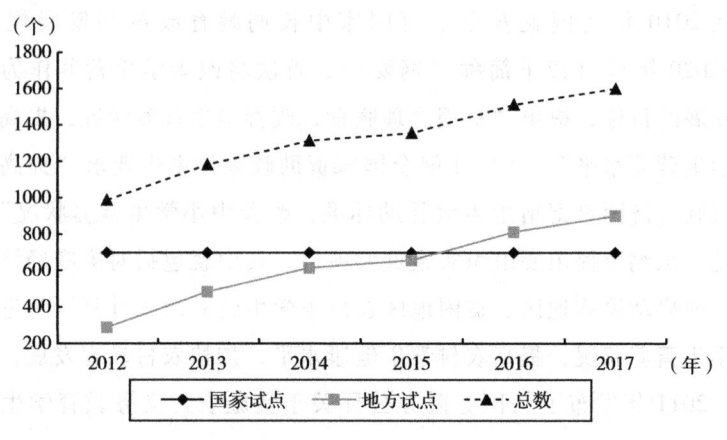

图4-2 历年国家与地方试点县数量

数据来源：根据《全国学生营养办关于农村义务教育学生营养改善计划进展情况通报》等资料整理。

为强化政府对学生营养改善计划的支持，还组建了专门的机构进行管理，如2012年2月成立了全国农村义务教育学生营养改善计划领导小组及其办公室，由教育部长担任组长。在财政资金的管理上，财政部还出台了《关于进一步加强和规范农村义务教育学生营养改善计划学校食堂建设工作的通知》(2012年)以保障硬件设施的完善、《农村义务教育学生营养改善计划专项资金管理暂行办法》(2012年)以加强专项资金的管理等。除此之外,为确保营养改善计划的落实,保障"两个安全",即食品安全与资金安全,国务院教育督导委员会办公室组织各方力量对营养改善计划的实施进行督导,并发布专项督导报告,具体包括:随机抽取部分试点县的部分学校(含教学点),重点检查营养膳食补助落实、学校供餐、食堂建设、资金使用管理、信息公开公示和学生营养教育等内容。

3. 统一经费分担机制

2016年,为建立城乡统一、重在农村的义务教育经费保障,在统一经费分担机制上,实施中央和地方对城乡义务教育实行统一的分项目、按比例分担的机制。具体来讲,国家规定课程免费教科书资金由中央全额承担;寄宿生生活费补助由中央和地方按5∶5比例共同分担;公用经费中央和地方分担比例西部地区为8∶2,中部地区为6∶4,东部地区为5∶5。

进一步,2019年国务院发布《教育领域中央与地方财政事权和支出责任划分改革方案》,核心就是划分教育在央地间的事权和支出责任。具体到义务教育经费补助方面,属于中央和地方共同财政事权,其中,中央财政承担的部分通过共同财政事权转移支付安排;涉及阶段性任务和专项性工作的事项,所需经费由地方财政统筹安排,中央财政通过转移支付统筹支持。

在公用经费保障方面,将国家制定的分地区生均公用经费基准定额,调整为制定全国统一的基准定额。同时,按规定提高寄宿制学校等公用经费水平,单独核定义务教育阶段特殊教育学校和随班就读残疾学生等公用经费标准,所需经费由中央与地方财政分档按比例分担,其中,第一档中央财政分担80%;第二档中央财政分担60%;第三档、第四档、第五档中央财政分担50%。[①]

[①] 第一档:内蒙古、广西、重庆、四川、贵州、云南、西藏、陕西、甘肃、青海、宁夏、新疆12个省份;第二档:河北、山西、吉林、黑龙江、安徽、江西、河南、湖北、湖南、海南10个省份;第三档:辽宁、福建、山东3个省(不含计划单列市);第四档:天津、江苏、浙江、广东4个省(直辖市)及大连、宁波、厦门、青岛、深圳5个计划单列市;第五档:北京、上海2个直辖市。

第二节 义务教育经费保障研究：国际视角

义务教育经费在不同层级政府间的责任配置不同，其根源就在于国家的结构形式是如何安排的，即属于单一制国家还是联邦制国家。不同的国家结构形式安排对于公共产品在政府间的责任归属具有显著的差异，普遍地讲，在单一制的国家结构形式下，义务教育经费由中央部门承担主体责任，在联邦制的国家结构形式下，地方部门则承担着主体责任。

一、单一制国家的义务教育经费保障

（一）日本

日本是亚洲地区一个较为典型的单一制国家，以中央集权的形式安排国家组织机构。在政府级次上是以中央、都道府县、市町村三级，其中，都道府县类似于我国的省、自治区、直辖市，市町村相当于我国的市、县、乡村。在政府间财政安排上，也类似于我国实施的一级政府一级财政的安排，且本级预算收支由本级立法机关或权力机构批准实施，但日本较为突出的就是本级财政对本级政府负责（康建英，2012）。

同样，日本在较早的时期就实施了分税制改革，也是一个将税权从地方向中央上移的过程，以至于大部分财政收入集中于中央政府，如全国45个税种被分为中央税和地方税，且中央税占主体部分。因此，出现一个重要问题就是中央财政收入在全国财政收入中占据着较大的比重，形成了中央与地方财力的纵向不平衡。为了解决这种央地间纵向财力的不均衡，也采取了财政转移支付制度，以完善央地间财力以及地区间财力的均衡化配置（高如峰，2003），如日本地方政府近一半的财政收入是来自于中央的财政转移支付（佘国信等，1999），这一点与我国的情况也基本相类似，如2019年我国中央财政转移支付占地方财政总收入的比重达到了42.38%。

日本实施义务教育的时间相对较早，明治维新以后，日本就逐步推进义务教育进程，如1886年颁布、1900年修订的《小学校令》，就规定了实施四年制

的义务教育,到 1908 年又从四年制延长到六年制。第二次世界大战以后,日本借鉴美国的学制安排,实施了九年义务教育,即六年小学、三年中学。

在义务教育经费方面,日本也是经历了从以地方为主到央地共同负担的转变。明治维新以后,义务教育经费主要由基层政府承担全部支出责任,如町村级政府承担义务教育公共服务供给,但这种由基层政府承担主要支出责任的条件下,为地方财政带来了相当程度的财政压力。为此,中央政府为解决这种义务教育经费供给的压力,开始逐步改革原有的义务教育支持政策。改革最先从立法开始,如 1896 年出台的《小学教师工资国库补助法》、1900 年出台的《市町村立小学教育经费国库补助法》、1918 年出台的《市町村义务教育经费国库负担法》等,逐步扩大了中央政府的支持力度与支持范围。直到 1952 年《义务教育经费国库负担法》的出台,最终确定义务教育教师部分的财政资金由国库负担金承担。至此,形成了中央与市町村共担的义务教育经费保障体制。

具体到义务教育经费来源方面,尤其是农村地区义务教育经费,主要是两种形式:一是国库支出金,它类似于我国的专项教育类转移支付,主要以支持人员经费为主的国库负担金与支持义务教育基础设施建设和学生补助为主的国库补助金。二是地方交付税,它在这里类似于我国的一般性转移支付,即按照地方财力状况以相对确定的标准给予,虽然这一经费具有相对自主的使用权,但相当部分是投入到了教育领域。当然,除了中央政府为市町村级政府提供财政补助以外,都道府县也提供了相应的财政补助。进一步地,可以说明日本义务教育形成了中央、都道府县以及市町村三级共同分担的经费保障体制。

(二) 法国

法国是欧洲的一个较为典型的单一制国家,政府级次是由中央、大区、省、市镇组成,在财政体制上也是如此。法国实施义务教育的时期也相对较早,早在 1871 年法国巴黎公社时期就已确认要实施义务教育,继而在 1881 年与 1882 年分别通过教育法令——费里法(陈永明,2006),如 6—13 岁的儿童必须接受普及性教育,即强制性接受义务教育,随后又实施免费义务教育。目前,最新的义务教育安排,就是 2019 年法国总统马克龙宣布义务教育从 3 岁开始,一直到 18 岁。此举实施后,法国将成为欧洲第一批实行早年义务教育的国家。

在义务教育经费方面，其投资主体是中央、省、市镇三级政府共同分担，与我国还有日本不同的是，法国义务教育经费的投资主体并非是地方政府，而是中央政府（高如峰，2005）。当然，法国的义务教育经费投资主体从以地方政府为主到以中央政府为主的转变，也经历了一系列的变革。在1889年以前，法国的义务教育经费主要由市镇政府承担，该层级政府是义务教育经费的供给主体。如果市镇政府财政能力不足时，与我国、日本均不同的是，市镇政府被赋予了开征特殊税作为其经费来源渠道；如果开拓新的经费来源渠道依然不足以支持义务教育经费，则就会涉及政府间的财政转移支付制度，尤其是中央政府对地方政府的财政转移支付，这一做法则与我国、日本相类似，即以财政转移支付弥补义务教育经费投入的不足。

与此同时，随着中央政府开始承担义务教育的小学教师工资（该项目是义务教育支出的最大项目），且在法律上强化了这一责任主体，导致中央政府对于义务教育投资的地位越来越重要。而地方政府承担的则是学校基础设施建设以及运转等方面的支出，呈现出中央与地方共同分担的状态。

具体地，在教师工资的保障机制方面，法国的教师是国家公务员，这要优于我国的正式编制教师，其经费供给纳入中央教育经费年度预算，由两院议会批准后实施（陈永明，2006）。相较于我国与日本而言，将教师工资纳入中央教育预算突显了中央政府的职责以及教师的地位。显然，这对保障教师工资待遇以及提升教师工作激励具有重要作用。在学校基础设施的保障机制方面，较为突出的还是纳入预算这一问题，即该类项目支出均体现在政府财政预算中。

总体而言，法国义务教育经费虽然由中央和地方共同分担，但中央政府承担了义务教育的大部分经费责任，且教师工资纳入中央预算提高了教师的社会地位，故法国的义务教育经费具有稳定的来源渠道。

二、联邦制国家的义务教育经费保障

（一）美国

美国是一个典型的联邦制国家，采用这种联邦制的国家结构形式，一个较为突出的特征就是分权化，即联邦政府与州政府分权，表现为州政府的权力相对较大或者相对较为独立。但是，州政府在宪法层面还是服从于联邦政府，且州政府还是联邦政府和地方政府沟通的媒介。总体来说，各级政府由联邦政府、州政府、地方政府（县政府、市政府以及镇政府）组成。与我国相类似的是，美国的联邦政府相当于我国的中央政府；与我国不同的是，美国的地方政府主要是指县、市、镇政府，而我国的地方政府主要是指省及省以下各级政府。此外，还有不同的就是美国的市政府一般隶属于县政府，镇政府一般也隶属于县政府。

在美国的政府间财政体制方面，也充分体现着联邦制的分权特征，即联邦政府、州和地方政府在财政上相互独立，且州和地方政府具有相当程度的自主权。在收入来源上，联邦政府主要依赖于所得税，与我国不同的是，美国并不存在联邦政府和地方政府分税的问题，且州和地方政府也具有相对独立的税权。在政府间事权和支出责任上，州和地方政府承担着辖区内的公共服务供给，如义务教育等方面的事权和支出责任就在地方政府，联邦政府承担州和地方政府以外的事权。当然，联邦政府还负有实施财政补助的义务（谭融，1994），包括分项目拨款、整体拨款以及收入分享。具体到政府间财政平衡的问题，美国也涉及财政转移支付制度，原因在于联邦政府的财政收入占全国财政收入的主体部分，以至于联邦政府超过20%的财政支出用以转移支付（包括有条件和无条件的财政转移支付），如2008年州政府的财政收入有超过26%的部分来自于联邦政府的财政转移支付，地方政府也有3.8%的部分来自于联邦政府（贾康和王桂娟，2016）。

美国的义务教育一般多指向于K-12（Kindergarten through twelfth grade）教育，即从幼儿园到12年级的教育，主要受教育对象是6—16岁的儿童，且享受免费的义务教育，但每个州的具体实施也具有差异。此外，还有公私之分，如公立学校的经费主要来自于政府，私立学校的经费主要来自于教会，普遍认为私立学校的学费贵但质量高。

美国的义务教育经费主要以州和地方政府为主，联邦政府的投入比例相对较低，如州和地方政府承担了义务教育经费总投入的约90%，联邦政府仅有10%（Baker and Carlo，2020），以至于义务教育支出成为政府最大的单一支出项目之一（OECD，2013）。具体地，20世纪70年代以前，美国的地方政府投入于义务教育的经费主要来自于财产税（Hoxby，1996），之后随着人员的大量流动,以财产税为主要经费来源的投资体制不足以支撑义务教育的发展,于是,联邦政府和州政府逐步强化其投资地位。20世纪80年代以后,美国的州政府成为义务教育经费最大的来源主体,联邦政府的投入地位也基本保持在10%左右。据全国学区委员会协会（National School Boards Association）的统计,在公立学校层面,州的经费占48%,地方经费占43%,联邦经费只占9%。

与单一制国家不同的是,以美国为代表的联邦制在义务教育经费投入方面,是以地方政府为主（州和地方政府）,联邦政府投入仅占十分之一左右。这种政府间的责任分担,是与其联邦制下分权的制度紧密相关的。

（二）德国

与美国以三权分立为核心的联邦制国家不同,德国采取的是议会制。《德意志联邦共和国基本法》规定德国政府分为两级,即联邦和州政府,其中,州政府具有相对独立的管理权限,州政府以下设市、县、乡、镇,各级政府也具有本级相对独立的权限。此外,相较于美国的州政府而言,德国州政府的权限相对较大,表现为联邦政府并不能直接给州政府下达指令,而是通过议会中的协调委员会协调,而且联邦政府也不能直接向第三级政府施加影响,主要在于州政府对其拥有管辖权[①]。显然,德国的联邦制突显了州政府的相对独立的权力。

在政府间财政关系上,德国的联邦制确定各级政府协调事权和支出责任,确保事权和支出责任的一致性,其中,在具有普遍利益范围内的事权由联邦政府承担,其他方面的事权由州和地方政府承担。在财权方面,联邦政府具有税收的立法权,主要掌握关税和国家专卖税,州政府掌握着财产税类和行为税类,地方政府主要以企业营业税和资本税等为主。在税收制度上也是贯彻分税制的要求,如增值税、公司所得税、个人所得税、资本利得税等项目为共享税,且联邦和州政府占据着共享税的主体部分,地方政府占据着小类税种。为了解决政府间财力的横向与纵向不均衡,德国政府也实施了财

---

① 资料来源:财政部网站《德国政府间财政关系考察报告》,http://yss.mof.gov.cn/zhengwuxinxi/guojijiejian/200806/t20080620_47613.html.

政转移支付制度，这种财政转移支付制度包括横向间财政转移支付与纵向间财政转移支付。其中，纵向财政转移支付是联邦政府对州政府的转移支付，其标的就是增值税；横向财政转移支付是州与州之间的转移支付，这是与我国、美国均不相同之处，主要做法就是根据测度得到的财力指数和平衡指数进行再分配。此外，还有类似于一般性转移支付的联邦补充拨款，即直接的无条件拨款，以及专项转移支付。

在义务教育方面，如前文所述，义务教育源于德国。如1619年，德国魏玛公国就推行了义务教育，父母应使6—12岁的儿童入学。就目前而言，与美国相类似，德国也实行12年义务教育。但是，虽然美国的州政府承担着越来越重要的责任，但德国的州政府承担着义务教育的核心责任，即中小学教育属于州政府的事权范畴，有数据显示，德国联邦政府、州政府以及地方政府在义务教育的投资比例分别为3.5%、76.9%、19.6%。也就是说，州政府依然承担着主体责任，联邦政府承担的比例严格低于美国。

第三节 义务教育经费保障研究：经验与教训

前文梳理了历史视角下我国义务教育经费保障，又借鉴了国外不同国家结构形式下的实施策略，那么，国内外两种视角对我国当前以及未来义务教育经费保障的完善提供何种借鉴意义？这里分别从义务教育的战略地位、义务教育的事权与支出责任归属、稳定的财源渠道等方面着手研究。

一、生产力决定生产关系：延长义务教育

（一）重视义务教育的战略地位

义务教育关系着亿万少年儿童健康成长，事关国家发展，事关民族未来。无论是基于历史视角还是国际视角，发现国内外（不同时期的）政府基本上都重视义务教育的发展。因此，在当前义务教育形势发展良好的情况下，更加需要重视义务教育的战略地位。

我国在1986年正式开始实施义务教育，相较于前文所引的发达国家而

言,我国实施的时间相对较晚,且实施水平也不高(仅是九年义务教育,而非十二年义务教育)。正式实施义务教育以后,我国各地区义务教育工作的进度各异,直到2000年才初步实现"两基"(基本实施九年义务教育和基本扫除青壮年文盲)的战略目标,到2011年才全面完成"两基"战略任务。意味着我国义务教育取得实质性的进展仅体现在近三十几年,以至于我国人力资本积累严格弱于发达国家。

因此,我们需要根据我国的实际国情,借鉴发达国家在义务教育发展方面的经验,寻求义务教育充分发展的路径。

(二) 探索十二年义务教育

经济基础决定上层建筑,义务教育发展水平与国家经济发展直接相关,二者是一个共生的统一体。只有当国家经济发展良好时,义务教育才会取得进步;只有义务教育发展好了,国家经济发展才具有一定的人力基础。当前,发达国家,如美国、德国、法国等均实施了十二年义务教育,而我国当前还处于九年义务教育的稳固期。尽管部分(少量)县试点了实施十二年义务教育,但总体来说,全国尚不具备实施十二年义务教育的条件[①]。

虽然,当前以九年义务教育是国家统一实施的教育方略,但随着经济社会发展,以及就业条件对人力资本的需求,九年义务教育制度下的人力资本早已不能满足国家长期稳定发展的需要。因此,我们需要为未来实施十二年义务教育准备实施条件。

首先,要在法律层面预先研究十二年义务教育的实施办法。自1986年版《中华人民共和国义务教育法》颁布以来,虽然经过多次修订[②],但义务教育的年限均是九年。部分县已经在逐步试行十二年义务教育,这意味着地方试点走在了义务教育法的前面,试点的目的在于尝试推广,而完善法律法规则是试点推广的基本条件。其次,就是要调整现有的义务教育财政体制,

---

① 关于政协十三届委员会第三次会议第2180号(教育类189号)提案答复的函:《中华人民共和国义务教育法》明确指出,国家实行九年义务教育制度。我国义务教育阶段和普通高中共12年的课程设置是经过长期实践、反复调整后逐步建立的,符合目前国际上普遍做法,基本与当前和今后一个时期国家的社会、经济发展状况相适应,基本符合儿童身心发展规律和认知规律,目前还不具备缩短学制和将普通高中纳入义务教育的条件。

② 分别在2006年、2015年、2018年进行修订。

在现有政府间事权和支出责任划分的基础上，实现事权和支出责任的上移，即由更高层级政府承担义务教育的事权和支出责任，原因就在于高层级政府具有相对充裕的财政收入。

二、清晰事权与支出责任：各级政府共担

（一）基于历史视角的经验与教训

从清末时期提出实施义务教育到 20 世纪 80 年代，我国的义务教育事权和支出责任均不清晰，或者说义务教育事权和支出责任的归属始终无明确的规定。从前文关于历史回顾的内容中可以发现，义务教育经费的筹集责任一般在地方政府，尤其是县乡级政府，中央政府承担的部分相对较少。除了中央政府和地方政府的责任归属不清晰以外，义务教育经费来源实际上也不确定，且也未直接体现在预算内。也就是说，义务教育的事权和支出责任归属是相对模糊的。

这也就是为什么（这一历史时期）我国的义务教育发展相对缓慢，除了生产力水平薄弱（即经济因素）以外，重要的就是事权与支出责任的不确定性。因此，我们需要进一步清晰义务教育在政府间的事权和支出责任，实现各级政府共担的局面。

直到 2019 年，国务院办公厅发布了《关于印发教育领域中央与地方财政事权和支出责任划分改革方案的通知》，义务教育的事权和支出责任才被确定下来。规定义务教育属于央地共同事权，在经常性事项方面明确了央地财政的分担比例，其中，中央负责的部分以财政转移支付的形式拨付，而阶段性与专项性的事项，主要由地方政府负责统筹，中央以转移支付的形式统筹支持。

（二）基于国际视角的经验与教训

从国际视角看义务教育在政府间的责任分担问题，需要区分不同结构形式下的分担机制，如单一制国家和联邦制国家的区别。在单一制国家，无论是法国还是日本，中央政府均承担着较大的支出责任，或者说中央政府是义务教育公共服务的供给主体，义务教育经费由各级政府共担。在联邦制国

家，无论是美国还是德国，均是州政府承担的比例最大，地方政府次之，联邦政府承担的比例相对较小，如美国仅占10%，德国仅占3.5%。显然，从国家结构形式来看，单一制国家普遍是中央占投资主体地位，联邦制国家的州政府（和地方政府）占投资主体地位；从分担主体的分布来看，无论是单一制国家还是联邦制国家，均是责任共担的财政体制。

根据前文国际视角的内容，结合我国的国家结构形式现状（也属于单一制国家），与法国、日本相类似，也需要中央政府承担义务教育的主体责任，各级政府共担义务教育经费供给。从2001年实施"以县为主"的改革后，义务教育的事权和支出责任基本归于县级财政，教育支出也是县级财政最大的支出项目，且还面临着教育支出与经常性支出挂钩的问题，以至于县级政府难以承担义务教育的供给责任。而中央与地方在教育领域的事权和支出责任划分，以及省以下各级政府在教育领域的事权和支出责任划分，就为提高中央政府的支出责任奠定了基础。

在央地共担机制方面，还涉及一个重要问题就是教师工资的事权和支出责任归属，如单一制国家的法国和日本，均将教师工资归于中央事权范围，法国甚至将教师列为公务员系列，并将教师工资纳入预算范围。显然，将教师工资纳入中央事权，极大地提升了教师的社会地位以及保障了教师的权益。于是，我们可以考虑更好地保障教师的工资，一是将教师工资的事权进一步上划到中央层面，或者至少需要上划到省层面；二是将教师工资纳入政府预算（单列），以保障教师工资的发放以及提升教师的社会地位。

三、相对稳定的财源支持：保障融资渠道

他山之石，可以攻玉。虽然我国是一个单一制国家，与其他单一制国家如法国、日本等具有相类似的财政体制，但依然可以借鉴联邦制国家的教育制度。

在义务教育经费的来源上，前文的单一制国家基本是从财政收入或预算中拨款给付，很少开征一个专门用以支持义务教育发展的税种[①]，且实行联

[①] 法国的地方政府也开征了一些税种以支持义务教育发展，但资金相对有限；韩国也属于单一制国家，但韩国把某些特定的税收作为义务教育的经费来源。

邦制的德国亦是如此。但是，实施联邦制的美国则不然，在20世纪70年代以前，州和地方政府是以财产税作为义务教育经费的主要来源（Hoxby, 1996），但是由于财产税自身具有的特性，即相对富裕的地区能够征收到更多的财产税，相对贫困的地区则能够征收到相对较少的财产税，以至于各地区教育经费投入差距较大，地区教育分割严重，随后各地区推行各类平衡法案，以均等化各地区的义务教育发展（Jackson, 2016）。除了财产税以外，美国州和地方政府还以所得税、销售税等作为补充来源[①]。

义务教育经费保障的完善，在一定程度上需要融资渠道的多元化，在保证义务教育财政拨款的基础上，增加用以支持义务教育发展的税收，可以借鉴美国实施的以地方税种为辅的融资渠道。

本章小结

世界各国的义务教育发展基本上经历了一个从不完善到逐步完善的过程，原因就在于对义务教育的认知在持续变化，生产力水平的持续提升对人力资本的要求也在持续变化。义务教育发展的一个突出表现是受教育年限从初步实施时的三年、四年延长到了九年、十二年，义务教育经费保障体制也从地方承担主体责任，到中央与地方的责任共担。

本章首先从历史视角回顾了新中国成立前后的义务教育发展概况以及义务教育经费保障。具体地，在新中国成立以前的时期，先回顾了清末时期的义务教育，如1904年颁布的《奏定初等小学堂章程》，这是我国义务教育发展史的开端，随后颁布的文件又规定实施四年制的义务教育。虽然这一时期的义务教育并未真正得到有效落实，但也表现出中华民族追求富强，不甘落后的决心。然后回顾民国时期的义务教育，如1912年颁布的《壬子学制》，再一次确认了四年制的义务教育制度。但是，民国初期的义务教育发展相当缓慢，主要在于政府投入的义务教育经费相对较少，甚至并无明确规定义务

---

① 刘翠航：“美国政府公共教育经费支出政策解读”，https://www.pep.com.cn/kcs/zjxz/gwzx/lch/xslw/202007/t20200710_1952532.html。

教育经费的来源；经费筹集责任主要还是落实在地方政府，尤其是县政府。到1935年以后，中央政府开始承担部分义务教育经费，且在那一段被侵略时期，义务教育经费不减反增，更加突显中华民族不畏侵略、誓死抵抗的决心。

新中国成立以后，百废待兴，义务教育发展也是党和政府时刻关注的重点。但是，由于生产力水平相对低下，经济重心又在于恢复国民经济，实施真正意义上的义务教育并不容易。在1982年以前，官方文件中并未出现"义务教育"这一表述，而仅是"普及教育"的表述。直到1982年《宪法》的颁布，才出现"义务教育"这一表述，即国家举办各种学校，普及初等义务教育。实施真正意义上的义务教育是从1986年版《义务教育法》开始的，即国家实行九年制义务教育，凡年满六周岁的儿童，不分性别、民族、种族，应当入学接受规定年限的义务教育。在义务教育经费保障体制方面，主要还是以地方政府作为主要责任主体，尤其是县乡政府。随着经济发展水平的提升，政府集聚了大量财力以支持义务教育发展，如开征教育费附加、地方教育附加等税费形式以弥补义务教育经费的不足，实施"国家贫困地区义务教育工程""农村义务教育学生营养改善计划"等解决急迫性的义务教育专项问题。

在免费义务教育方面，2005年正式实施"两免一补"政策，到2006年以后逐步推行免费义务教育，标志着我国义务教育进入免费时代。随后，义务教育经费的改革力度空前加强，即由地方为主到中央与地方共同分担的义务教育经费保障体制逐步确立。

随后，本章从国际视角展示不同结构形式下的义务教育发展概况以及义务教育经费保障。首先介绍单一制国家如日本和法国，其中，日本在第二次世界大战后确立九年制义务教育，且实施水平相对较高；在义务教育经费方面，也以中央和各级地方政府共担。法国也较早地实施了义务教育，突出的政策是对教师工资的保障方面，规定了教师工资直接纳入中央预算范围，且教师的社会地位属于公务员序列。在义务教育经费部分，单一制国家基本呈现出中央支出占主体，中央与地方各级政府共担的保障机制。然后介绍联邦制国家如美国和德国，其中，美国较为典型的就是实施了K-12义务教育制度，德国也实施了十二年义务教育，二者的共性就是义务教育经费保障体制方面，即联邦政府承担的支出责任相对较少，而州政府承担的支出责任最大，地方政府次之。

  针对上述历史视角与国际视角，我们可以获得以下几方面的经验教训：一是生产力决定生产关系，义务教育发展水平决定于经济发展水平，各国虽然均重视义务教育发展，但实施程度各异，原因就在于各国生产力水平不同。二是需要清晰政府间事权与支出责任，如果事权与支出责任不匹配，不仅会拉大地区间义务教育发展差距，而且会阻碍义务教育发展进程，因此，需要建立中央与地方多级政府共担的义务教育经费保障体制。三是义务教育经费需要稳定的财源支持，这就要求义务教育融资体制的完善，即扩展融资渠道以保障义务教育的投资需求。

第五章
教育管理责任划分：基于"以县为主"的研究

一个发展良好的义务教育体系一定是责任划分清晰的体系，这就需要我们理清责任划分的重要性以及必要性。长期以来，我国存在的城市教育偏向政策，在很大程度上制约了农村教育的发展，诸多优质的教育资源投入或流向城市地区，导致农村地区的教育资源如硬件与软件设施均落后于城市地区，城乡教育差距在不断扩大。毋庸置疑，缩小城乡教育差距，提升农村居民的长期受教育水平，需要优质的农村教师。如何保障农村教师留下来与发挥作用，至少需要在工资待遇方面给予保障。我们需要正视的是，受公共产品供给边界的制约，不同层级的政府对各类公共产品的供给偏好不同，低层级政府对具有广泛的空间外部性的教育公共产品，并不具有明显的供给激励。与此同时，我国在相当一段时间内并未有效地保障农村教师的工资待遇，这就严重影响了农村教师的社会经济地位与工作积极性。为此，需要在政府层级方面着手改革教育公共产品上的供给，即提升高层级政府在教育公共产品供给的责任，进而保障农村教师的工资待遇，提升农村居民的长期受教育水平。

第一节 引　言

实现乡村振兴是推动我国农村经济社会发展的重要战略，其核心任务在于解决农村发展不充分、城乡发展不均衡等问题。关于如何推动乡村振兴，党的十九大报告提出了培养一支懂农业、爱农村、爱农民的"三农"工作队伍的要求，实际上就是农村的人力资本建设问题。显然，农村居民的教育水平与农村的经济社会发展密切相关（刘荣勤和秦庆武，1994），而农村基础教育发展的相对落后制约了农村居民的教育水平，进而也影响着农民收入水平提升和减少贫困的问题（林伯强，2005）。需要承认的是，随着我国经济社会发展，农村教育也取得了显著的进步，中国教育科学研究院发布的报告指出，我国农村教育总体发展水平居9个人口大国首位，初等教育入学率排位靠前，特别是小学入学率超过100%，与日本、英国持平[①]。但是，我国农村教育发展状况在整体上与发达国家还有明显的差距，主要在于受地方财力与义务教育管理体制方面的影响，农村地区的教育问题依然很突出。例如，农村基础教育设施普遍较差，优质教师资源不足，导致相当程度的农村孩子早早地退出了高考竞争[②]，最终结果也导致了农村学生考入重点大学里的比例自20世纪90年代开始滑落[③]。因此，如何提升农村教育水平不仅是经济发展问题更是一个社会公平问题。

现有研究证实多种因素均影响着农村教育水平，包括农村教育的硬件设施与软件设施（谢桂华，2012），其中的关键又在于农村教师因素（袁贵仁，2016[④]），当然这也是城乡教育差距的关键所在。教师因素对学生的影响至关重要（Ferguson，1991；Loeb and Page，2000），有研究发现，至少7%的学生成绩差异可以由教师的差异来解释（Rivkin et al.，2005）。既然如此，我们就需要将优质的教师资源留下来以促进农村教育发展，但我们不可忽视影响教师资源的重要因素即教师工资待遇的问题（Stoddard，2005），它影响着教师的行为与工作激励，还对学生表现具有积极的正向影响（Hedges，1994）。在教师的工资待遇方面，现有研究侧重于教师工资激励的研究（Lavy，2002；Figlio and Kenny，2007；Springer and Taylor，2016），证实了强化教师工资激励有利于学生的学习表现等相关结论。激励措施就是旨在留住教师的各类奖励计划（Berlinski and Ramos，2020），包括提供各种额外的财政激励，如工

---

① 中国教育科学研究院，"中国农村教育发展研究"课题组：《从发展指数看我国农村教育的亮点与差距》，2013年。
② "农村教育行动计划"的调查研究结果。
③ 21世纪教育研究院，《教育蓝皮书：中国教育发展报告（2020）》，2020年。
④ 2016年全国政协十二届四次会议开幕前，教育部部长袁贵仁在"部长通道"中的讲话。

资补助、贷款豁免、签约资金等以吸引教师到低收入或高需求的学校工作（Williams et al.，2016）。当然，这种教师工资激励在不同资金富裕程度的地区也具有差异，如财力较好的地区一般会投入更多的财政资金用以提升教师的工资待遇（Ushomirsky and Williams，2015），而财力较弱的地区则投入明显不足，其教师的工作效率也相对较低，更难以完成教师工作（Goldhaber et al.，2015；Lankford et al.，2002；Sass et al.，2012）。而恰恰我国的部分农村地区就属于后者，因为我国存在着城市偏向的教育经费投入政策（陈斌开等，2010），以至于农村地区的教育投入不足，农村教师的待遇普遍较低，且工资待遇也很难得到有效保障（庞丽娟和韩小雨，2006），导致的结果就是优质的教育资源流向城镇学校，而农村地区的办学条件则相对较差（鲍传友，2005）。

实际上，更深层次的原因在于保障农村教师工资待遇的政府层级过低。政府间不同层级的设置对于公共产品供给、促进经济增长、减少收入不平衡具有重要作用（Besley and Persson，2010），在公共产品层面表现为不同层级的政府在公共产品的供给与分配上具有显著的差异（Cassidy et al.，1971），如第一代财政联邦主义认为相对于高层级政府（中央政府）而言，低层级政府（地方政府）在公共产品供给方面具有一定的优势（Musgrave，1959；Oates，1999），但公共产品理论认为公共产品的供给是有边界的，即受益范围具有一定的空间外部性（费雪，2000）。显然，低层级政府对于具有空间外部性强的公共服务缺乏投资的动力（Shah，1994；Rosen，1995），进而更高层级政府应该拥有比完成自身直接服务责任更多的收入支配能力，以实现公共产品供给效率与公平的目标（Shah，2003）。从这一角度来说，将具有明显空间外部性的公共产品的分配责任上移到高层级政府就具有了一定的合理性，而恰恰教育类公共产品具有很强的空间外部性，如李世刚和尹恒（2012）认为高层级政府应当承担更多的基础教育支出责任。

于是，本章从不同层级政府的责任分配这一视角，讨论农村教师工资保障能否促进农村教育发展。具体而言，我国在 2001 年出台了《关于基础教育改革与发展的决定》，规定农村中小学教师工资的管理权由乡镇财政上移到县级财政，也就是说，农村中小学教师工资的管理责任由低层级政府上移到了高层级政府，这种管理责任上移保障了农村教师工资待遇，进而可能对受益于该政策的居民个体的长期受教育水平产生积极影响。为检验这种影响的存在性,我们利用 2010 年人口普查数据,基于居民个体的不同出生年份与所属地区两个维度,以居民个体及其父母三者的户籍性质来识别该政策的受益群体,再引入地区的自有财力因素以区分各地的实施效果差异,进而识别这种管理责任上移对居民长期受教育水平的影响。与此同时,我们还检验了这种影响的动态效应。进一步地,考察了这种影响存在的作用机制,主要是地区层面会保障更多的教育支出,尤其是保障农村教师的人员经费投入。

本章研究证实了农村中小学教师工资的管理责任上移对受益于该政策的居民个体带来长期受教育水平的提升。进一步,在以性别分组的检验中发现男性与女性的受益程度相近,以贫困地区分组的检验中发现非国家扶贫开发工作重点县的受益程度更高,这就肯定了居民受教育水平的提升是管理责任上移的作用而非获得额外的财政补助的作用。在动态效应检验中,发现在农村就学的受益群体与非农村就学的群体在受益的出生年份之前,居民个体的长期受教育水平并不存在显著的差异,这意味着事前平行趋势的存在性;在农村就学的受益群体在受益的出生年份之后,居民个体的长期受教育水平具有一个显著的提升,且随着时间的推移则受益于该政策的居民个体其长期受教育水平越高。在作用机制检验中,发现政策时间节点以后的年份,其自有财力水平相对较弱的地区,能够更好地保证农村教师工资的投入,即能够显著地增加用于农村教师工资的人员经费部分。同时,本章还排除了其他因素的影响,进行了各种稳健性检验,均支持本章的研究结论。

与现有的文献相比,本章的主要研究贡献在于:第一,在实证层面,以微观个体作为研究对象,识别了农村中小学教师工资的管理责任上移对居民个体的长期受教育水平的因果效应,进一步丰富了以农村中小学教师工资角度来研究义务教育问题;第二,在事权层面,揭示了高层级政府对于义务教育投资与管理责任的重要性,即相对于低层级政府而言,高层级政府能够更好地管理义务教育财政资金,这就为进一步清晰义务教育的事权和支出责任提供了基础数据。

本章其余的研究内容为:第二部分是研究背景,主要涉及农村中小学教师工资由"以乡为主"到"以县为主"的转变;第三部分是介绍数据来源与说明、识别策略与计量模型;第四部分是实证结果与分析;第五部分是机制检验。

第二节 研究背景:"以县为主"

长期以来,农村教师问题一直是困扰我国农村教育发展的重要因素,而农村教师问题的核心又在于农村教师的工资待遇问题,它在很大程度上制约着农村教师的数量与质量。从新中国成立以后到改革开放初期,农村教师的工资待遇均相对较低,其间也为提高农村教师的工资待遇做出一系列的调整,包括领导人的批示、实施工作条例等,虽然农村教师的社会地位有所提升但待遇问题并未得到有效的解决。其原因不仅源于我国落后的经济发展水平,而且还源于农村教师工资待遇的事权和支出责任并未得到清晰的划分,实践中也仅涉及各级相关部门和行政单位予以支持和照顾的政策指示。

20世纪80年代以后,我国财政体制由原来的"统收统支"改为"划分收支、分级包干",即从"大锅饭"到"分灶吃饭",各级政府对本级财政负责。随之而来的就是教育财政体制改革,如1985年中央发布《关于教育体制改革的决定》,提出"实行基础教育由地方负责、分级管理的原则",更是规定"基础教育管理权属于地方。除大政方针和宏观规划由中央决定外,具体政策、制度、计划的制定和实施,以及对学校的领导、管理和检查,责任和权力都交给地方。"也就是说,这一时期的基础教育事权和支出责任全归地方。进一步,随着1984年以后乡镇财政的建立①,并根据"一级政府一级财政"的要求,农村教师的工资待遇彻底归于乡镇财政。实际上,这一阶段的农村义务教育形成了"地方负责、分级管理、以乡为主"的局面(石绍宾,2008)。

那么,在"以乡为主"的条件下,农村教师工资待遇能否得到有效保障?我们不妨从乡镇财政用以发展农村教育的财政资金着手,其来源主要是

---

① 我国乡镇一级政权设置在新中国成立后经历了几次较大的变化:1949—1958年我国存在中央、省、县、乡四级政权机构,乡镇属于其中一级政权机构;1958—1978年改为人民公社;1983年国务院发布《关于实行政社分开,建立乡政府的通知》,规定"当前农村改变政社合一体制的首要任务是把政社分开,建立乡政府。……随着乡政府的建立,应当建立乡一级财政和相应的预决算制度",1984年以后开始陆续重新复建乡镇一级政权,而根据"一级政府一级财政"的要求,乡镇财政也随之建立。

乡镇财政拨款,还包括学生缴纳的学杂费、单位和个人缴纳的教育附加费等。然而,在乡镇财政拨款方面,随着基层政府的行政职能不断膨胀,各方面支出不断增加且财政供养人口也呈现不断膨胀的趋势,使得乡镇财政变得愈发困难;而且,乡镇财政资金的使用也缺乏有效的监督与约束,导致用作农村教师工资的财政资金越来越少,而农村教师工资被挪用、挤占、拖欠现象也逐步显现。显然,主要原因还是地方财力不足,以至于农村教师工资得不到有效保障(周飞舟,2006;鲍宗豪等,2007)。此外,在城乡教育方面,1992年实施的《中华人民共和国义务教育法实施细则》规定实施义务教育,城市以市或者市辖区为单位组织进行;农村以县为单位组织进行,并落实到乡(镇),显然前者的财力水平强于后者,城市教师与农村教师的待遇差别也被逐步放大。因此,"以乡为主"的农村义务教育财政体制,不仅加大了乡镇财政负担而且也不利于农村教师工资的保障。这种情况对农村学生的影响也是非常深远的,因为农村教师工资得不到保障,会影响到其教学质量的提升,甚至部分学校出现停课的现象①。

基于"以乡为主"的农村义务教育财政体制所存在的问题,2001年国务院发布了《关于基础教育改革与发展的决定》,提出"实行在国务院领导下、由地方政府负责、分级管理、以县为主的体制",还规定了"县级人民政府对本地农村义务教育负有主要责任",这与1985年的政策相比具有根本性的转变,即将事权和支出责任落实到了县级财政。在农村教师工资保障方面,该文件也作出了具体的规定,提出从2001年起,将农村中小学教师工资的管理上收到县,为此,原乡(镇)财政收入中用于农村中小学教职工工资发放的部分要相应划拨到县级财政,并按规定设立"工资资金专户"。显然,农村教师工资的管理权实现了由乡镇财政到县级财政的转变,实质就是管理责任的上移,即农村教师工资的发放是县级财政的事权(周飞舟,2006)。显然,这种农村中小学教师工资的管理责任上移,一方面可以避免乡镇财政对农村教师工资的挪用、挤占以及拖欠,另一方面也可以有效地提升农村教师的社会地位。当然,这种"以县为主"的农村教师工资保障机制的实施也是因地制宜

---

① "拖欠教师工资六千万苦了十三万多学生娃",《光明日报》,http://www.gmw.cn/01gmrb/2000-07/17/GB/07%5E18484%5E0%5EGMB3-118.htm.

的，部分地区可能会受益更多，如地区可能存在财力不足且保障农村教师工资确有困难的，可采取增加转移支付的办法加以弥补。此外，"以县为主"的农村教师工资保障机制还包括举报制度，即如果存在各种挪用、挤占、拖欠行为，上级政府可以实施停止转移支付资金的拨付等处罚措施①。

该政策出台以后，各地方政府也加紧落实农村教师工资的发放问题，当年也出台了相应的政策文件，细化具体的措施安排，如安徽省在2001年7月发布《安徽省人民政府关于保障农村义务教育投入和教师工资发放的通知》，《山东省人民政府关于贯彻国发〔2001〕21号文件精神推动基础教育改革与发展的意见》，《河南省人民政府办公厅关于实行农村中小学教师工资县（市）级统一管理的通知》等。随着新管理体制的逐步推进，2002年国务院发布了《关于完善农村义务教育管理体制的通知》，进一步强调了县级人民政府对农村义务教育负有的主要责任，并要求县级人民政府负责清理历年拖欠的农村中小学教职工工资，并制定计划，限期补发。实施农村中小学教师工资管理责任的上移，其效果也是明显的。如图5-1所示，1994—2000年，主要用于教职工工资发放的支出项目即农村中小学生均人员经费②，其增长幅度相对较小且较为稳定，但2001年以后该指标呈现出一个明显的上升趋势，这意味着农村中小学教师工资的管理权上收到县以后，用于农村中小学教师工资的支出项目得到了有效保障，且保持了一个相对稳定的增长趋势；同时，还发现城乡生均人员经费比也在下降，意味着城乡人员经费差距也在缩小。具体到地方层面，现有文献及数据显示，各地区也基本在落实这一政策。如农村中小学教师工资的管理权上收到县以后，农村中小学教师基本上能够做到按时足额发放（高如锋，2005；邬志辉和于胜刚，2008），如中部某县的农村中小学教师每个月都能正常拿到工资③；西部某县

---

① 陕西省咸阳市市委领导针对该问题的落实指示，提出"如果今后发现哪个区县拖欠教师工资，取消区县领导出国的资格，并拍卖其公车，弥补拖欠的教师工资。这样还不够的话，就拍卖市长和他的公车。……"

② 数据来源：历年全国教育经费执行情况统计公告，受数据限制且为了保证数据年份长度的前后一致性，这里仅展示到了2007年。此外，农村中（小）学生均人员经费的测算是农村中（小）学生均事业费支出减去农村中（小）学生均公用经费支出。

③ "农村教师工资拖欠"，人民网，http://www.people.com.cn/GB/guandian/183/7181/7182/20011229/638130.html.

的农村（代课）教师工资在2001年5月以前，每月最低的只有27元，最高的也只有60元，之后就提升到每月150元，且由县级统一发放（唐松林，2005）；东部某县中小学教师工资总额在2001年有6440万元，教师平均月工资为700元，到2002年其教师工资总额上升到了7470万元，教师平均月工资也上升到了790元（高如锋，2005）。显然，这种教师工资保障的政策变化，势必对受益于该政策的居民个体的长期受教育水平产生积极影响。

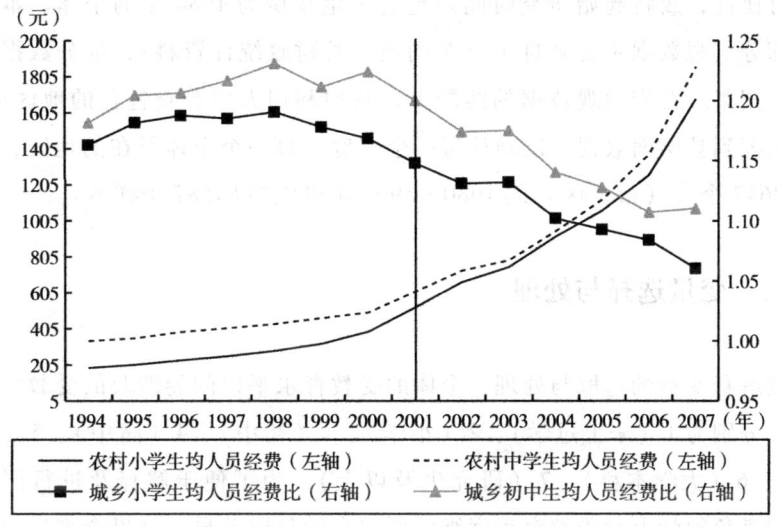

图5-1 农村中小学生均人员经费变化趋势

数据来源：历年全国教育经费执行情况统计公告。

第三节 数据、识别策略与实证模型

一、数据来源与说明

本章的微观数据来源于2010年的人口普查数据，该数据的构建是以家庭为单位，包含家庭个人的相关信息。根据研究目的，我们对2010年的人口普查数据进行筛选。具体地，第一，为了便于分析，仅保留了户主、配偶与子女三类人员信息，剔除了户主的其他关系人员。第二，在非本户口登记地接受调查的人员,一律按照其原户口登记地修改所在县(市、区)的地区编码。第三,考虑到在校生尚未完成学业,还有升学的空间,且为了保证研究个体的可比性,剔除了在校生的样本。第四,将研究样本期间确定为出生年份为1980—1995年的个体,截至1995年的原因是2010年人口普查时该出生年份的个体是15岁,已基本完成了义务教育,同时根据本章的识别策略即受益对象是出生年份在1987年及以后出生的个体,为了前后时间对称且具有可比性,故将起始研究时间限定为出生年份为1980年的个体。本章使用的部分宏观数据主要来自于《全国地市县财政统计资料》,部分数据来自于手工搜集。在宏微观数据的匹配上,我们利用人口普查包含的地区编码,将其匹配到县层面数据,以确认每一个家庭、每一个个体所在的地区,最终确定2647个县(市、区)的1980—1995年出生的89587个样本。

二、变量选择与处理

被解释变量的选取与处理:个体的受教育水平以问卷涉及的受教育程度表示,分别为1(未上过学)、2(小学)、3(初中)、4(高中)、5(大学专科)、6(大学本科)、7(研究生及以上),为了便于解释及进行国际比较,即避免国际上对受教育程度级别所包含的年限差异,这里全部转换为受教育年限,即将原问卷中以级别表示的受教育水平折算成具体的年限,分别处理为以0年、6年、9年、12年、15年、16年、19年表示。

核心解释变量的选取与处理:根据本章的识别策略,在时间维度上以出生年份是否在1987年及以后作为时间虚拟变量;在地区维度上以2000年的地区人均财政收入作为强度变量。将以上两个维度变量的交互项作为核心解释变量(具体如下文识别策略所示)。

控制变量的选取:选取部分代表研究个体独有特征的控制变量,包括性别(男性设为1、女性设为0);少数民族否(汉族设为1,其他少数民族为0);因为家庭的教育投入决策取决于父母二者的共同作用(Galor and Zeira, 1993;Maoz and Moav,1999),故还需要控制父亲、母亲的受教育程度(具体处理方法与被解释变量保持一致);家庭人口数量因素用本户居住人数反映。

如表 5-1 所示，可以发现，居民个体的受教育年限的平均值为 10.07，说明个体的受教育水平基本完成了义务教育。需要说明的是，由于地区财政收入变量是正向指标，而地区自有财力较弱的地区越能够受益于该政策的影响，为了便于分析，这里将地区财政收入变量取负数处理。

表 5-1　　　　　　　　描述性统计

变量名	变量标识	观测值	平均值	标准差	最小值	最大值
受教育年限	educ	93649	10.0727	2.6384	0	19
管理责任上移	upward	89621	-2.8906	2.5724	-8.5314	0
性别	sex	93649	0.6071	0.4884	0	1
少数民族否	ethnic	93649	0.9001	0.2998	0	1
家庭人口	household	93216	4.7091	1.4432	3	10
父亲受教育年限	educ_f	93649	8.4133	2.5545	0	19
母亲受教育年限	educ_m	93649	7.3983	2.8587	0	19
2000年人均财政收入	prevenue	89621	5.1541	0.7258	2.8174	8.5314

三、研究设计：识别策略

为了识别管理责任上移，即农村中小学教师工资的管理权由乡镇财政上收到县级财政，进而分析对受益于该政策变革的农村中小学生长期受教育水平的影响，这里从时间和地区两个维度进行识别。首先，在时间维度，2001年农村中小学教师工资的管理权上收到县，使得 2001 年及以后在农村接受义务教育的中小学生受益，进而我们根据其出生年份推算其在接受义务教育阶段的年龄，确定 1987 年出生的个体在 2001 年是其接受义务教育的最后一年，也是直接受益于该项政策的初始出生年份。也就是说，出生年份在 1987 年及以后的个体会受益于该政策的影响。

进一步，在地区维度方面，对于该项政策的执行或反应，也会因各地区财政能力的不同而具有差异，因此，还需要考虑地区财力的因素，毕竟财力状况也会影响农村中小学教师工资的保障能力。具体地，因为该项政策是 2001 年出台的，我们选取政策前一年即 2000 年的地区自有财力水平以反映地区维度的差异。也就是说，如果该地区的自有财力水平越弱，其越有可能会挪用、挤占甚至拖延农村中小学教师工资，即自有财力水平与教师工资拖欠负相关，教育经费挪用与教师工资拖欠正相关（曾天山和刘立德，2008），而这种管理责任上移能够为农村中小学教师工资带来应有的保障。借鉴现有的研究（李永友和王超，2020），以人均财政收入（统计口径为一般公共预算收入）表示这一变量。

然后，在直接受益群体维度，由于该项政策的执行对象是农村中小学教师工资，使得在农村就学的中小学生会受到该政策影响。虽然2010年人口普查数据尚不能直接确认该个体在哪里就学，但根据我国按户籍性质或户籍地入学的主要原则，我们可以根据个体及其父母的户籍性质进行推断，如个体的户籍性质在2010年依然是农业户口，且其父亲、母亲也均是农业户口，则基本可以确定该个体的义务教育阶段是在农村就学。相类似地，如个体的户籍性质在2010年是非农业户口，且其父亲、母亲也均是非农业户口，则基本可以确定该个体的义务教育阶段是在城镇地区就学。显然，个体属农业户口，且父亲、母亲也是农业户口的会直接受益于该政策。基于此，我们在实证部分以上述两个群体作为研究对象，以分属于不同群体作分组回归处理，即两个群组均包含着时间维度的受益个体和反映地区维度的自有财力水平差异，进而观察管理责任上移对两个群组的影响差异。

四、研究设计：计量模型

根据本章的识别策略，并借鉴现有的研究将计量模型设定为如下方程：

$$Y\_edu_{i,c,t} = \alpha + \beta year\_birth_{i,t} \times rev_{c,2000} + \delta X_{i,c,t} + \eta_t + \lambda_c + \varepsilon_{i,c,t} \quad (1)$$

其中，i 表示个体，c 表示县（市、区），t 表示出生年份；$Y\_edu_{i,c,t}$ 表示第 c 个县（市、区）在 t 年出生的第 i 个个体在2010年人口普查时的受教育水平；$year\_birth_{i,t}$ 表示是出生年份是否受益于该政策，如果该出生年份为1987年及以后则设为1，否则设为0；$rev_{c,2000}$ 表示2000年的地区人均财力水平，反映政策影响前一年的地区自有财力状况，用以识别地区间的政策实施差异。进而 $upward_{i,c,t} = year\_birth_{i,t} \times rev_{c,2000}$ 表示农村中小学教师工资的管理责任上移这一政策；此时，系数 β 反映的是个体在义务教育阶段所受益的管理责任上移对居民长期受教育水平的影响，我们预计该系数显著为正，则意味着管理责任上移对居民的长期受教育水平具有积极影响。另外，$X_{i,c,t}$ 表示影响个体教育水平的其他因素，包括个体、家庭以及地区发展的因素等；η_t 与 λ_c 表示出生年份的固定效应与所属地区的固定效应，$\varepsilon_{i,c,t}$ 表示误差项；为了控制回归系数的标准误，我们将标准误聚类到县层面。需要说明的是，根据不同群体在所属的义务教育阶段是在农村地区就学还是城镇地区就学，我们以居民个体与父母三者的户籍性质均为农业户口则视为在农村地区就学，反之，则视为在城镇地区就学；在实证方面，以二者作为分组检验（以后者作为前者的安慰剂检验）。

第四节 实证检验与结果分析

一、基准回归结果与分析

原乡镇财政收入中用以支付农村中小学教师工资的财政资金上收到县级财政，为农村中小学教师工资提供了保障，体现为管理责任的上移，进而这种管理责任的上移会对义务教育阶段受益的居民个体的长期受教育水平带来何种影响？表 5-2 显示了该检验结果。所有回归结果均控制了地区（县、市、区）固定效应和出生年份固定效应，并且将回归标准误聚类到县（市、区）层面。为了分析分属于不同群组间的影响差异，以下分析均以农村地区就学样本与城镇地区就学样本作对照检验，因为在农村地区就学的样本是管理责任上移这一政策的主要受益群体，将该群组作为主要研究对象才能清晰识别这种管理责任上移的效应，故而将后者作为前者的安慰剂检验。其中，表 5-2 的第（1）列—第（3）列检验的均是在农村地区就学的样本，第（4）列检验的是（作为安慰剂的）在城镇地区就学的样本。

具体地，表 5-2 的第（1）列显示了管理责任上移对居民长期受教育水平的影响，发现回归系数为 0.0870，且在 1% 的置信水平下显著为正，说明管理责任上移对居民长期受教育水平具有积极影响，验证了管理责任上移这一政策效应的存在性。然而，我国各地区经济社会发展不均衡，各地区会因地制宜地制定适合本地区发展的政策，以至于不同地区对于上级政策的落实情况也会具有差异，如在农村中小学教师工资的管理责任上移的实施过程中，各省推进的速度具有一定的差异，部分省份在 2001 年就抓紧落实，部分省份在 2002 年推进落实，差异虽然较小，但也可能会导致不同省份的不同出生年份之间存在可比性难题。此外，还有诸如不同省份执行着不同的入学学龄制度，还执行着不同的教育学制（如部分地区实施的是五年制小学教育，部分地区实施的是六年制小学教育）。因此，为了排除上述复杂性因素的干扰，需要控制省份与出生年份的联合固定效应。第（2）列显示了含有省份与出生年份联合固定效应的检验结果，发现管理责任上移的回归系数为 0.0864，且在 1% 的置信水平下显著为正，进一步验证了在考虑各种复杂性因素条件下，管理责任上移对农村地区就学的居民个体所带来的积极效应。显然，这种回归结果并未考虑影响居民长期受教育水平的居民个体、家庭特征。于是，在第（3）列中加入了反映居民个体、家庭的变量，包括居民个体的性别、少数民族情况、家庭人口情况、父母的受教育水平。回归结果显示管理责任上移的回归系数为 0.0928，且在 1% 的置信水平下显著为正，再一次肯定了管理责任上移这一政策效应的存在性。如前文所述，在城镇地区就学的样本并不会受到这种管理责任上移的影响，而如果该类样本在政策条件下也呈现出积极的效应，则说明在农村地区就学且受益于该政策的效应是随机的。为此，我们需要引入在城镇地区就学的样本作安慰剂检验，以佐证管理责任上移对农村地区就学的受益群体的影响。第（4）列显示了在城镇地区就学的检验结果，发现管理责任上移的回归系数为 0.0792，系数为正但在统计上并不显著，说明管理责任上移的政策并未对城镇地区就学的样本带来长期受教育水平的提升。

表 5-2　　　　　　　　　　基准回归检验

变量	农村地区就学			城镇地区就学
	(1)	(2)	(3)	(4)
upward	0.0870 *** (0.0283)	0.0864 *** (0.0314)	0.0928 *** (0.0307)	0.0792 (0.0655)
sex			−0.0239 (0.0154)	−0.3863 *** (0.0427)

续表

变量	农村地区就学			城镇地区就学
	(1)	(2)	(3)	(4)
ethnic			0.4103*** (0.0504)	0.0758 (0.1238)
household			-0.1216*** (0.0067)	-0.3182*** (0.0243)
educ_f			0.1381*** (0.0050)	0.2036*** (0.0099)
educ_m			0.0843*** (0.0044)	0.1631*** (0.0102)
County FE	Yes	Yes	Yes	Yes
Cohort FE	Yes	Yes	Yes	Yes
Province * Cohort FE		Yes	Yes	Yes
Obs	71267	71265	70923	14371
R-squared	0.203	0.213	0.252	0.467

注：*、**、***分别表示10%、5%和1%的显著水平，小括号内报告的是标准误，且标准误聚类到县级层面。

总体上，上述结果证实了农村中小学教师工资由原乡镇管理转换到由县管理，为农村中小学教师工资的及时发放提供了保障，以至于能够外溢到义务教育阶段的农村学生（居民），并对其长期受教育水平产生积极影响。这其中的原因就是财政资金从乡镇到县的上移，减少了乡镇级政府的挪用、挤占甚至拖欠等违规管理的情况，在自有财力较弱的地区尤其如此，从而保障了农村中小学教师的权益。进一步，这一检验结果说明了不同层级政府对具有空间外部性的公共产品在供给方面的差异，即相对于低层级政府而言，高层级政府能够更好地管理好、使用好义务教育财政资金，肯定了责任上移的重要性。

在控制变量方面，性别这一变量在农村地区样本与城镇地区样本中，系数均为负，意味着女性的受教育水平（在本数据样本中）相对更高，但在农村地区样本中并不显著，在城镇地区则在1%的置信水平下显著为负，说明城镇地区更加关注于性别间受教育水平的均衡发展；少数民族的居民个体其受教育水平依然相对较低,未来需要进一步加大对民族地区的教育支持力度;在家庭人口方面,发现家庭人口越多,其居民个人能够获得的可分配的教育资源相对就越少。父亲与母亲的受教育水平与子代的受教育水平具有紧密的关联,证实了教育的代际流动性这一现象的存在性(Becker and Tomes, 1976; 1979),且发现子代与父亲的代际关联性更强。

二、稳健性检验

(一) 调整研究样本

第一,排除从未上过学的样本。基准回归结果包含了从未上过学、小学、初中、高中、大学专科、大学本科、研究生及以上7个级次,针对从未上过学这一级次的样本,这里需要说明两个问题:一是我国在1986年颁布的《义务教育法》中正式确认了实施义务教育,规定"凡年满六周岁的儿童,不分性别、民族、种族,应当入学接受规定年限的义务教育",因此,从未上过学的样本并不符合义务教育法的规定;二是从未上过学的样本在一定程度上属于极端值样本,且农村中小学教师工资的管理责任上移这一政策的受益对象是尚处在义务教育阶段的群体,而该类从未上过学的样本也很难受到该政策的影响。当然,该类样本也可能是错失了受益于该政策的机会。为了排除这种从未上过学样本可能存在的各种复杂干扰,我们考虑在回归中剔除该部分样本,表5-3的第(1)列显示了排除从未上过学样本的回归结果,显示回归系数为0.0594,且在5%的置信水平下显著为正,虽然系数略小于基准回归结果,但系数符号并未发生改变,并不改变本章的研究结论。与此同时,观察到在城镇地区就学的样本中,排除从未上过学的样本后其回归依然在统计上不显著,进一步佐证了本章的研究结论。

除此以外,还有部分样本存在并未完全受益于该项改革,例如部分个体并未完成义务教育,或初一就结束了学业,或初二就结束了学业,抑或是初三未毕业就结束了学业,也就是说,这些个体并未完全受益于改革的红利。但是,受制于数据的限制,我们并不能完全识别这些个体究竟在哪一年级肄业或辍学,为了进一步排除这些样本的影响,我们在回归中考虑剔除此类样本,仅保留已毕业的样本。具体结果如第(2)列所示,发现其回归系数为

第五章 教育管理责任划分：基于"以县为主"的研究

表 5-3 稳健性检验

变量	农村地区就学						城镇地区就学					
	(1)	(2)	(3)	(4)	(5)	(6)	(7)	(8)	(9)	(10)	(11)	(12)
upward	0.0594**	0.0510*	0.1362***	0.096***	0.090***	0.0928**	0.0721	0.0685	0.1516	0.1275	0.0525	0.0792
	(0.0292)	(0.0294)	(0.0366)	(0.0370)	(0.0311)	(0.0425)	(0.0604)	(0.0618)	(0.0934)	(0.1053)	(0.0657)	(0.0627)
Controls	Yes	Yes	Yes	Yes		Yes	Yes	Yes	Yes	Yes		
Controls * T					Yes						Yes	
Controls * T^2					Yes						Yes	
Controls * T^3					Yes						Yes	
County FE	Yes	Yes	Yes	Yes	Yes	Yes	Yes	Yes	Yes	Yes	Yes	Yes
Cohort FE	Yes	Yes	Yes	Yes	Yes	Yes	Yes	Yes	Yes	Yes	Yes	Yes
Province * Cohort FE	Yes	Yes	Yes	Yes	Yes	Yes	Yes	Yes	Yes	Yes	Yes	Yes
Obs	70385	67879	50722	73821	70923	70923	14328	14097	9620	15265	14371	14371
R-squared	0.241	0.241	0.257	0.254	0.252	0.252	0.475	0.473	0.500	0.464	0.468	0.467

注：*、**、*** 分别表示 10%、5% 和 1% 的显著水平，小括号内报告的是标准误，且标准误聚类到县级层面。其中，第（6）列和第（12）列是县与出生年份双向聚类。

0.0510，且在 10% 的置信水平下显著为正，虽然回归系数与显著度均弱于基准回归结果，但系数符号依然显著为正，依然支持本章的研究结论。而且，在第（8）列城镇地区就学的样本中，其回归系数依然在统计上不显著，也佐证了本章的研究结论。

第二，排除出生年份的复杂性影响。本章在识别受益对象方面，主要是基于 2001 年"以县为主"的政策变革，我们根据这一政策变革的时间推算在所属义务教育阶段的年龄，进而得到个体可能受益于该政策的出生年份即 1987 年及以后出生的样本可能会受益于该政策。然而，根据我国各省份实施义务教育制度的入学年龄差异与学制差异，出生年份在 1987 年左右在受益于该政策时可能会存在复杂性的影响。例如，个体可能在出生年月（8 月或 9 月出生）方面具有一定的入学优势，个体也可能会早于或晚于义务教育法规定的入学年龄入学，进而导致 1987 年这一出生年份以及与 1987 年相邻的出生年份具有一定的特殊性。于是，为了排除这种年龄因素在义务教育阶段的复杂性影响，这里以剔除 1986 年、1987 年、1988 年三个出生年份作为主要的处理方式，进而在样本中得到更为一般化的影响效应，具体结果如表 5-3 第（3）列所示，显示管理责任上移的回归系数为 0.1362，且在 1% 的置信水平下显著为正，该结果略大于基准回归结果，说明排除了出生年份的复杂性影响后，农村中小学教师工资的管理责任上移这一政策效应依然存在。第（9）列以城镇地区就学的样本作为安慰剂检验也依然在统计上不显著，同样佐证了本章的研究结论。

（二）调整变量

第一，自有财力变量离散化处理。在识别策略中，以 2000 年各地区自有财力（连续变量）作为反映地区实施差异的指标，设置为人均自有财力（对数）并取负数处理，主要原因就在于自有财力越弱的地区，其越有可能会挪用、挤占甚至拖欠教师工资（曾天山和刘立德，2008）。为了验证这一处理结果的稳健性，我们借鉴现有研究思路（Serrato and Wingender, 2016），将人均自有财力指标进行离散化处理，即将连续变量转换为离散变量，具体做法就是先测算 2000 年各地区人均自有财力的均值，再以小于该均值的设为 1 反映自有财力弱的地区，以大于该均值的设为 0 反映自有财力强的地

第五章 教育管理责任划分：基于"以县为主"的研究

区；然后将该离散的 0/1 变量与出生年份是否大于 1987 年作交互，得到一个新的识别变量，以反映农村中小学教师工资的管理责任上移这一政策效应。具体的检验结果如表 5-3 第（4）列所示，发现管理责任上移的回归系数为 0.0963，且在 1% 的置信水平下显著为正，这一结果与基准结果基本保持一致，二者相差甚小（系数仅相差 0.0035），说明将连续变量更换为离散变量后也能够表达同样的意义。以城镇样本进行检验的第（10）列，同样系数虽然为正，但在统计上并不显著，进一步验证了离散变量检验的稳健性。

第二，控制变量对被解释变量的影响可能存在特定的时间趋势。因为属于不同出生年份的不同的控制变量可能会受到不同程度的外生冲击或内在变化，以至于（控制变量在）不同的出生年份对被解释变量的影响也不同。或者说，控制变量对被解释变量的影响可能遵循着特定的时间趋势。为了控制各类型控制变量在不同出生年份对被解释变量的影响差异，我们借鉴现有研究思路（Li et al.，2016），引入控制变量与出生年份的一次、二次、三次项的交互项。具体结果如表 5-3 第（5）列所示，发现管理责任上移的回归系数为 0.0902，且在 1% 的置信水平下显著为正，这一回归结果与基准回归结果基本保持一致，说明在考虑了控制变量对被解释变量可能存在的特定的时间趋势下，依然证实了这种管理责任上移的积极作用，即有效地提升了农村受益群体的长期受教育水平。同时，在第（11）列城镇地区就学的样本，其回归系数依然在统计上不显著，进一步佐证了这一检验结果。

第三，调整聚类标准误。本章使用的人口普查数据其本身属于一种截面数据，我们根据所属的不同地区，以不同的出生年份（cohort）分组构造了一个非平衡面板，这种非平衡面板的假设就是居民个体在不同的出生年份都是同质的。与此同时，应用聚类标准误是为了控制各维度残差的序列相关性。本章的基准回归结果将标准误聚类到了县层面，而不同出生年份这一维度残差的序列相关性也可能存在，但是该出生年份在本研究样本期间仅有 16 个，而双向聚类回归时可能会使得更多的元素用以修正标准误，进而影响回归结果的准确性。尽管如此，我们依然借鉴现有的研究（Moretti and Wilson，2017），尝试引入地区（县）与出生年份的双向聚类标准误。第（6）列与第（12）列分别显示了双向聚类标准误的回归结果，显示在农村地区样本中，管理责任上移的回归系数在 5% 的置信水平下显著为正，其显著性并未受到明显的影响,说明控制双向聚类标准误并未影响本章的研究结果,而在城镇地区就学的样本中,管理责任上移的回归系数依然在统计上不显著,意味着调整聚类标准误并未改变该类群组不受影响的结论。

三、基于性别与贫困地区分组回归

(一)按性别分组检验

性别间受教育水平的差异历来都会受到众多研究的关注(Shavit and Blossfeld, 1993; Buchmann et al., 2008),同时男女性别间的收入差距很大程度上也是来自于受教育水平。长期以来,我国受传统生育观念的影响,家庭更愿意将教育资源投向于男孩,而女孩的教育则相对受到冷遇。然而,随着对性别平等与教育机会平等认识的不断提升,性别间教育不平等的趋势也得到了缓解(李春玲,2003),这在一定程度上得益于以政府为主导的公共教育投入,不仅缓解了家庭教育投入不足的状况而且还注重性别受教育机会平等的政策。

实际上,农村中小学教师工资的管理责任上移也属于政府主导的公共教育投入的范畴,更确切地说,它属于一种公共教育投入的机制完善。于是,我们需要检验这种机制完善能否对性别间受教育的均衡发展带来积极影响。这里同样展示了在农村地区就学与在城镇地区就学的回归结果,即后者为前者的安慰剂检验。表5-4的第(1)列与第(2)列分别显示了男性组与女性组的回归结果,发现管理责任上移的回归系数分别为0.1053与0.0959,二者分别在1%与10%的置信水平下显著为正,前者的系数略大于后者,说明二者的受益程度相近,但显著度是前者强于后者,意味着农村中小学教师工资的管理责任上移对男性的长期受教育水平略强。这一结果肯定了以政府为主导的公共教育投入在提升农村居民的长期受教育水平方面所具有的积极作用,也说明了管理责任上移对矫正性别间受教育均衡发展也具有一定的作用。相反,虽然在城镇地区就学的样本中,以性别分组的检验在统计上并不显著,但呈现出女性的系数大于男性,在一定程度上可能说明城镇地区更加关注于男女教育均衡发展的问题。

表 5-4　　　　　　　　　　　　　分组检验

变量	农村地区就学				城镇地区就学			
	男	女	贫困县	非贫困县	男	女	贫困县	非贫困县
	(1)	(2)	(3)	(4)	(5)	(6)	(7)	(8)
upward	0.1053 ***	0.0959 *	0.0003	0.0910 **	0.0442	0.1362	0.7141	0.0505
	(0.0393)	(0.0570)	(0.0768)	(0.0357)	(0.0935)	(0.0981)	(0.5732)	(0.0661)
Controls	Yes	Yes	Yes	Yes	Yes	Yes	Yes	Yes
County FE	Yes	Yes	Yes	Yes	Yes	Yes	Yes	Yes
Cohort FE	Yes	Yes	Yes	Yes	Yes	Yes	Yes	Yes
Province * Cohort FE	Yes	Yes	Yes	Yes	Yes	Yes	Yes	Yes
Obs	43517	27143	14579	56326	7904	5783	789	13477
R-squared	0.261	0.315	0.283	0.235	0.495	0.544	0.657	0.457

注：*、**、*** 分别表示 10%、5% 和 1% 的显著水平，小括号内报告的是标准误，且标准误聚类到县级层面。

（二）按国家扶贫开发工作重点县分组检验

国家扶贫开发工作重点县，又称为国家级贫困县或国定贫困县，它是专门为解决贫困地区脱贫而设置的一种制度。1985 年我国开始实施国家级贫困县制度，1994 年扩大了国家级贫困县的覆盖范围，即将"老少边穷"地区纳入到国家重点扶贫名单。随后，我国对国家级贫困县进行了多次调整，但基本上维持 592 个县的数目不变。其政策初衷在于利用国家层面的资源再分配，为贫困地区提供财政补助、税收优惠等政策支持，而这种政策支持也体现在了农村中小学教师工资的管理责任上移方面，如《关于基础教育改革与发展的决定》就规定了为支持国家扶贫开发工作重点县等中西部困难地区建立农村中小学教师工资保障机制，中央财政将给予适当补助。也就是说，在管理责任上移的条件下，国家扶贫开发工作重点县面临着更为有利的条件，即能够获得更多的财政资金补助。进而，我们需要检验属于国家扶贫开发工作重点县与不属于国家扶贫开发工作重点县在管理责任上移这一政策框架下的效果。表 5-4 的第（3）列与第（4）列分别显示了分组后的回归结果，显示国家扶贫开发工作重点县与非国家扶贫开发工作重点县在管理责任上移的回归系数分别为 0.0003 与 0.0910，前者的回归系数较小且在统计上并不显著，后者的回归系数与基准回归结果基本保持一致，相差甚小（二者仅相差 0.0018），且在 5% 的置信水平下显著为正，说明农村中小学教师工资的管理责任上移在非国家扶贫开发工作重点县的效应更为明显，或者说该政策效应被非国家扶贫开发工作重点县完全吸收。在城镇地区就学的样本，二者也均在统计上不显著，佐证了这一研究结论。

我们需要重点分析出现这一情况的原因，因为本章的一个重要假设就是地方自有财力越弱的地区，其越有可能会挪用、挤占甚至拖欠教师工资，而恰恰国家扶贫开发工作重点县具有自有财力弱的特征，而且还具有额外的财政补助，且 2001 年"以县为主"的改革中，还明确规定"为支持国家扶贫开发工作重点县等中西部困难地区建立农村中小学教师工资保障机制，中央财政将给予适当补助"。也就是说，国家扶贫开发工作重点县又获得了额外的财政补助。此时，在本书的研究框架下，我们就需要判断居民长期受教育水平的提升，是来自于上级拨付的额外的财政补助，还是来自于农村中小学教师工资的管理责任上移，如果政策效应主要是来自于上级拨付的额外的财政补助，则在国家扶贫开发工作重点县组内的回归系数应当显著为正，而非国家扶贫开发工作重点县组内的回归系数应当不显著。表 5-4 的第（3）列与第（4）列的回归结果显示前者的回归并不显著，后者则显著为正且与基准回归结果基本保持一致，这就说明在农村地区就学且受益于该政策而带来长期受教育水平的提升是来自于管理责任上移的结果，而非是上级拨付额外的财政补助的结果。

四、其他因素的影响

居民个体的义务教育就学地点（在城镇或农村）主要取决于其户籍性质，而户籍性质又具有代际关联，即子代的户籍性质取决于其父母一方或两方的户籍性质。也就是说，从外生性来讲，居民个体本身并不能决定义务教育就学地点（在城镇或农村），而且我们也控制了在入学选择方面可能起主要作用的父母因素，故在很大程度上会弱化就学地点的自选择问题。但是，我们依然不能排除其他混合性因素的影响，即可能会同时影响居民个体的就学地点与受教育水平。为此，我们借鉴现有研究方法（Duflo，2001；Li et al.，2016；刘畅等，2020），引入控制变量与出生年份固定效应的交互项，以控制个体因素、家庭因素在不同出生年份可能会对长期受教育水平产生的异质性影响。表5-5的第（1）列显示了加入控制变量与出生年份固定效应的交互项的回归结果，显示管理责任上移的回归系数为0.0887，且在1%的置信水平下显著为正，虽然回归系数略小于基准回归结果，但符号并未发生改变，说明考虑了控制变量在不同出生年份对被解释变量的异质性影响后，管理责任上移对受益该政策而带来长期受教育水平的提升这一积极作用依然存在。同时，在城镇地区就学的样本回归中，管理责任上移的回归系数虽然为正，但在统计上依然不显著，依然佐证着本章的研究结论。

表5-5　其他因素的影响（一）

变量	农村地区就学				城镇地区就学			
	控制变量在不同出生年份的差异	国家贫困地区义务教育工程	义务教育免费1	义务教育免费2	控制变量在不同出生年份的差异	国家贫困地区义务教育工程	义务教育免费1	义务教育免费2
	(1)	(2)	(3)	(4)	(5)	(6)	(7)	(8)
upward	0.0887***	0.0872***	0.0596*	0.0709**	0.0479	0.0814	0.0756	0.0834
	(0.0318)	(0.0317)	(0.0319)	(0.0315)	(0.0719)	(0.0714)	(0.0650)	(0.0642)
Project		Yes				Yes		
Rev92			Yes				Yes	
Controls	Yes	Yes	Yes	Yes	Yes	Yes	Yes	Yes
County FE	Yes	Yes	Yes	Yes	Yes	Yes	Yes	Yes
Cohort FE	Yes	Yes	Yes	Yes	Yes	Yes	Yes	Yes
Province * Cohort FE	Yes	Yes	Yes	Yes	Yes	Yes	Yes	Yes
Obs	71008	66680	70923	65691	14794	12744	14371	14117
R-squared	0.255	0.254	0.252	0.243	0.489	0.474	0.467	0.453

注：*、**、***分别表示10%、5%和1%的显著水平，小括号内报告的是标准误，且标准误聚类到县级层面。

此外，本节研究的因果关系是2001年农村中小学教师工资的管理责任上移对居民个体的长期受教育水平的影响，这就要求我们排除这一政策时间阶段期间以及政策时间阶段以前存在的其他政策变化。

第一，排除国家贫困地区义务教育工程的影响。由于历史因素、地理因素以及政策因素的存在，我国地区发展存在着严重的不均衡，部分贫困地区的教育发展状况相对滞后，难以实现地区经济发展的需要以及地区间均衡发展的需要。进而，为了贯彻落实党中央、国务院提出的"科教兴国"战略，帮助贫困地区普及义务教育，我国在1995—2000年实施了国家贫困地区义务教育工程，该工程是专门针对教育方面的扶贫工程。该工程的投入重点就是贫困地区，一期工程就是集中在22个省、自治区、直辖市及新疆生产建设兵团的852个贫困县，包括"八七"扶贫攻坚计划的568个国家级贫困县，到2000年底一期工程结束，为中西部贫困地区的教育发展打下了坚实的基础。显然，该工程实施的时间与2001年农村中小学教师工资的管理责任上移的实施时间较为接近，可能会对政策变化前的受益群组产生异质性的影响。于是，我们需要在回归中排除该工程的影响，采取的主要方法就是控制参与国家贫困地区义务教育工程的地区。表5-5的第（2）列显示了考虑国家贫困地区义务教育工程因素后的回归结果，发现管理责任上移的回归系数为0.0872，且在1%的置信水平下显著为正，这与基准回归结果保持一致，也就是说该项工程并未影响管理责任上移的作用。同样，在城镇地区就学的样本中，发现考虑了该项工程后，管理责任上移的作用依然不显著。

第二，排除义务教育免费的影响因素。1986年版的《义务教育法》规定"国家对接受义务教育的学生免收学费"，这是首次将免费的义务教育以法律的形式颁布出来，但受国家与地方的财力以及教育财政体制的制约，学生接受的并非是免费的义务教育，而是承担学杂费的义务教育，如义务教育经费来源就包括学生缴纳的学杂费。显然，对家庭经济困难的学生来说，这是一种相当沉重的负担。随着国家经济的发展，财力逐步得到了保障，教育财政体制也得到了调整，我国开始实施真正意义的免费义务教育，如2006年修订的《义务教育法》规定"实施义务教育，不收学费、杂费"，并在法律上确认义务教育经费的归属问题，即"国家将义务教育全面纳入财政保障范围"，这就为实施真正意义上的免费义务教育提供了财力保障。当然，这种免费的义务教育改革并非是"一刀切"式的改革，它是一个逐步推进的过程，如2006年首先在西部地区对农村义务教育阶段的中小学生全部免除学杂费，2007年在中部地区和东部地区对农村义务教育阶段的中小学生全部免除学杂费，2008年秋季学期开始在全国范围内全部免除城市义务教育阶段的学生学杂费。至此，我国进入了免费义务教育阶段。

一方面，我们采取加入控制变量的方式以吸收免费义务教育的影响。具体地，根据2006年以后逐步推开免费义务教育，按照出生年份倒推2006年实施政策时个体尚处在义务教育阶段的出生年份，测算出出生年份在1992年及以后的会受到免费义务教育的影响，则设虚拟变量为出生年份在1992年及以后的为1，其他为0，然后将该变量与2000年人均财力指标进行交互，以吸收免费义务教育的影响。第（3）列显示了该回归结果，发现管理责任上移的回归系数为0.0596，且在10%的置信水平下显著为正，虽然该系数略小于基准回归结果，但系数符号并未发生改变，并不影响本章的研究结论。

另一方面，我们需要分析的是，实施免费的义务教育就意味着地方政府失去了学杂费这一资金来源渠道，自有财力本来就薄弱的地区受到的影响就越明显；同时，这种义务教育资金短缺也会有上级拨付的财政资金补助给予弥补。于是，这种一减一补的变化可能也会对农村中小学教师的工资待遇保障产生一定的影响，进而可能会影响到受益于该政策的居民个体的长期受教育水平。还有一个重要的问题就是，2006年在西部地区的农村中小学生范围内实施，2007年在中部和东部的农村中小学生范围内实施，2008年秋学以后城镇地区的中小学生也会受益，这就使得受益群体在组别间存在一定的差异。因此，上述教育财政体制的变化与受益群组的变化，均复杂化了原有的识别策略，且各受益群组的受益时间也很接近，使得在原样本中排除义务教育免费的影响就变得十分困难。因此，我们考虑剔除2006年及以后受益于免费义务教育的样本，以排除义务教育免费这一因素的干扰。具体做法是剔除出生年份在1992年及以后的样本以排除义务教育免费的影响因素。表5-5的第4列显示了出生年份在1980—1992年的样本回归结果，显示管理责任上移的回归系数为0.0709，且在5%的置信水平下显著为正，该结果略小于基准回归结果，依然肯定了管理责任上移的积极作用。

第三，排除西部大开发的影响因素。我国在2000年以后开始实施西部大开发战略，目的就是把东部沿海地区的剩余经济发展能力，用以提高西部地区的经济和社会发展水平、巩固国防。西部大开发实施的最初十年，主要任务重点是调整结构,搞好基础设施、生态环境、科技教育等基础建设,建立和完善市场体制,培育特色产业增长点,使西部地区投资环境初步改善,生态和环境恶化得到初步遏制,经济运行步入良性循环,增长速度达到全国平均增长水平①。也就是说,西部大开发对于经济、教育等基础设施建设均具有积极投入,即具有良好的经济增长驱动效应(刘瑞明和赵仁杰,2015)。显然,这种经济增长驱动效应也可能会对居民个体的长期受教育水平产生溢出效应。于是,为了排除这种西部大开发可能存在的经济溢出效应,我们引入能够吸收西部大开发影响的变量,该变量的设置方法与核心解释变量的思路相类似。具体地,西部大开发的运作早在2000年就已初步展开,进而在时间维度上可以根据居民个体的出生年份进行推算,即出生年份在1986年及以后的居民个体会受益于西部大开发的影响;在地区维度上西部大开发的受益地区主要是西部12个省、市、自治区②。综合考虑上述两个维度的因素,设出生年份在1986年及以后的居民个体为1,其他为0;再设属于西部12个省、市、自治区的为1,其他为0;在计量模型中控制二者的交互项以反映西部大开发的影响。表5-6的第(1)列显示了排除西部大开发这一因素的回归结果,发现管理责任上移的回归系数为0.0928,且在1%的置信水平下显著为正,该结果与基准结果保持一致,说明排除了西部大开发的影响因素之后并未改变管理责任上移的积极作用。

第四,排除加入世界贸易组织(WTO)的影响因素。对于我国为什么一定要加入 WTO,主要体现在加入 WTO 能够为我国带来相对平等的贸易竞争环境,减少贸易壁垒与贸易歧视,也可以直接参与国际贸易规则的制定,而最直接的经济效应就是有利于扩大出口。加入 WTO 与我国实施西部大开发相类似,均能够带来经济增长驱动效应,进而为居民个体的长期受教育水平带来溢出效应。为了排除这一因素,我们需要构造一个变量以吸收加入 WTO 的影响。具体地,由于加入 WTO 是全国整体加入,因此很难区分哪些地区

---

① "西部大开发",国史网,http://www.hprc.org.cn/gsgl/dsnb/zdsj/200908/t20090820_28292.html.

② 主要包括四川省、陕西省、甘肃省、青海省、云南省、贵州省、重庆市、广西壮族自治区、内蒙古自治区、宁夏回族自治区、新疆维吾尔自治区、西藏自治区,还有三个单列地级行政区,即湖北省恩施土家族苗族自治州、湖南省湘西土家族苗族自治州、吉林省延边朝鲜族自治州。

直接受益多或哪些地区直接受益少，但我们可以根据地区（市层面）离海岸线的距离（取对数）表示该地区对加入WTO的受益程度，选取这一指标的原因在于加入WTO的最直接影响就是开放出口贸易问题，而各地区离海岸线的距离可以表示为国外市场接近度（黄玖立和李坤望，2006），这就意味着离海岸线的距离越近，受加入WTO的影响程度越大。此外，在时间维度上，我国于2001年底加入了WTO，正式产生影响的时间应该是2002年及以后，故时间维度就是出生年份在1988年及以后的会受到影响，设出生年份在1988年及以后的为1，其他为0。同样，综合考虑上述两个维度的因素，取本地区离海岸线的距离与受益年份虚拟变量的交互项，以表示加入WTO的影响。表5-6的第（2）列显示排除了加入WTO因素后的回归结果，发现管理责任上移的回归系数为0.0878，且在1%的置信水平下显著为正，与基准结果也基本保持一致，同样说明排除了加入WTO的影响因素之后也不改变管理责任上移的积极作用。

表5-6　　　　　　　　其他因素的影响（二）

变量	农村地区就学			城镇地区就学		
	西部大开发	WTO	控制人口流动因素	西部大开发	WTO	控制人口流动因素
	（1）	（2）	（3）	（4）	（5）	（6）
upward	0.0928***	0.0878***	0.1035***	0.0792	0.0587	0.0340
	(0.0307)	(0.0333)	(0.0318)	(0.0655)	(0.0677)	(0.0730)
West	Yes			Yes		
WTO		Yes			Yes	
Controls	Yes	Yes	Yes	Yes	Yes	Yes
County FE	Yes	Yes	Yes	Yes	Yes	Yes
Cohort FE	Yes	Yes	Yes	Yes	Yes	Yes
Province * Cohort FE	Yes	Yes	Yes	Yes	Yes	Yes
Obs	70923	64129	61450	14371	12015	12160
R-squared	0.252	0.211	0.262	0.467	0.457	0.469

注：*、**、***分别表示10%、5%和1%的显著水平，小括号内报告的是标准误，且标准误聚类到县级层面。

第五，控制人口流动因素。20世纪50年代确定的户籍制度，经过多次演变，形成了当前的城乡户籍分割，以至于分属于不同户籍性质的个体所能享受到的公共服务也具有明显的差异。例如，在教育类公共服务方面，表现为城镇地区的教育公共服务严格强于农村地区，进而引致了部分在农村地区出生或户籍属于农业户口的居民转移到城镇地区入学，或者到其他地区入学，即在教育领域的人口流动问题。也就是说，个体出生在某一地区，但其户口登记地可能也在此地区也可能不在此地区，还可能存在随父或随母落户的问题，更有可能出于其他原因而迁出该地区，以至于这种人口流动因素可能会在一定程度上影响着样本选择问题。为了解决这一潜在的干扰因素，我们尝试引入更为严格的限制条件，即将研究样本限定在出生地、户口登记地、人口普查时的居住地三者均为本县（市、区）的个体，这样就可以在很大程度上排除人口流动因素的干扰。其具体回归结果如第（3）列所示，发现管理责任上移的回归系数为0.1035，且在1%的置信水平下显著为正，其结果也较为接近于基准回归结果，说明排除了人口流动因素后也依然支持本章的研究结论。

五、安慰剂检验：虚假组别与虚假时间

前文所有的检验，均展示了在农村地区就学的群组与在城镇地区就学的群组的回归结果，且发现管理责任上移在农村地区就学的群组间具有明显的积极效应，而在城镇地区就学的群组间并未发现明显的积极效应，这在一定程度上承担了安慰剂检验的效果。即便如此，我们依然做了随机调整变量的安慰剂检验，以进一步佐证本章的研究结论。

第一，在农村地区就学群组层面作安慰剂检验。根据本章的识别策略，即2001年实施"以县为主"的改革，规定农村中小学教师工资的管理责任上移到县，由于各地区自有财力差异，进而可能在实施结果上具有差异。于是，寻找的关键变量就是2000年的地方人均财力，因为自有财力越弱的地区越有可能会挪用、挤占甚至拖欠农村中小学教师工资，而管理责任上移可能会弱化这种挪用、挤占甚至拖欠，在自有财力弱的地区则尤其如此。在安慰剂检验中，我们考虑随机化分配这种地方人均财力指标，即随机抽取地方

人均财力以随机化这种可能存在的实施差异。每一次随机化抽取后，相应地构建新的虚拟变量按照回归模型进行回归检验，我们随机做了500次，根据每次回归得到的系数与标准误，将其绘制到给定参考的密度概率图上。具体如图5-2（a）所示，显示安慰剂检验的虚假回归均值为-0.00016，标准差是0.01381，以0为中心呈正态分布，该系数回归均值严格偏离本章实证部分的基准回归结果0.0927。因此，结合前文的回归可以判断本章的基准回归结果并不是随机产生的。

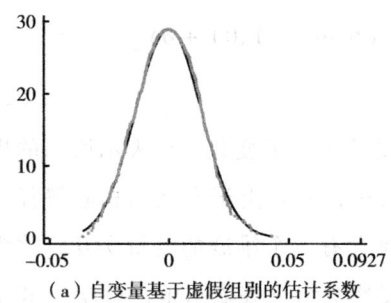 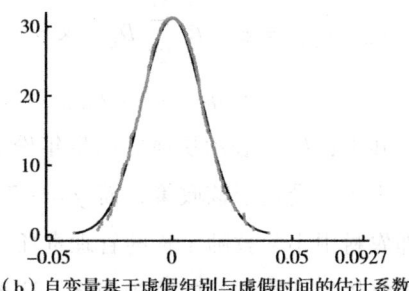

（a）自变量基于虚假组别的估计系数　　　（b）自变量基于虚假组别与虚假时间的估计系数

图5-2　安慰剂检验的估计系数分布图

第二，在农村地区就学群组与受益时间层面作安慰剂检验。本章研究策略的一个重要方面就是，地区财力可能影响着地区挪用、挤占甚至拖欠农村中小学教师工资的问题。于是，前文在安慰剂部分检验了随机化后的地区财力状况，也就是改变了原来的识别策略，进而发现结果均不显著且也严格偏离于基准回归结果。在此基础上，我们进一步严格化这一研究假设，即不仅随机化组别差异，即地区财力状况，而且还人为地将受益时间提前三年，即以出生年份在1984年及以后的作为受益群体，进而重新构成一个虚假的识别策略。具体地，与前文保持一致，即随机化地区财力500次，根据每次回归得到的系数与标准误，将其绘制到给定参考的密度概率图上。具体如图5-2（b）所示，显示安慰剂检验的虚假回归均值为0.00004，标准差是0.01278，且也以0为中心呈正态分布，该系数回归均值同样严格偏离本文实证部分的基准回归结果0.0927。再一次验证本章的基准回归结果并不是随机产生的。

六、平行趋势检验：观察趋势性变化

尽管前文在安慰剂检验部分业已检验未受影响组（非农业户口组）在受益的政策时间节点前后并无明显差异，但受影响组在受益的政策时间节点前的反事实结果无法观测，故仍需检验其平行趋势。借鉴现有研究思路（Chen et al.，2020），设定如下事件研究方程：

$$Y\_edu_{i,c,t} = \alpha + \beta_r \sum_{\gamma=-7}^{7+} D_{t_0+\gamma} \times rev_{c,2000} \times (treat_i = 1,0) + \delta X_{i,c,t} + \eta_t + \lambda_c + \varepsilon_{i,c,t} \tag{2}$$

其中：$D_{t_0+\gamma}$ 表示所属的出生年份是否受益于政策变化，t_0 表示所属的出生年份当年受益于该政策，而 $\gamma = -7, -6, \cdots, 7+$。由于本文的核心解释变量即农村中小学教师工资的管理责任上移是含有三个维度的变量交互，故为了能够体现不同群组的趋势变化，这里以受影响组（在农村地区就学）和未受影响组（在城镇地区就学）作为区分标准，分别展示受影响与未受影响的平行趋势效果。图5-3显示了受影响组与未受影响组的平行趋势检验结果（以前一期为基准），发现受影响组在受益的政策时间变化节点之前的趋势变动并不明显，而在受益的政策时间变化节点之后呈现出一个明显的上升趋势，且随着时间的推移该效应越强。相对应地，未受影响组在受益的政策变

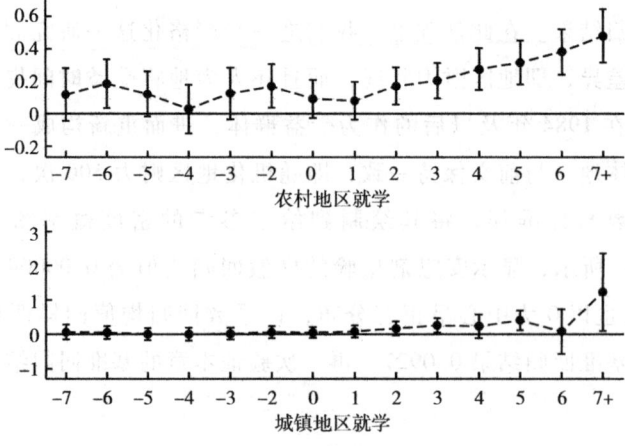

图5-3 平行趋势检验

化时间节点前后均未呈现出明显的趋势性变化。进而，可以说明本章的实证模型满足平行趋势假设的要求。

第五节 机制检验：对教育支出的影响

教师工资待遇得不到有效的保障，其社会经济地位得不到尊重等均不利于教师对本行业工作的信心（Brimley and Garfield, 2007），对于我国农村中小学教师而言则尤其如此（庞丽娟和韩小雨，2006）。2001 年《关于基础教育改革与发展的决定》为农村中小学教师工资提供了保障，实现了农村中小学教师工资的管理权由"以乡为主"到"以县为主"的转变，在一定程度上有助于抑制自有财力薄弱的地区在挪用、挤占甚至拖欠农村中小学教师工资上的激励，进而纠正其财政资金转向保障农村中小学教师工资的发放问题。现有的政策研究也证实了这一政策变革是成功的（赵力涛，2009），表现在县级政府稳定教育投入，用以保障农村中小学教师工资的发放。毋庸置疑，居民个体的长期受教育水平依赖于政府的教育投入（Kotera and Seshadri, 2017），而农村中小学教师工资的管理责任上移为这种教育水平提升奠定了基础。

于是，在机制检验方面首先观测这种管理责任的上移能否带来教育支出的稳定增长，即用以保障教师工资发放。我们利用《全国地市县财政统计资料》（1994—2009 年）构建了一个包含 2906 个县（市、区）在 1994—2009 年的一个面板模型，其中，在核心解释变量的设计方面，在时间维度上以 2001 年作为政策时间节点，设 2001 年及以后为 1，其他为 0；在地区维度上与前文相类似，即选择政策时间节点前的 2000 年地方自有财力状况表示，进而构造一个时间与地区维度交互的变量以反映管理责任上移这一政策变革。具体如式（3）所示，其中，n 表示宏观年份，$times$ 表示 0/1 时间虚拟变量，$E_{c,n}$ 表示被解释变量即教育支出（以人均表示并取对数）等项目。另外，在控制变量方面，控制了反映地区经济发展水平的因素，如地区人均 GDP 与地区人均 GDP 的平方以反映经济发展对被解释变量的影响，以及经济的不同发展阶段对被解释变量的影响；控制了财政供养人口，以反映政财政资金用于人员费用的支出；控制了人均财政收入，以反映地方各年份的自有财力水平；控制了人均财政转移支付，以反映地方获得上级的财政补助，说明在控制地方各项财力的情况下，地方政府在教育方面的支出情况会呈现出何种变化。上述绝对值指标均取对数处理。

$$E_{c,n} = \alpha + \rho times \times rev_{c,2000} + \delta X_{c,n} + \eta_n + \lambda_c + \varepsilon_{c,t} \tag{3}$$

表 5-7 显示了管理责任上移对居民长期受教育水平的机制检验。所有回归均控制了地区固定效应与年份固定效应，并且标准误聚类到县层面。第（1）列显示了对教育支出的检验结果，发现管理责任上移的回归系数为 0.1062，且在 1% 的置信水平下显著为正，说明农村中小学教师工资管理责任的上移，在一定程度上缓解了对农村中小学教师工资的挪用、挤占甚至拖欠，即在地方财力相对确定的情况下，依然增加了用于保障教育方面的财政支出，这对保障农村中小学教师工资具有重要作用。与此同时，受各省份实施义务教育的时间不同、各省份实施的不同的学制（小学五年制或六年制）以及各省份关于入学年龄上的规定差异等，导致教育支出在不同地区、不同年份存在可比性难题。为了考虑上述复杂性因素的影响，需要引入省份与年份的联合固定效应，以吸收其他不可观测因素的影响。第（2）列显示了加入联合固定效应后的回归结果，发现管理责任上移的回归系数为 0.0880，虽然略小于第（1）列的结果，但也在 1% 的置信水平下显著为正，说明在吸收了其他不可观测因素的情况下，管理责任上移依然保障了教育方面的支出。

进一步，我们还需要重点检验这种教育支出是否用于保障农村中小学教师工资待遇方面。我们利用《中国教育经费统计年鉴》，构建了一个包含 1978 个县（市、区）在 1996—2001 年的面板模型。需要说明的是，该年鉴关于县级教育的经费支出仅公开了 1996—2001 年的数据，且农村中学方面的教育经费支出并未公开，以至于我们仅能分析 1996—2001 年的农村小学教育经费支出情况。具体到农村小学教师人员经费支出的变量设计，我们以农村小学生均预算内事业费支出减去农村小学生均预算内公用经费支出表示（并取对数处理），原因在于事业费支出主要包括人员经费与公用经费，而人员经费又主要用于教职工的工资待遇等方面。表 5-7 的第（3）列显示了管理责任上移对农村小学教师人员经费的影响，发现其回归系数为 0.0245，且在1%的置信水平下显著为正，验证了管理责任上移的确增加了用以保障农村教师工资的财政资金。同时，第（4）列还加入了省份与年份的联合固定效应以吸收其他不可观测因素的影响，显示回归结果为 0.0301，且也在 1%的置信水平下显著为正，同样说明在吸收了其他不可观测因素的影响后，管理责任上移能够保障用以农村教师工资的财政资金。

表 5-7　　　　　　　　　　机制检验

变量	教育支出		农村小学教师人员经费	
	(1)	(2)	(3)	(4)
times * revc2000	0.1062 *** (0.0057)	0.0880 *** (0.0063)	0.0245 *** (0.0085)	0.0301 *** (0.0085)
Controls	Yes	Yes	Yes	Yes
County FE	Yes	Yes	Yes	Yes
Year FE	Yes	Yes	Yes	Yes
Province * Year FE		Yes		Yes
Obs	0.941	0.951	0.921	0.932
R – squared	35171	35170	9732	9731

注：*、**、*** 分别表示 10%、5% 和 1% 的显著水平，小括号内报告的是标准误，且标准误聚类到县级层面。

本章小结

以往关于我国农村教师的工资待遇保障与居民长期受教育水平的研究基本以政策研究为主，鲜有涉及实证的因果效应分析，并且将这种因果效应归于不同层级政府的责任分配层面。具体地，本章利用 2001 年国务院发布的《关于基础教育改革与发展的决定》提出的，关于农村中小学教师工资的管理权由乡镇财政上移到县级财政这一政策，结合政策实施前的地区自有财力状况，识别了管理责任上移对受益居民的长期受教育水平的影响。本章研究所使用的微观数据是 2010 年人口普查数据，部分宏观数据来自于《全国地市县财政统计资料》，在匹配宏微观数据的基础上，建立以居民个体的出生年份与所属地区两个维度的非平衡面板数据。在构造识别变量方面，以出生年份在1987年及以后的个体作为受益群体，并以居民个体及其父母三者的户籍性质推算其义务教育阶段的就学地点（是农村地区还是城镇地区）；在此基础上，考虑到不同地区的自有财力差异而导致的实施差异，以政策改革前的地区自有财力状况作为强度变量；进而基于以上出生年份与地方自有财力两个维度的差异构造识别管理责任上移的变量，以农村地区就学群组与城镇地区就学群组分样本展示（以后者作为安慰剂检验）。实证研究结果发现：第一，管理责任上移显著地促进了居民个体的长期受教育水平，证实了高层级政府在管理义务教育财政资金方面的相对优势。第二，在排除了从未上过学的样本、仅保留已毕业的样本、排除出生年份的复杂影响、自有财力变量离散化处理、被解释变量的影响可能存在特定的时间趋势以及调整聚类标准误的情况下，管理责任上移的政策效果依然存在。第三，在分组检验中，男性与女性的受益程度相近，肯定了以政府为主导的公共教育投入在提升农村居民的长期受教育水平方面所具有的积极作用，也说明了管理责任上移对矫正性别间受教育均衡发展也具有一定的作用；同时，发现非国家扶贫开发工作重点县是该政策的主要受益地区，意味着在农村地区就学且受益于该政策而带来的长期受教育水平的提升是来自于管理责任上移的结果，而非上级拨付额外的财政补助的结果。第四，我们考虑了混合性因素的潜在影响，包括引入控制变量与出生年份固定效应的交互项，还排除了国家贫困地区义务教育工程、免费义务教育、西部大开发、加入世界贸易组织（WTO）、人口流动因素的影响，最终结果也均支持本章的研究结论。第五，在安慰剂检验方面，我们主要做了两方面的工作：一是在农村地区样本中随机化分配地方人均财力500次，绘制密度概率图以说明本章的基准回归结果并不是随机产生的；二是构建一个含有三个维度差异的回归，即随机化农村地区就学群组与城镇地区就学群组，并将政策受益时间向前推三年，依然证实了本章的基准回归结果并不是随机产生的。第六，在平行趋势检验方面，发现未受益于管理责任上移的群体在政策时间变化节点前后并无明显的趋势性变化，直接受益于该政策的群体在政策时间变化节点前也无明显的趋势性变化，但在政策时间变化节点后呈现明显的趋势性变化，且随着时间的推移，其上升趋势越明显。最后，在机制检验方面，发现财力薄弱的地区以更多的教育财政支出保障农村教师工资，验证了管理责任上移后这种财政保障的存在性。

上述结果，证实了农村教师工资的管理权由乡镇财政上移到县级财政，为受益居民的长期受教育水平带来了积极影响，并且识别了这种因果效应。这一结果对于完善我国义务教育阶段的财政资金在不同层级政府间的配置具有重要的指导意义，即相对于低层级政府而言，高层级政府更能够管理好、使用好义务教育财政资金，尤其是保障农村教师工资待遇。但是，我们依然需要重视的是，这种管理责任上移对县级财政也造成了一定的影响，因为县级财政自身也面临着财政困难；同时，地区间财力状况的不均衡，也导致实施效果的不均衡，地区间的差距依然存在。显然，我们需要将这种义务教育的财政责任进一步上移，即实现省级统筹。然而，尽管2006年新修订的《教育法》规定了义务教育经费由省级负责统筹落实的体制，但事实上并未有效落实省级统筹，依然是以县为主的义务教育保障机制。因此，在确定高层级政府具有供给优势的条件下，未来在义务教育经费保障的体制方面需要落实省级统筹，促进地区间义务教育的均衡发展，缩小地区间、城乡间的教育水平差距。

| 第六章 |

教育财政的中央保障：
基于转移支付的研究

既然义务教育适合由高层级政府承担，那么我们就需要研究上级拨付的财政资金（中央保障）与本地自有财政收入的效果差异。显然，人力资本对一国经济的长期发展具有至关重要的作用，而人力资本的形成主要还是依赖于对居民的教育投入。一般而言，教育本身属于公共产品的范畴，而公共产品的供给是有边界的，其受益范围在空间上的分布决定着不同层级政府具有不同的事权和支出责任。具体而言，低层级政府在掌握本地区信息优势的情况下，还会对公共产品作出差异化的供给，表现为对非本地区居民需求偏好的公共产品不具有供给的激励。这在现实层面，就是地方政府利用本地自有财政收入投入于具有广泛的空间外部性且经济效益见效慢的教育类公共产品的供给激励不足，显然，这种具有广泛的空间外部性的教育公共产品只能由更高层级的政府承担，即中央政府。此时，以中央政府为主导的财政转移支付制度的实施，为这种教育公共产品的供给提供了条件，进而也就为本地区居民的长期受教育水平的提升奠定了基础。

第一节 引 言

教育是立国之本，强国之基。教育发展是民族振兴、社会进步的重要基石。党的十九大报告强调要将教育事业放在优先位置，习近平总书记也对我国教育发展提出"教育兴则国家兴,教育强则国家强"的论断①。为什么国家如此重视教育发展?从经济发展层面而言,教育是人力资本形成的源泉,而人力资本是保持经济长期稳定发展的关键因素(Lucas,1988;Romer,1990),对我国未来经济发展而言则更是如此(Li et al.,2017)。此外,从社会发展层面而言,教育还是使个人收入的社会分配趋于平等的因素(舒尔茨,1990)。显然,教育具有很强的外溢性,进而可以说教育就是一种准公共产品,不仅需要家庭部门的投入,更需要政府部门的公共投入(Fernández and Rogerson,1998)。2012 年我国财政性教育经费支出占当年国内生产总值的比重首次超过 4%,以后年份也均保持在 4% 以上,这就为教育的长期发展提供了资金基础和增长基础。根据国际经验,当财政性教育经费占 GDP 的比重达到 4% 左右时,其财政收入占 GDP 的比重也会在 30%—40%②,而我国财政收入占 GDP 的比重基本稳定在 20% 左右,这就进一步说明了我国支持教育事业发展的决心。随着教育支持力度的不断增强,我国平均受教育程度也取得了重大进展,截至 2017 年,我国 15 岁以上人口平均受教育年限达到了 9.6 年。

然而,由于政府间层级不同,且各层级政府所追求的最优目标不同,导致部分公共投入的效果也不同,在我国以 GDP 为考核标准的晋升竞争中则尤其如此(周黎安,2007)。具体就是高层级政府追求区域间社会经济效益的最大化,低层级政府追求本区域内部社会经济效益的最大化,这就导致具有空间外溢性的公共产品在供给与需求上的不匹配,或者说供给动力小于需求程度(Shah,1994;Rosen,1995)。实际上,教育类公共产品就是上述的一个缩影,即地方政府利用本地自有财政收入投入到教育领域的激励不足,因为不仅本地自有财政收入具有一定的税收成本,而且教育投入的直接经济效益也相对较低,甚至部分地方政府认为投资于教育领域而获得的收益并不明显(Li et al.,2017),以至于教育投入不足(乔宝云等,2005;傅勇和张晏,2007;周亚虹等,2013)。此时,提升全社会教育水平的重任就需要向更高层级政府转移,而没有直接税收成本的转移支付则为增加教

---

① 2018 年 5 月 2 日,习近平在北京大学师生座谈会上的讲话。
② "优先发展,坚持教育战略地位不动摇——党的十八大以来我国教育事业改革发展成就综述之一",《人民日报》,2018 年 9 月 7 日。

育投入提供了条件。

现有关于转移支付如何影响教育的研究,主要侧重于宏观层面的以教育支出为代表的基本公共服务问题,其中,部分研究认为转移支付对教育类公共产品的供给具有显著作用(成刚和萧今,2011),部分认为该作用并不明显(郭庆旺和贾俊雪,2008),尤其是义务教育阶段的教育公共服务(尹恒和朱虹,2011)。在转移支付与本地自有财政收入对教育支出的影响方面,部分研究证实了转移支付相对于本地自有财政收入而言,能够为本地区带来更多的教育投入(成刚和萧今,2011),也就是说在一定程度上存在着结构效应。分税制改革伴随而来的财政转移支付制度,在一定程度上弥补了地方利用自有财政收入投入于教育领域的不足,而且也为研究转移支付相对于本地自有财政收入的结构效应提供了条件。于是,本书的研究逻辑就是相对于本地自有财政收入而言,上级拨付的财政转移支付能够为本地区的教育投入带来更大的激励,也就是说,财政转移支付发挥着比本地区自有财政收入更大的效应,显然这种更大的效应会延伸到居民个体的教育表现,进而为居民个体的长期受教育水平带来额外的提升作用,我们视其为财政转移支付的结构效应。

基于此,本章利用 2010 年人口普查数据,通过匹配微观个体与宏观财政数据,以个体的出生年份和地区两个维度为基础,构造了基于个体出生年份在本地区所属的义务教育阶段所能够受益的财政转移支付占地方财政总收入的比重,进而考察财政转移支付的结构效应,即财政转移支付所占的比重每增加 1 个百分点,能够为本地区居民的长期受教育水平额外带来多少受教育年限,以及这其中的作用机制。实证研究结果发现,不同出生年份的本地区居民在其所属的义务教育阶段所能够受益的财政转移支付,在地方财政总收入的比重每提升 1 个百分点,则能够为本地区居民个体的长期受教育水平至少带来额外的 0.2 年受教育年限;具体到分类型财政转移支付,发现专项转移支付的作用更为明显;同时,利用估算的教育类转移支付也发现了这一结果。另外,在作用机制的检验中,也同样发现了财政转移支付的结构效应,即财政转移支付所占的比重每提升 1 个百分点,则为本地区教育支出增长带来额外的 13 个百分点。

现有关于转移支付对居民个体长期受教育水平的影响,这一类的微观研究相对较少，更鲜有研究将转移支付的结构效应延伸到微观层面。因此，本章的研究贡献主要在于：第一，进一步验证了高层级政府对于低层级政府在教育投入方面的积极带动作用，再将其延伸到微观个体层面的长期受教育水平；第二，重点研究了上级拨付的财政转移支付对微观个体的长期受教育水平的结构效应，也就是相对于本地自有财政收入而言，财政转移支付所带来的额外效应；第三，为进一步完善义务教育领域的事权与支出责任提供了基础数据支持，即高层级政府能够为地方提供更好的教育公共服务激励。

本章其余的部分内容为：第二部分是制度背景，重点阐述财政转移支付制度、财政转移支付与本地自有财政收入具有的差异，以及财政转移支付如何能够促进教育投入并使居民个体受益；第三部分是数据来源与说明、变量处理与计量模型设定；第四部分是实证结果与分析；第五部分是作用机制检验。

第二节 制度背景：财政转移支付

为了解决财政包干制下的中央财政困难，我国实施了分税制改革，要求地方为中央作贡献以提升"两个比重"，其实质就在于收入在中央与地方间的再分配。而作为分税制改革的配套措施，以转移支付制度作为协调政府间财政关系的重要手段，主要是要解决各级政府履行事权与支出责任的财力缺口，实现地区的均衡发展，尤其是地区间基本公共服务均等化。其间，相关的财税改革造成了一定的县乡财政困难，且随着经济形势的变化，特定领域与特定地区也面临着发展资金不足的情况。于是，我国对转移支付制度进行了多次调整与完善，包括转移支付的分配方式、标准测算、新型转移支付类型的设立及部分转移支付类型的取消等。

根据不同类型转移支付资金所承担的职责差异，将转移支付分为税收返还、一般性转移支付以及专项转移支付。其中，税收返还这一类型转移支付，严格地讲，并不属于转移支付的范畴，它是为了分税制改革顺利推行的一个副产品，属于财政体制资金但与实现公平的宗旨无关（财政部教科文司、教育部财务司、上海财经大学公共政策研究中心课题组，2005），税收返还的资金具有固定的增长比例,是地方政府可以完全预期的财政收入。除此之外,2019 年中央对地方税收返还与一般性转移支付中的固定数额补助合并,不再单独列示,即归于一般性转移支付大类①。因此,如马光荣等(2016)在探讨转移支付结构时并未考虑税收返还的作用。但是,在分税制改革初期,税收返还在转移支付总额的比重依然很大,如 1995 年税收返还的比重达到了 73.7%,2000 年也有 46.5%,因此,我们这里考虑了税收返还的作用。当然,能够体现出均等化目标的还是一般性转移支付与专项转移支付②。其中,前者是按因素法分配,原则上并不规定资金的使用用途,主要用于弥补地区间财力的差距,如净原体制补助、均衡性转移支付、民族地区转移支付、取消农业特产税和农业税率降点补助、缓解县乡财政困难转移支付等,即可支配转移支付(尹恒和朱虹,2011)。而专项转移支付则是按因素法与项目法分配,具有专款专用的性质,能够直接反映中央的意图,主要用于完成中央事权或央地共同事权的项目。但是,近年来专项转移支付的比重呈逐年下降的趋势,如 2008 年在转移支付总额的比重为 41%,到 2019 年该比重约为 10.17%③,这主要归因于中央出台的相关政策,旨在控制专项转移支付的规模,如取消专项转移支付中政策到期、政策调整、绩效低下等已无必要继续实施的项目,逐步取消竞争性领域专项转移支付等④。另外,我们必须重视的是,为了规范与完善转移支付制度,我国也在逐步地调整一般性转移支付,如分别在 2009 年和 2011 年逐步将部分类型的转移支付从专项转移支付调整到一般性转移支付,其中就包括教育转移支付等(贾晓俊等,2015)。

随着转移支付制度的逐步完善,中央给予地方政府的转移支付数额也持续增加,从 1994 年的 2389 亿元增加到了 2019 年的 74359.86 亿元,增长了至少 31 倍。更为重要的是,转移支付在政府间财政关系方面扮演着关键性的角色,表现为转移支付在地方财政收入结构中占据着重要地位。如图 6-1

---

① 详见 2019 年中央对地方转移支付预算表。
② 在 2009 年之后,原财力性转移支付更名为一般性转移支付,原有的一般性转移支付更名为均衡性转移支付(李萍,2010)。本书以后使用的一般性转移支付均是 2009 改革后新的名称。
③ 2019 年专项转移支付为 7561.7 亿元,一般性转移支付(含税收返还)为 66798.16 亿元。
④ 2014 年国务院印发的《关于改革和完善中央对地方转移支付制度的意见》。

第六章　教育财政的中央保障：基于转移支付的研究

所示，中央拨付的转移支付与本地自有财政收入呈同向增长变化①，且在大多数年份，转移支付在地方财政总收入（本地自有财政收入和转移支付收入）的比重基本保持在40%以上，2019年该比重达到了42.38%。也就是说，地方财政总收入中有超过42%的部分要依赖于中央的转移支付，这就意味着地方政府行为势必会受到转移支付的影响。

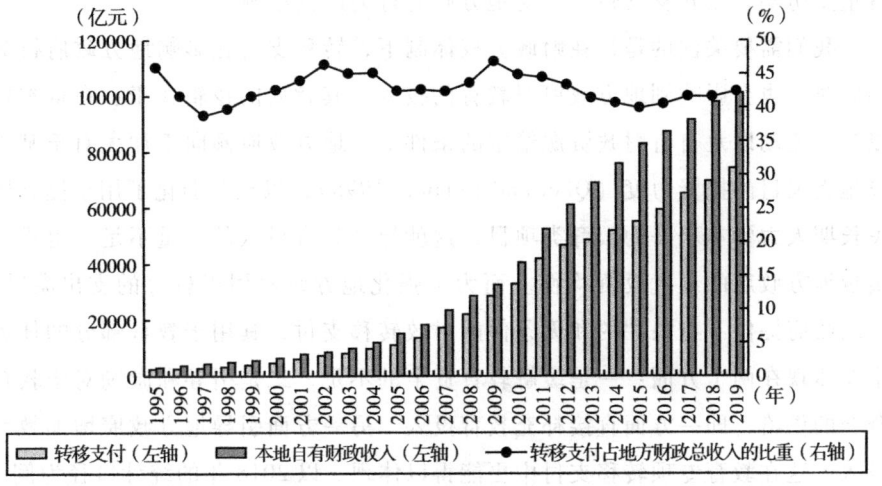

图6-1　地方政府的转移支付情况

数据来源：《中国财政年鉴》和国家统计局。

具体到预算层面转移支付与本地自有财政收入又具有何种关联？《中华人民共和国预算法》规定我国实行一级政府一级预算，地方各级一般公共预算包括本级各部门（含直属单位）的预算和税收返还、转移支付预算，县级及以上各级人民代表大会负责审查本级预算，其中，就一般公共预算而言，该预算资金来自于地方政府按分税制财政管理体制所分享的税收收入与非税收入；就转移支付资金而言，是按照固定的分配公式由中央下达到省，再由省下达到市、县单位（每一个省实施的分配方法各异）。需要说明的是，中央对地方转移支付的下达日期是确定的，如一般性转移支付资金的下达是在全国人民代表大会批准预算后三十日内，专项转移支付是在全国人民代表大会批准预算后九十日内，但资金真正能够到达地方政府则至少在三四月份

---

① 这里的本地自有财政收入不含转移支付部分。

以后①。而地方政府编制预算的时间一般是在上年的9月，地方政府召开人民代表大会的时间是1—2月，预算会在地方人民代表大会表决通过。显然，全国人民代表大会召开的时间比地方晚，使得部分转移支付资金的下达晚于地方批准本级预算的时间，进而使得转移支付资金与本地区自有的一般公共预算收入具有显著差异，如前文所述的转移支付又在地方财政总收入中占据着重要份额，故转移支付才会对地方政府行为产生影响②。

我们需要关注的是，在财政分权体制下，转移支付在影响地方政府行为的同时，也会影响到地方政府对教育的投入。其背后的逻辑在于：在资本可以自由流动以及自有财政资源给定的条件下，地方政府倾向于加大对于基础设施类项目的投资力度（Qian and Roland，1998），以至于弱化了用于提升居民长期人力资本水平的教育类项目，这就导致教育投入的严重不足，也难以实现地方政府的最优投资均衡。而为了强化地方政府用于教育的支出激励，上级政府提供了有条件的和无条件的财政转移支付，其用于教育部分的任务主要体现在两个方面：一是缓解教育资金的不足，二是引导和激励对于教育资金的供给，即一方面直接补充教育投入，另一方面引导地方政府增加教育投入，这在教育专项转移支付中更能得以体现。以2018年的统计口径为例，专门用于支持教育发展的教育类专项转移支付，就包括支持学前教育发展资金、农村义务教育薄弱学校改造补助资金、改善普通高中学校办学条件补助资金、中小学及幼儿园教师国家级培训计划资金、现代职业教育质量提升计划专项资金、特殊教育补助经费、学生资助补助经费、支持地方高校改革发展资金等项目，上述各类专项资金（预算数）达到了1552.49亿元，当然在一般性转移支付中也有城乡义务教育补助经费，资金数额（预算数）也有1446.43亿元。显然，上级政府拨付的财政转移支付在一定程度上强化了地方财力，存在着明显的收入效应，并对地方政府产生了一种可替代性的激励（费雪，2000）。也就是说，上级政府拨付的财政转移支付不仅为本地区教育

---

① 实践中，转移支付资金拨付采取的是预算执行中比例调度、预算结束后对账结算的办法（王法忠，2020）。

② 当然，这仅是从预算与资金下达这一角度认识该问题。此外，根据每年收取的税收收入不同，每年上级拨付的转移支付资金也并不完全相同，且最终拨付的资金可能要多于其提前下达数，那么这些多出的资金会通过预算调整而纳入预算（部分由上级拨付的专项转移支付资金而不需要本级政府配套的除外）（王法忠，2020）。

发展提供了资金支持，还引导着本地区对教育资金的投入，且用于支持教育发展的资金越多，越能促使地方政府的财政投资趋向于最优均衡（范子英，2020）。

另外，居民家庭的人力资本投资决策，一方面取决于家庭自身的教育投入，如父母的收入为子女教育提供了充足的资金支持，即存在家庭内部人力资本的外部性（Becker and Tomes, 1986; Chusseau et al., 2012），还有可能为子代投入足够多的有效时间（Black and Devereux, 2010），也就是说，居民个体的受教育状况与家庭的教育投入紧密相关；另一方面还取决于以政府为主导的教育公共服务供给（Chusseau and Hellier, 2011），尤其是政府提供的教育平台支持（Kotera and Seshadri, 2017），如教育资源的硬件与软件设施，也有研究认为教育部门人力资本质量取决于政府部门对教育部门的投入（陈斌开等，2010），更有研究发现以政府为主导的教育投入对家庭教育投入在一定程度上形成一种完全替代的作用（范子英和高跃光，2019），这就意味着以政府为主导的教育投入对于居民个体的教育状况发挥着关键作用，而财政转移支付引导地方政府的教育投入必然为居民个体的长期受教育水平产生积极影响。也就是说，以政府为主导的教育公共服务供给的支持力度越大，则越有利于提升居民的长期受教育水平。

实际上，教育支出作为政府的重点支出，早已在法律层面得到体现。例如，《预算法》规定，各级一般公共预算支出的编制应当统筹兼顾，在保证基本公共服务合理需要的前提下，优先安排国家确定的重点支出。在预算起草过程中，就已确定教育作为重点支出项目之一。除此之外，教育支出的增长也有法律保障，如1995年的《教育法》规定国家财政性教育经费支出占国民生产总值的比例应当随着国民经济的发展和财政收入的增长逐步提高；各级人民政府教育财政拨款的增长应当高于财政经常性收入的增长，并使按在校学生人数平均的教育费用逐步增长，保证教师工资和学生人均公用经费逐步增长；在《国家中长期教育改革和发展规划纲要（2010—2020年）》中也有此类的规定；各地区为执行教育法与规划纲要所出台的地方政府文件中也进一步强化了此类要求，均提出财政教育支出增长幅度明显高于财政经常性收入增长幅度，……。在此过程中，国家也在教育支持方面做了许多工作，如实施国家贫困地区义务教育工程；中央要求地方政府安排转移支付资金用于教育支出；利用一般性转移支付、专项转移支付支持农村地区义务教育阶段的营养改善计划；等等。与此同时，关于教育领域中央与地方的事权和支出责任划分，已在2019年发布的《教育领域中央与地方财政事权和支出责任划分改革方案》得到确定，在义务教育领域的划分主要涉及了公用经费保障、家庭经济困难学生生活补助、校舍安全保障、贫困地区学生营养膳食补助、其他经常性事项、涉及阶段性任务和专项性工作的事项等，且涉及经常性的部分项目明确了中央和地方的分档负担比例，中央财政承担的部分通过共同财政事权转移支付安排，涉及阶段性和专项性工作的事项，所需经费由地方财政统筹安排，中央财政通过转移支付统筹支持。上述均体现了财政转移支付的独特作用，地方政府获得相当规模的转移支付为教育支出的增长提供了稳定的财源，进而为提升居民的教育水平提供了条件。

第三节 数据、变量处理与计量模型

一、数据来源与说明

本章财政数据来源于1994—2009年《全国地市县财政统计资料》，该数据库含有全国2800多个县（市、区）详细的财政收支数据。微观数据来源于2010年的人口普查数据，该数据的构建是以家庭为单位，包含所属家庭的个人信息。利用该人口普查包含的地区编码，将其匹配到县层面数据，以确认每一个家庭、每一个个体所在的地区。对2010年的人口普查数据进行的筛选包括：第一，为了便于分析，仅保留了户主、配偶与子女三类人员信息，剔除了与户主的其他关系人员。第二，剔除了在2003年以后出生的样本，主要是考虑到2003年以后出生的群体尚未在2010年普查年份入学。第三，在非本户口登记地接受调查的人员，一律按照其原户口登记地修改所在县（市、区）的地区编码。第四，考虑到在校生尚未完成学业，还有升学的空间，则剔除了在校生的样本。第五，转移支付是伴随着1994年分税制改革而产生的，因而仅分析子代（个体）在所属的义务教育阶段本地区获得转移支付的样本。

第六章 教育财政的中央保障：基于转移支付的研究

具体地，结合家庭所在县（市、区）的地区编码与户编号，确定每一个家庭拥有的唯一 ID，再按照与户主关系这一变量提取户主、配偶和子代三类人员信息。同时，由于户主并非总是男性，故根据户主和配偶的性别，分别处理后匹配出子代的父亲与母亲的信息。确定研究对象是在 1980—2003 年出生的（子代）样本，因为《中华人民共和国义务教育法》（1986 年版）规定，年满 6 周岁的儿童应当接受义务教育，因此，1980 年出生的个体，应该在 1986 年入学，而 1994 年是其接受义务教育的最后一年，同时也是转移支付制度大规模开始实施的年份，进而该年份及以后年份出生的个体均受到转移支付制度的影响。显然，1980 年以前出生的个体并未受到转移支付制度的影响，因此剔除了 1980 年以前出生的样本。其次，受制于转移支付数据的约束，我们可利用的县级数据仅到 2009 年，人口普查数据也仅到 2010 年，故我们只能将研究对象的出生年份截止到 2003 年，因为这一年份出生的个体在 2009 年刚刚入学①。根据家庭（个体）所在县（市、区）编码，锁定家庭（个体）所在的地区，再将编码与宏观数据的县（市、区）编码进行精确匹配，确定家庭（个体）所在地区对应的转移支付数据。根据宏微观数据匹配结果，最终确定 2479 个县（市、区）的 82623 个样本。

二、变量选择与处理

被解释变量的选取与处理：个体的受教育水平以问卷涉及的受教育程度表示，分别为 1（未上过学）、2（小学）、3（初中）、4（高中）、5（大学专科）、6（大学本科）、7（研究生及以上），为了便于解释并进行国际比较，即避免国际上对受教育程度级别所包含的年限的差异，这里全部转换为受教育年限，即将原问卷中以级别表示的受教育水平折算成具体的年限，分别处理为 0 年、6 年、9 年、12 年、15 年、16 年、19 年表示。

核心解释变量的选取与处理：首先，我们将研究对象即微观个体与县级财政数据进行匹配，具体地就是根据个体年龄进而推算入学年份以及接受最

---

① 从表面上看此类样本似乎并不适合纳入研究范围，毕竟年龄尚小且刚刚入学，但是这样处理的一个顾虑，是部分子代样本的年龄尚小且刚刚入学，可能无法反映完整的义务教育阶段的效果。

后一年义务教育的年份，再将其匹配到对应的享受财政转移支付的时间段，最后将属于义务教育时间段内的财政转移支付（人均水平）进行纵向加总，获得个体在受义务教育期间所在地区总共获得的财政转移支付。与此同时，基于同样的方法得到个体在受义务教育期间所在地区拥有的本地自有财政收入。然后，为了观察财政转移支付相对于本地自有财政收入的结构效应，我们取财政转移支付占财政转移支付与本地自有财政收入之和的比重作为反映结构效应的核心解释变量。此外，还需要设定反映总量效应的核心解释变量，即居民个体在所属义务教育阶段所受益的财政转移支付与本地自有财政收入之和。

控制变量的选取：选取部分代表研究个体独有特征的控制变量，包括性别（男性设为1、女性设为0）；少数民族否（汉族设为1，其他少数民族为0）；户口类型（农业户口设为1，非农业户口设为0）；因为家庭的教育投入决策取决于父母二者的共同作用（Galor and Zeira, 1993；Maoz and Moav, 1999），故还需要控制父亲、母亲的受教育程度（具体处理方法与被解释变量保持一致）；家庭人口数量因素用本户居住人数反映。宏观控制变量，选取了能够反映地方经济发展水平与财政相关的变量，这里借鉴现有研究思路（Li et al., 2016），以2000年的人均GDP以及财政供养人口表示（均取对数处理）。

如表6-1所示，可以发现居民个体的受教育年限的平均值为9.9731，说明个体基本完成了义务教育；财政转移支付所占的比重的平均值为0.8889，说明在县级层面地方政府对上级拨付的财政转移支付的依赖程度高（需要说明的是，描述性统计中的宏观指标，展示的均是在微观数据范围内的统计结果）。

表6-1　　　　　　　　　　描述性统计

变量名	变量标识	观测值	平均值	标准差	最小值	最大值
受教育年限	educ	82623	9.9731	2.6228	0	19
财政转移支付所占的比重	R_trans	82623	0.8889	0.0535	0.2359	0.9800
转移支付与本地自有之和	trans&revenue	82623	7.4936	1.0262	3.6590	12.7612
本地自有财政收入	revenue	82623	6.8016	1.0328	2.1633	12.4132

续表

变量名	变量标识	观测值	平均值	标准差	最小值	最大值
财政转移支付总额	trans	82623	6.6828	1.1190	1.1602	11.5529
税收返还所占的比重	R_tax	81880	0.7841	0.0729	-0.1473	0.9715
一般性转移支付所占的比重	R_general	66052	0.7247	0.1994	-0.5141	0.9755
专项转移支付所占的比重	R_special	82074	0.7714	0.0976	-0.2636	0.9703
性别	sex	82623	0.6065	0.4885	0	1
少数民族否	ethnic	82623	0.9085	0.2883	0	1
户口类型	hukou	82510	0.8262	0.3789	0	1
家庭人口	household	82294	4.7015	1.4322	3	10
父亲受教育年限	educ_f	82623	8.4363	2.4803	0	19
母亲受教育年限	educ_m	82623	7.4281	2.7870	0	19
人均 GDP	lnpgdp	81858	8.4181	0.6979	4.6444	11.3667
财政供养人口	lnsupport	82524	9.5264	0.5656	5.5053	10.9774

三、研究设计：计量模型

根据本章研究的思路，并借鉴尹恒和朱虹（2011）的研究将计量模型设定为如下方程：

$$Y\_edu_{i,c,t} = \alpha + \beta trans_{i,c,t} + \gamma revenue_{i,c,t} + \delta X_{i,c,t} + \eta_t + \lambda_c + \varepsilon_{i,c,t} \quad (1)$$

其中：i 表示个体，c 表示县（市、区），t 表示出生年份；$Y\_edu_{i,c,t}$ 表示第 c 个县（市、区）在 t 年份出生的第 i 个个体在2010年人口普查时的受教育水平；$trans_{i,c,t}$ 表示个体在义务教育阶段所受益的财政转移支付；$revenue_{i,c,t}$ 表示个体义务教育阶段所受益的本地自有财政收入；此时，系数 β 反映的是财政转移支付相对于本地自有财政收入对居民长期受教育水平的影响，即如果 $\beta > \gamma$ 则说明财政转移支付相对于本地自有财政收入而言，对居民长期受教育水平具有更大的影响。另外，$X_{i,c,t}$ 表示影响个体教育水平的其他因素，包括个体、家庭以及地区发展的因素等；η_t 与 λ_c 表示出生年份的固定效应与所属地区的固定效应，$\varepsilon_{i,c,t}$ 表示误差项；为了控制回归系数的标准误，我们将标准误聚类到县层面。

在上述计量模型的基础上,我们进一步观察财政转移支付的结构效应,也就是说,财政转移支付这种非本地自有财政收入资金对本地区居民长期受教育水平带来的额外效应。具体地,我们以个体所受益的财政转移支付占财政转移支付与本地自有财政收入中的比重表示其结构效应。同时,为了呈现财政转移支付的结构效应,我们还需要控制财政转移支付与本地自有财政收入这一总量效应。具体的计量模型设定如下:

$$Y\_edu_{i,c,t} = \alpha + \beta_1 R\_trans_{i,c,t} + \beta_2 (trans_{i,c,t} + revenue_{i,c,t}) + \delta X_{i,c,t} + \eta_t + \lambda_c + \varepsilon_{i,c,t} \tag{2}$$

其中:$R\_trans_{i,c,t}$表示财政转移支付占财政转移支付与本地自有财政收入之和的比重,预期回归系数β_1显著为正,意味着相对于本地自有财政收入而言,财政转移支付能够为本地区居民长期受教育水平带来正向的结构效应,反映财政转移支付为本地区居民长期受教育水平带来的额外效应;$trans_{i,c,t} + revenue_{i,c,t}$表示财政转移支付与本地自有财政收入之和,反映的是总量效应。

第四节 实证检验与结果分析

一、基准回归结果与分析

财政转移支付对居民长期受教育水平的结构效应在表6-2中得到了证实。所有回归均控制了地区(县、市、区)固定效应、出生年份固定效应,并将回归标准误聚类到县(市、区)层面。第(1)列显示了财政转移支付对居民长期受教育水平的影响,发现回归系数在5%的置信水平下显著为正,说明上级拨付的财政转移支付对本地区处于义务教育阶段的居民而言,有效地提升了其长期受教育水平,这在很大程度上确定了财政转移支付的积极作用。进一步,我们比较上级拨付的财政转移支付与本地区自有财政收入对居民长期受教育水平的影响,以观察不同财政资金来源的作用差异。第(2)列加入了本地居民在义务教育阶段所能够受益的本地自有财政收入,发现财

第六章 教育财政的中央保障：基于转移支付的研究

政转移支付的回归系数依然显著为正，且本地自有财政收入的回归系数显著为负，显然前者的回归系数大于后者，说明相对于本地自有财政收入而言，财政转移支付对本地居民长期受教育水平的影响远远大于本地自有财政收入的影响，或者说财政转移支付发挥着更大的作用。其背后的原因在于，财政转移支付相当于产生了一种收入效应，对地方政府产生了一种可替代性的激励（费雪，2000），使得财政转移支付具有了加大用于教育类支出的激励，即县级政府更愿意将财政转移支付用于教育领域（成刚和萧今，2011）。与此同时，本地区自有财政收入对居民长期受教育水平具有负面影响，主要体现在其具有税收成本，在资金使用过程中更加注重短期的经济效益，在教育投入中的激励不足，以至于不利于本地区居民长期受教育水平的提升。

在此基础上，我们继续观察财政转移支付的结构效应，即居民在义务教育阶段所受益的财政转移支付在财政转移支付与本地自有财政收入中所占的比重对居民长期受教育水平的额外影响。第（3）列显示了反映结构效应与总量效应的回归结果，发现其总量效应依然为负，但财政转移支付的结构效应为正，且在1%的置信水平下显著，再一次肯定了财政转移支付的独特作用，或者说验证了财政转移支付的结构效应的存在性。进一步，为了排除个体或家庭层面对受教育水平的影响因素，我们在第（4）列加入了居民个体与家庭层面的控制变量，财政转移支付所占的比重这一回归系数依然显著为正。当然，地区层面的宏观因素也是影响居民长期受教育水平的重要因素，我们继续纳入能够吸收地区层面因素的变量如地区经济发展水平与财政供养人口。第（5）列回归包含个体与家庭层面因素、地区宏观因素在内的控制变量，发现反映财政转移支付的结构效应的回归系数稳定在1.6465，且在1%的置信水平下显著为正，说明了财政转移支付在本地财政总收入中所占的比重越高，其对本地区居民长期受教育水平的影响越大。更准确地讲，这说明了财政转移支付对提升居民长期受教育水平具有额外的效应，即居民在义务教育阶段所受益的财政转移支付，其所占的比重每提升1个百分点，则为本地区居民的受教育年限至少额外增加0.2年。这一结果确认了财政转移支付对人力资本水平的贡献，进而也可能对居民的长期收入水平具有积极作用，如有研究发现受教育年限每增加1年，则其收入上升约6—10个百分点（Acemoglu，2008）。

表6-2　　　　　　　　　　基准回归检验

变量	受教育水平				
	(1)	(2)	(3)	(4)	(5)
R_trans			2.1208*** (0.4627)	1.5803*** (0.4033)	1.6465*** (0.4065)
trans	0.0950** (0.0459)	0.2055*** (0.0467)			
revenue		-0.4753*** (0.0488)			
trans&revenue			-0.2356*** (0.0580)	-0.2036*** (0.0493)	-0.1804*** (0.0511)
sex				-0.1104*** (0.0157)	-0.1105*** (0.0158)
ethnic				0.2915*** (0.0467)	0.2927*** (0.0467)
hukou				-1.7938*** (0.0376)	-1.7923*** (0.0379)
household				-0.1597*** (0.0070)	-0.1605*** (0.0070)
educ_f				0.1702*** (0.0045)	0.1713*** (0.0045)
educ_m				0.1042*** (0.0042)	0.1037*** (0.0042)
lnpgdp					3.7899 (2.5484)
lnsupport					0.0109 (1.4902)
County FE	Yes	Yes	Yes	Yes	Yes
Cohort FE	Yes	Yes	Yes	Yes	Yes
Obs	82576	82576	82576	84528	81372
R-squared	0.306	0.307	0.306	0.449	0.433

注：*、**、***分别表示10%、5%和1%的显著水平，小括号内报告的是标准误，且标准误聚类到县级层面。

在控制变量方面,发现女性的受教育水平相对较高,其原因不外乎对于男女教育平等的认识以及高等教育的普及等因素;少数民族的受教育水平依然相对较低,未来依然需要继续加大对少数民族地区的教育投入;居民在户口类型方面,发现非农业户口的受教育水平明显高于农业户口,说明了我国城乡教育差距的存在性与严重性;在家庭人口方面,发现家庭人口越多,其居民个人能够获得的可分配的教育资源相对就越少,依然说明了控制一定人口数量的重要性;发现父亲与母亲的受教育水平对个体的长期受教育水平具有显著的正向影响,且父亲与居民个体的教育水平关联强于母亲与居民个体的关联。另外,在宏观变量层面,发现地区经济发展水平与财政供养人口的回归系数在统计上均不显著,其中,地区经济发展水平这一因素对个体的长期受教育水平可能在不同地区存在不同的影响,当然也可能与本章所使用的数据结构有关联;财政供养人口这一因素对其影响可能存在以下两个原因:一是财政地区供养人口越多时,可能在一定程度上制约着地方的可用财力,即部分财政资金被用于"保工资""保运转"等支出,以至于挤占了部分财政资金用于教育领域的支出,进而不利于居民个体的长期受教育水平的提升;二是财政地区供养人口越多时,可能意味着服务于教育领域的人员队伍充足,进而促进着居民个体的长期受教育水平的提升。因此,上述两个原因可能同时存在,以至于影响了该回归系数的显著性。

二、财政转移支付分类型检验

我们继续从财政转移支付所包含的税收返还、一般性转移支付和专项转移支付三大类型作分类检验。税收返还是地方政府可以完全预期的收入,理论上并不具有维护地区间均衡发展的职责,但是税收返还在分税制改革初期,在地方所获得的转移支付总额中依然占据着较大的比重,例如,1995年的税收返还占财政转移支付总额的约73.7%,2000年也有46.5%,其份额影响着财政转移支付在地区财政总收入中所占的比重,进而影响着财政转移支付的作用。因此,我们依然需要考虑此类转移支付的作用。同时,其他两类转移支付如一般性转移支付和专项转移支付,在理论与实践层面均承担着维护地区间基本公共服务均等化的职责。不同类型的财政转移支付具有不同的功能,进而使得不同类型的财政转移支付对居民长期受教育水平的影响也不同,其结构效应亦是如此。于是,我们重点关注不同类型的财政转移支付对居民长期受教育水平的结构效应。

表6-3显示了不同类型的检验结果。其中,第(1)列显示了税收返还的回归结果,发现税收返还占税收返还与本地自有财政收入的比重,其回归系数为0.3018,系数虽然为正但统计上并不显著,这就说明了在分税制改革初期,税收返还的占比虽然较大,但也属于地方政府几乎可以完全预期的收入,或者说税收返还与地方政府自有收入的差异并不明显,以至于对教育投入的激励相对不足。第(2)列显示一般性转移支付占一般性转移支付与本地自有财政收入的比重,其回归系数为0.0187,同样系数虽然为正但在统计上并不显著,说明具有多类型、多目标综合的一般性转移支付对本地区居民长期受教育水平的结构效应并不明显[①],可能的原因是该口径中包含着大量非教育使用方向的转移支付类型,以至于该口径转移支付的额外作用并不明显。与此相反,具有资金专款专用且不可挪用性质的专项转移支付,其包含的具有教育使用方向的资金对地方政府的支出偏向形成有效的制约,从而引导地方政府投资的方向(Shah,2006),进而有利于提升居民的长期受教育水平。第(3)列显示了该回归结果,发现其回归系数为0.8211,且在1%的置信水平下显著为正,这意味着专项转移支付的结构效应的确是存在的,说明各类型财政转移支付中,只有具有专款专用性质的专项转移支付发挥了积极作用(对居民长期受教育水平的结构效应),也就是说,居民在义务教育阶段所受益的专项转移支付在地方财政总收入中所占的比重每提升1个百分点,则为本地区居民带来额外的约0.82年受教育年限。

进一步,我们考虑到不同自由使用权限的财政转移支付对地方政府具有的不同制约作用,即部分财政转移支付具有可自由支配权,部分财政转移支付不具有可自由支配权,不同的支配权限在一定程度上可能也会影响居民长期受教育水平。这里借鉴尹恒和朱虹(2011)的研究思路,将税收返还、原体制补助、一般性转移支付、民族地区转移支付、取消农业特产税、降低农

[①] 当然,这也可能与本章的研究样本时间范围有关,因为本章的研究时间范围限定在1994—2009年,而部分关于教育转移支付从专项转移支付调整到一般性转移支付的改革是在2009年以后,故尚不能捕捉改革后的效果。

业税率转移支付和缓解县乡财政困难转移支付等作为可自由支配的财政转移支付。第（4）列显示了地方政府可自由支配的财政转移支付的回归结果，显示可自由支配的财政转移支付占地方财政总收入的比重，其回归系数为 -0.0586，系数为负但在统计上也不显著，说明该类财政转移支付并未发挥其结构效应。结合上述各类型财政转移支付的回归结果，我们可以得到一个重要启示，就是具有专款专用性质的、以解决急需性或急迫性等问题而设置的专项转移支付，在解决教育领域的相关问题时具有较为突出的作用，或者说在教育领域，财政转移支付的类型以具有指定用途且不可挪用的专项转移支付较为合适。

表 6-3　　财政转移支付分类型检验与教育类转移支付检验

变量	转移支付分类型				估算的教育类转移支付
	税收返还	一般性	专项	可自由支配	教育类（总）
	（1）	（2）	（3）	（4）	（5）
R_trans					0.7271***
					(0.2247)
R_tax	0.3018				
	(0.3609)				
R_general		0.0187			
		(0.1057)			
R_special			0.8211***		
			(0.2467)		
R_domination				-0.0586	
				(0.0927)	
Θ&revenue	-0.3861***	-0.1714***	-0.2941***	-0.3050***	-0.3149***
	(0.0472)	(0.0584)	(0.0489)	(0.0668)	(0.0461)
Controls	Yes	Yes	Yes	Yes	Yes
County FE	Yes	Yes	Yes	Yes	Yes
Cohort FE	Yes	Yes	Yes	Yes	Yes
Obs	80633	65133	80820	58447	81372
R-squared	0.427	0.414	0.433	0.365	0.434

注：*、**、*** 分别表示10%、5%和1%的显著水平，小括号内报告的是标准误，且标准误聚类到县级层面。Θ&revenue 表示分类型的财政转移支付与本地自有财政收入之和。

另外，受现有公开数据的限制，我们尚找不到各地区教育类财政转移支付的数据，而仅能以各类型财政转移支付总额表示，以至于很难观察到纯粹的教育类财政转移支付的作用。为了突出教育类财政转移支付的独特作用，这里借鉴范子英（2020）的研究方法，即估算出教育类财政转移支付数据，其核心思想在于剥离出各类型财政转移支付中含有的教育类财政转移支付[①]。具体地，一是从一般性转移支付中剥离出教育转移支付部分；二是从专项转移支付中剥离出教育专项部分；三是考虑到前述处理过程可能存在一定的偏差，进而我们计算加总的教育类转移支付[②]。在剥离后的数据处理上，过程与前文的处理方法保持一致：以剥离出的教育转移支付与教育专项转移支付之和占（二者与本地自有收入之和）的比重作为核心解释变量。具体回归结果如表6-3的第（5）列所示，即检验的是加总的教育类转移支付（即从一般性转移支付和专项转移支付中剥离出的教育转移支付和教育专项转移支付），发现该教育类转移支付所占比重这一回归系数为0.7271，且在1%的置信水平下显著为正，虽然回归系数略小于基准回归结果，但其系数符号与显著性均与基准回归结果保持一致。说明教育类财政转移支付对居民个体长期受教育水平的积极作用的存在性。

[①] 在一般性转移支付中，利用财政部最近公开的2016—2018年央地转移支付细分类型数据（仅有且可利用的省级层面公开数据），测算这三个年份各地区义务教育转移支付占一般性转移支付的比重，发现各地区该比重在这三年中非常稳定，然后取这三年比重的均值，再利用该比重进行倒推，得到各省各年一般性转移支付中用于义务教育的部分。在专项转移支付中，因为财政部门为了应付转移支付的改革需求，自2009年逐步将部分专项转移支付并入一般性转移支付，造成所谓的一般性转移支付的"专项化"，如教育转移支付就被调整到一般性转移支付；具体的识别过程：首先，基于最近公开的数据，发现2008年专项转移支付中的教育资金有613.83亿元，而2009年该类资金仅有448.86亿元，这中间的差值基本上就是划分到一般性转移支付的数额（教育转移支付），该数额约占专项转移支付的1.85%；然后，对专项转移支付中用于教育部分进行剥离处理，具体与义务教育转移支付的处理过程类似，差别在于此系数需要均值加上当时划分到一般性转移支付的教育转移支付的比重即1.85%，进而得到各省各年专项转移支付中用于教育的部分。其中需要说明的是，教育专项包括支持学前教育发展资金、农村义务教育薄弱学校改造补助资金、改善普通高中学校办学条件补助资金、中小学及幼儿园教师国家级培训计划资金、支持地方高校发展资金、现代职业教育质量提升计划专项资金、特殊教育补助经费、学生资助补助经费、地方高校生均拨款奖补资金。数据主要来源于：财政部的中央对地方转移支付管理平台以及历年中央对地方税收返还和转移支付决算表。

[②] 因为2009—2016年财政部门持续将教育类专项转移支付划入一般性转移支付，从而对前文重估过程结果造成了的低估。于是，我们重新计算了加总的教育类转移支付额度。首先计算教育类转移支付占两类转移支付的比重，即（教育类一般性转移支付+教育类专项转移支付）/转移支付总额（不含税收返还）；然后用该比重倒推1994—2009年的教育类转移支付。

三、稳健性检验

(一) 调整被解释变量

原问卷中涉及居民个体的教育水平是以学历作为级别分类的,为了便于解释与比较,基准回归结果将其转换为具体的受教育年限。为了进一步比较变量在不同设置下的回归结果,我们选择将被解释变量作进一步调整,借鉴现有研究做法(Chen et al., 2020),即在受教育年限设置的基础上取对数处理。表 6-4 的第(1)列显示了取对数后的回归结果,发现财政转移支付所占比重的回归系数为 0.1674,且在 1% 的置信水平下显著为正;根据描述性统计中受教育年限的均值为 9.9731,进而我们得到量化结果为 1.8174,再一次验证了财政转移支付的结构效应,即居民在义务教育阶段所受益的财政转移支付占地方财政总收入的比重每提升 1 个百分点,则能够为本地区居民长期受教育水平带来额外的 0.2 年受教育年限。该结果与基准结果基本保持一致,依然支持本章的研究结论。

表 6-4 稳健性检验

变量	取对数	含在校生	不含辍学或肄业	控制变量的三次项	调整聚类标准误		
	(1)	(2)	(3)	(4)	(5)	(6)	(7)
R_trans	0.1674***	6.7359***	1.6322***	1.1285***	1.6465**	1.6465***	1.6465**
	(0.0531)	(0.5464)	(0.4133)	(0.4075)	(0.5931)	(0.4766)	(0.6817)
trans&revenue	-0.0107	-0.2655***	-0.1834***	-0.0108	-0.1804*	-0.1804***	-0.1804**
	(0.0069)	(0.0601)	(0.0513)	(0.0494)	(0.0897)	(0.0623)	(0.0694)
Controls	Yes	Yes	Yes	Yes	Yes	Yes	Yes
County FE	Yes	Yes	Yes	Yes	Yes	Yes	Yes
Cohort FE	Yes	Yes	Yes	Yes	Yes	Yes	Yes
Obs	81372	165865	79071	81372	81372	81372	81372
R-squared	0.359	0.548	0.437	0.426	0.433	0.433	0.433

注:*、**、*** 分别表示 10%、5% 和 1% 的显著水平,小括号内报告的是标准误,且标准误聚类到县级层面,其中:第(5)—(7)列分别是县与年份双向聚类、市级聚类、省级聚类。

(二) 研究样本变更

正如前文所述，2010年人口普查时，部分研究样本尚处于在校阶段，即并未完成正规教育，而在校生的教育水平尚有提升的空间，以至于排除在校生样本可能会对本章结果带来一定的低估，就是在校生在未来可能会具有更高的教育水平或者说现在就处在较高的教育水平，也就是说，财政转移支付的结构效应可能会更强。因为我们必须按照已经毕业的（即教育水平不再变化的），且具有可比性的研究样本，故基准回归结果并未包含在校生样本。为了进一步增强研究的完整性与回归结果的稳健性，我们考虑将在校生也纳入进来。第（2）列显示了含在校生的回归结果，发现财政转移支付所占比重这一回归系数为6.7359，相比于基准回归结果，该系数更大。我们从回归样本中也可以看到，样本量有大幅增加，且这些样本中有相当部分已处于较高的教育水平而尚未毕业。尽管如此，依然证实了财政转移支付的结构效应的存在性，并不改变本章的研究结论。

另外，人口普查问卷中关于学业完成情况包括在校、毕业、肄业、辍学等，在校生则可能存在中途退学或继续升学深造的问题，而毕业、肄业与辍学均可视为学业基本完成。但是，中途辍学或肄业的个体在义务教育阶段可能并未完全受益于财政转移支付的影响，或者说，仅部分受益于财政转移支付的影响。为了排除辍学或肄业类似的情形可能对本研究的干扰，我们进一步考虑将辍学或肄业的研究样本进行剔除处理。具体如第（3）列所示，发现财政转移支付所占比重这一回归系数为1.6322，且在1%的置信水平下显著为正，与基准回归结果基本类似，同样也不改变本章的研究结论。

(三) 加入控制变量的三次项

为了控制个体或家庭层面的因素对个体长期受教育水平的影响，基准回归均加入了个体与家庭层面的变量。我们不可忽视的是，这种个体层面的控制变量对结果变量是否存在特定的时间趋势？或者说，控制变量在时间趋势上对结果变量存在特定的影响，以至于影响核心解释变量的作用。为了验证这一点，我们借鉴现有研究做法（Li et al., 2016），对每一个控制变量分别乘以一阶、二阶、三阶的时间趋势项，并将含有高阶项的控制变量放入回归方程。具体回归结果如表6-4的第（4）列所示，发现财政转移支付所占的比重这一回归系数为1.1285，虽然该系数略小于基准回归结果，但依然在1%的置信水平下显著为正。说明考虑了控制变量对结果变量存在的特定的时间趋势，也依然证实了财政转移支付的独特作用。

（四）调整聚类标准误

为控制回归系数的有偏性，本章均聚类到了县级层面，但本研究是基于出生年份的非平衡面板，地区内部以及时间维度的标准误也可能存在偏误，为了控制各维度残差的序列相关性，我们借鉴现有研究做法（Moretti and Wilson，2017），考虑加入地区与出生年份双向聚类标准误。需要说明的是，由于出生年份的个数仅有24个，相对于地区数量而言，出生年份相对较少，且双向聚类回归时可能会使得更多的元素用以修正标准误，进而影响回归结果的准确性，故仅将其作为稳健性检验处理。第（5）列显示了双向聚类标准误的回归结果，发现核心解释变量即财政转移支付所占的比重这一回归系数，在5%的置信水平下显著为正，虽然显著度有所降低，但依然支持了本章的研究结论。进一步，为了强化聚类标准误回归结果的稳健性，我们分别在第（6）列与第（7）列检验了市层面与省层面的聚类标准误，发现财政转移支付所占的比重这一回归系数分别在1%与5%的置信水平下显著为正，同样支持本章的研究结论，并再一次验证了基准回归结果的稳健性。

四、基于性别与贫困地区分组回归

（一）分性别检验

2009年达沃斯世界经济论坛年会举办了一场"发展中的女孩效应"的讨论，指出不发达地区的失学少年有70%为女孩，引发了对性别歧视的广泛关注。在我国，受传统生育观念的影响，男孩作为传宗接代的象征，导致父母愿意将更多的资源投入到男孩的教育，而女孩的教育则相对受到冷遇，有证据表明我国辍学儿童中有70%也是女孩。显然，依赖于家庭教育资源投入，很难改变男女性别教育差距的问题。对于低收入群体而言，以政府为主导的公共教育投入在一定程度上形成了对家庭教育资源投入的替代，有助于消除家庭教育投入不足的困境（李力行和周广肃，2015），显然这也有利于平衡家庭对性别间教育投入的差异。基于此，我们观察不同性别在财政转移支付的结构效应下的影响。表6-5的第（1）列与第（2）列分别显示了男性与女性的分组检验结果，发现财政转移支付所占比重这一回归系数在男性组中为1.0174，而在女性组中为2.7011，前者在5%的置信水平下显著为正，后者在1%的置信水平下显著为正，且后者明显大于前者，意味着财政转移支付的结构效应在女性组中的作用更为突出。也就是说，财政转移支付主要对女性的教育水平带来额外的效应。出现这一情况的原因，可能在于女性相对于男性而言，在家庭教育资源投入不足的条件下，以政府为主导的财政转移支付恰好弥补了这种家庭教育资源在性别间投入的不均衡，助其摆脱教育投入不足的困境，进而吸收了财政转移支付的结构效应。

（二）分贫困地区检验

为了解决贫困地区的脱贫问题，我国在1985年就设置了国家级贫困县制度，对符合贫困条件的地区实施重点扶持与照顾。1994年将国家级贫困县扩展到了"老少边穷"地区，即以中西部地区为主的革命老区、少数民族聚集区、边疆地区以及特困地区等，虽然在随后的时间里又对国家级贫困县的名单进行调整，但基本维持在592个县。针对贫困地区的扶贫问题，尤其是教育扶贫，我国实施了类似于专项计划的《国家贫困地区义务教育工程》，还有《国家西部地区"两基"攻坚计划（2004—2007年）》等。这些针对教育类的扶贫活动，均涉及专门用于教育项目的支出。那么，基于国家级贫困县为代表的教育扶贫能否带来额外的效应则是我们重点关注的内容。于是，我们引入国家级贫困县，即以该地区是否是国家级贫困县作为分组标准。具体检验结果如表6-5的第（3）列与第（4）列所示。回归结果显示，财政转移支付所占比重这一系数在国家级贫困县为0.3301，系数虽然为正但在统计上并不显著，而在非国家级贫困县中该系数为1.9626，且在1%的置信水平下显著为正。说明财政转移支付在国家级贫困县并未带来明显的结构效应，即财政转移支付并未对居民的受教育年限带来额外的增加，反而在非国家级贫困县具有显著的结构效应，或者说非国家级贫困县吸收了财政转移支付的结构效应。

这一结果似乎与预期相反,因为国家级贫困县获得了大量的财政转移支付,且相当程度的财政资金是用于教育领域。其背后的原因可能是用于教育类的扶贫资金并未得到有效的利用,如对于约束贫困地区适龄儿童入学和完成义务教育的农民交不起学杂费问题,当地政府却并未采取有效的措施(国家统计局农村社会经济调查总队,2001),而且财政资金的使用还呈现出管理混乱、分散,挤占和挪用等情况。因此,未来需要进一步完善贫困地区教育资金的管理和使用情况。

表 6-5　　　　　　　　　　　分组检验

变量	男性 (1)	女性 (2)	国家级贫困县 (3)	非国家级贫困县 (4)
R_trans	1.0174** (0.4725)	2.7011*** (0.6367)	0.3301 (0.9618)	1.9626*** (0.4418)
trans&revenue	-0.1530*** (0.0586)	-0.1802** (0.0838)	-0.3796*** (0.1309)	-0.1838*** (0.0554)
Controls	Yes	Yes	Yes	Yes
County FE	Yes	Yes	Yes	Yes
Cohort FE	Yes	Yes	Yes	Yes
Obs	49312	31916	14912	66460
R-squared	0.418	0.495	0.356	0.437

注:*、**、***分别表示10%、5%和1%的显著水平,小括号内报告的是标准误,且标准误聚类到县级层面。

五、其他因素的影响

本地区所获得的财政转移支付取决于多种因素,其中,税收返还取决于本地区与上级政府的税收分享基数与分享比例;一般性转移支付取决于本地区标准收入与标准支出的差额,还有调整系数的设置等,专项转移支付取决于中央事权与央地共同事权,还有是否配套以及配套比例等因素。进一步,财政转移支付在本地区地方财政总收入所占的比重,还与本地区自有财政收入有关,故本章的核心解释变量由一系列的复杂性、宏观性因素等决定。显然,本地区居民个体的教育水平很难影响到财政转移支付在本地区地方财政总收入所占的比重。但是，我们不能排除其他因素如混合性因素的影响，即同时可能会影响被解释变量与核心解释变量。

第一，控制变量与出生年份的交互固定效应，放松平行趋势假定。我们借鉴现有研究做法（Duflo，2001；Li et al.，2016；刘畅等，2020）的研究，在回归模型中加入控制变量与出生年份固定效应的交互项，以吸收控制变量在个体不同出生年份对被解释变量的影响差异，这类似于条件平行趋势假定。具体回归结果如表6-6的第（1）列所示，显示财政转移支付所占的比重这一回归系数为0.6636，且在10%的置信水平下显著为正，尽管该系数小于基准回归结果，但其系数符号并未改变，依然支持本章的研究结论。

表6-6　　　　　　　　　　其他因素的检验

变量	控制变量与出生年份交互	实施义务教育年份	免费义务教育	1983—2003年	支出偏向	发展程度
	(1)	(2)	(3)	(4)	(5)	(6)
R_trans	0.6636 * (0.3718)	1.5392 *** (0.4111)	1.6637 *** (0.4048)	2.4639 *** (0.5266)	1.6483 *** (0.5239)	1.6467 *** (0.4065)
trans&revenue	-0.0576 (0.0478)	-0.1655 *** (0.0510)	-0.1779 *** (0.0505)	-0.2730 *** (0.0576)	-0.2136 *** (0.0693)	-0.1805 *** (0.0511)
Controls * Cohort FE	Yes					
implementation		Yes				
freeedu			Yes			
bias					Yes	
develop						Yes
Controls	Yes	Yes	Yes	Yes	Yes	Yes
County FE	Yes	Yes	Yes	Yes	Yes	Yes
Cohort FE	Yes	Yes	Yes	Yes	Yes	Yes
Obs	81416	81372	81372	69974	47803	81372
R-squared	0.448	0.433	0.434	0.433	0.460	0.433

注：*、**、*** 分别表示10%、5%和1%的显著水平，小括号内报告的是标准误，且标准误聚类到县级层面。

第二，控制各地区实施义务教育的时间。由于我国地区间经济社会发展的不均衡，以及长期的历史因素、地理因素等情况，可能也会影响着各地区对于上级政府的政策执行时间与力度，在教育政策方面也是如此。为了保障适龄儿童、少年接受义务教育的权利，保证义务教育的实施，提高全民族素质，我国根据宪法和教育法制定了《中华人民共和国义务教育法》，实施时间是在1986年7月1日。但是，由于各地区教育发展程度的不同，还有财政教育经费安排能力的不同，不同省份在落实该法的时间也有所不同，部分省份实施的较早，如1985年（浙江省），部分省份在1986年实施，而部分省份实施的较晚，如1994年以后才开始实施。因此，不同地区落实义务教育法实施的时间不同，其对居民个体长期受教育水平的影响也可能不同。为了排除不同地区落实时间的差异，我们加入了各省份落实义务教育法的时间因素。第（2）列显示包含各省份落实时间的回归结果，发现财政转移支付所占的比重这一回归系数为1.5392，且在1%的置信水平下显著为正，与基准结果相比基本保持一致，这就说明考虑了不同地区落实义务教育法的时间差异之后，并未影响本章的研究结论。

第三，控制免费义务教育因素。1986年版的《义务教育法》规定"国家对接受义务教育的学生免收学费"，这是首次将免费的义务教育以法律的形式颁布出来，但受国家与地方的财力以及教育财政体制的限制，学生接受的并非是免费的义务教育，而是承担学杂费的义务教育，如义务教育经费来源就包括学生缴纳的学杂费。显然，这对家庭经济困难的学生而言，是一种相当沉重的负担。随着国家经济的发展，财力逐步得到了保障，教育财政体制也得到了调整，我国开始实施真正意义的免费义务教育，如2006年修订的《义务教育法》规定"实施义务教育，不收学费、杂费"，并在法律上确认义务教育经费的归属问题，即"国家将义务教育全面纳入财政保障范围"，这就为实施真正意义的免费义务教育提供了财力保障。当然，这种免费的义务教育改革并非是"一刀切"式的改革，它是一个逐步推进的过程，如2006年首先在西部地区农村义务教育阶段中小学生全部免除学杂费，2007年在中部地区和东部地区农村义务教育阶段中小学生全部免除学杂费，2008年秋季学期开始在全国范围内全部免除城市义务教育阶段学生学杂费。至此，我国进入了免费义务教育阶段。

为了排除免费义务教育的因素,我们根据各区域实施免费义务教育的时间差异构造新变量,如2006年在西部农村地区率先推行,2007年在中部和东部的农村地区推行,到2008年秋季在全国范围内推广。那么,按照年龄倒推则1992年及以后在西部农村地区出生的个体会受益,故设属于西部地区的在1992年及以后出生的且户籍性质为农业户口的为1,属于中部和东部地区的在1993年及以后出生的且户籍性质为农业户口的为1,还有出生年份在1994年及以后的为1,其他为0,以此新变量吸收免费义务教育的因素。具体回归结果如表6-6的第(3)列所示,发现财政转移支付所占的比重这一回归系数为1.6637,且在1%的置信水平下显著为正,与基准结果相比基本保持一致,说明了考虑了免费义务教育因素后,回归结果依然支持本章的研究结论。

第四,控制高校扩招的因素。该政策是1999年开始的,基于解决经济和就业问题的扩大普通高校本专科院校招生人数的教育改革政策。实际上,本章的研究样本时间范围基本上都会受到该政策的影响,但高校扩招是针对高等教育的政策,也就是说,它主要改变的是高校的录取人数。而义务教育是我国长期发展的一项基本国策,很难受到高等教育扩大招生的影响,尽管如此,我们依然考虑了高校扩招的影响。现有研究关于排除高校扩招的影响,主要采取了断点回归的方法(秦雪征等,2018),本研究受数据限制很难做到这一点。但是,我们可以根据受益时间的因素,或者断点回归的思想,确定主要受到高校扩招影响的或者冲击最大的应该是1981年出生的个体,因为该出生年份的人群在1999年应该参加高考。与此同时,我们还需要考虑出生年份在1980年与1982年的个体其可能由于出生年月或留级等因素也在该年份参加高考,于是我们将出生年份在1980—1982年的个体视为影响最大的群体。为排除高校扩招的影响,我们考虑排除出生年份在1980—1982年的个体,以平衡或弱化高校扩招的冲击。第(4)列显示了该回归结果,发现财政转移支付所占的比重这一回归系数为2.4639,且在1%的置信水平下显著为正,这一回归系数略大于基准回归结果,说明排除了受到高校扩招影响最大的群体后,其效应依旧存在且还略大于原结果,说明高校扩招这一因素对本章的研究结论并不构成系统性影响。

第五,控制地方政府的支出偏向。理论上转移支付制度不仅应该具有平衡政府间财力差距的作用，前任财政部长楼继伟认为还应该具有设立执行政策的财力激励作用（刘克崮和贾康，2008），即还应该存在引导地方政府执行特定政策的要求，如地区间基本公共服务均等化。然而，部分研究发现现有的财政转移支付制度并未体现其政策激励效果（李永友和沈玉平，2009），包括并未形成对社会性公共产品的供给激励（李永友和张子楠，2017）。一个重要原因是，受地方政府竞争的影响，地方政府普遍存在支出偏向行为，即偏向于投入生产建设性支出（尹恒和朱虹，2011），而人力资本投资则相对不足（周黎安，2007；傅勇和张晏，2007）。也就是说，在经济增长目标的压力下，部分转移支付可能被挪用和挤占（尤其是一般性转移支付），致使公共服务均等化的目标难以实现（伏润民等，2008）。上述研究的主要观点就是地方政府的支出偏向影响着地方政府的人力资本支出，即影响着地方政府的教育支出激励，进而影响着地区居民的长期受教育水平。同时，地方支出偏向与地方的收支结构存在着紧密的关联，进而可能还影响着地方政府的资金来源结构，如影响着获得的财政转移支付规模。因此，我们需要在实证检验中控制地方支出偏向的因素，与现有文献保持一致，这里以地方政府的基建支出在总支出所占的比重表示地方支出偏向，表6-6的第（5）列显示了加入地方支出偏向后的回归结果，发现财政转移支付所占的比重这一回归系数为1.6483，且在1%的置信水平下显著为正，该结果与基准回归结果基本一致，说明控制了地方政府的支出偏向后，并不改变本章的研究结论。

第六，控制地区发展程度。长期以来，我国存在着地区间发展不均衡的状况，这不仅受到地理、历史、文化等因素的影响，还受到不同时期制定的各类政策的影响，以至于形成了不同的发展梯次，而这种地区间存在的发展水平差异，也是影响教育发展的重要因素。就财政转移支付对地区间的作用差异来说，税收返还和专项转移支付比较多的地区一般为财力比较发达的地区，而发达地区的相关特征、教育发展因素（或居民的教育决策）等与欠发达地区相比也具有显著的差异。于是，为了控制不同发展程度的地区对于个体教育决策的影响，以及不同发展程度的地区获得的财政转移支付的差异，我们考虑加入能够吸收地区发展程度的变量。具体的设置方式是以各地区属于国家级贫困县的为0，属于普通县（市）的为1，属于市辖区的为2，这样能够在一定程度上吸收各地区人口结构特征（如城市化人口特征）、人口素质特征（如受教育水平特征）、教育决策偏好等，同时也能吸收财政转移支付特征（如经济较为发达的地区其税收返还也较多）。将该变量纳入回归后的结果如表6-6的第6列所示，发现财政转移支付所占的比重这一回归系数为1.6467，且在1%的置信水平下显著为正，该结果与基准回归结果也基本保持一致，说明控制了地区发展程度后，依然支持本章的研究结论。

六、安慰剂检验：虚假的研究对象

我们在前文验证了财政转移支付存在的结构效应，即财政转移支付为居民长期受教育水平带来额外的影响。但是，我们尚不能完全处理掉财政转移支付所占比重与居民长期受教育水平间可能存在的内生性问题，毕竟财政转移支付与本地居民的教育水平发展具有一定的关联。在此，我们采取安慰剂实验的方法尝试解决这一问题。该安慰剂的核心思路就是财政转移支付制度的实施与个体所处的出生年份相匹配，也就是说，如果该个体所属的出生年份在义务教育阶段受到了财政转移支付制度的影响，则该类样本就属于被影响的样本，反之，如果该个体所属的出生年份在义务教育阶段并未受到财政转移支付制度的影响，则该类样本就不属于被影响的样本。因此，我们需要寻找不在当期财政转移支付受益范围的虚假个体，也就是说，他们并未受到财政转移支付制度的影响。进而，如果该回归系数依然显著为正，则说明内生性较为严重，或者说财政转移支付的结构效应并不是完全确定的。

具体处理过程为：首先，剔除1980年以后出生的原样本，仅保留1980年以前出生的样本，为实现前后真假样本跨期时间的良好匹配，将虚假样本的出生时间定为1957—1979年出生的个体，即将实际未受到财政转移支付影响的个体作为研究对象；其次，人为地将该年龄段的每一个个体出生年份加23，得到虚假的出生年份；最后，与真实的财政转移支付数据、本地自有财政收入数据进行匹配（具体方法与基准回归的处理保持一致），得到核心解释变量即财政转移支付占地区财政总收入的比重。具体回归结果如表6-7

所示①。在第（1）列我们观察财政转移支付占地区财政总收入的比重的回归，发现该系数为 -1.5656，系数为负但在统计上并不显著，同样说明了未受到财政转移支付制度影响的个体，财政转移支付也就不会为其带来额外的教育水平提升。

表 6 -7　　　　　　　　　　　安慰剂检验

变量	转移支付比重			税收返还比重	一般性转移支付比重	专项转移支付比重
	(1)	(2)	(3)	(4)	(5)	(6)
R_trans	-1.5656 (1.1045)	-0.0884 (1.7540)	-0.7894 (1.3447)			
R_tax				0.8949 (0.7514)		
R_general					-0.3785 (0.6388)	
R_special						-0.1095 (1.0756)
Θ&revenue	-0.2979** (0.1291)	0.0076 (0.1892)	-0.3476* (0.1890)	0.1119 (0.1519)	0.1964 (0.1929)	0.0539 (0.1722)
Controls	Yes	Yes	Yes	Yes	Yes	Yes
County FE	Yes	Yes	Yes	Yes	Yes	Yes
Cohort FE	Yes	Yes	Yes	Yes	Yes	Yes
Obs	19971	5920	13550	5765	5701	5886
R - squared	0.464	0.297	0.248	0.423	0.427	0.426

注：*、**、*** 分别表示10%、5%和1%的显著水平，小括号内报告的是标准误，且标准误聚类到县级层面。

另外，我们不可忽视的是，虚假样本在1957—1979年出生的个体，包含了"文革"期间可能会受到影响的个体，如"上山下乡"可能会对农村地区的教育发展带来积极的作用（Chen et al., 2020），以至于影响该检验的实际效果。显然，需要在安慰剂部分排除"上山下乡"这一因素的影响，而解决这一

---

① 这里需要说明的是，该安慰剂检验样本期间是虚假的出生年份是1985—2003年，而非1980—2003年，原因在于虚假的出生年份在1980—1985年的样本量极少，很难具有代表性。

问题的关键就在于理清"上山下乡"运动的受益主体。知青到农村地区参加劳动，会对农村地区的个体带来影响，如知识的外溢性、医疗的外溢性等，以至于影响这一时间段（农村）个体的受教育水平，但这一因素很难对城镇地区的个体带来实质性的影响。也就是说，这一出生年龄段所面临的"上山下乡"运动，基本上会对农村地区的个体产生一定的影响，而对城镇地区的个体并不会产生较大的影响，故需要从户籍性质上着手处理。于是，我们再将回归分为农村样本和城镇样本，前者以户籍性质为农业户口为主，后者以非农业户口为主。如果财政转移支付所占的比重对城镇个体的影响显著为正，则说明本节的安慰剂检验确实受到了"上山下乡"因素的干扰，以至于弱化了安慰剂检验的作用；如果财政转移支付所占的比重对城镇个体的影响并不显著，则本节的安慰剂检验基本就可以排除"上山下乡"因素的干扰。具体地，第（2）列展示了（虚假的）财政转移支付所占的比重对于城镇个体的受教育水平的影响，发现其回归系数为 -0.0884，在统计上依然不显著，意味着本节的安慰剂检验并未受到"上山下乡"因素的制约，本节的安慰剂检验依然有效。同时，第（3）列展示了（虚假的）转移支付所占的比重对于农村个体的受教育水平的影响，也发现回归系数在统计上不显著，再一次验证了安慰剂检验的有效性。第（4）到第（6）列（城镇样本）分别显示了分类型财政转移支付的回归，三者的回归系数均不显著，也表达了类似的结果。总体而言，可以看出财政转移支付对并不会对未受益于该政策影响的个体产生积极影响。

七、内生性问题的处理

尽管前文处理了其他因素的干扰以及安慰剂检验，但依然不能排除其他遗漏变量抑或是反向因果而导致的内生性问题。从数据上看，由于本章使用的原始数据属于截面数据，尽管按照出生年份和所属地区处理成为非平衡面板数据，但并不能控制个体层面的固定效应，且不同地区间的个体可能还存在着较大的差异。从理论上看，一个地区获得的财政转移支付取决于多种因素，其中一个因素就可能与本地区的教育发展水平相关，例如部分地区的教育发展落后，中央层面会倾向于给予更多的财政转移支付，尤其是教育类财政转移支付，进而使得本研究存在着严重的反向因果问题。与此同时，还有可能存在着混合因素而同时影响着该地区获得的财政转移支付以及本地区居民的受教育水平。于是,需要寻求一个较好的工具变量处理上述内生性问题。现有学者及其研究也基本发现,很难为财政转移支付寻找一个较好的工具变量,对本章而言则更是如此,原因在于本章使用的数据并非是财政转移支付总额,而是财政转移支付所占的比重,以至于很难利用现有的工具变量如国家级贫困县(袁飞等,2008;刘畅和马光荣,2015;马光荣等,2016)、国家贫困地区义务教育工程等断点法解决,也很难以财政转移支付的滞后一期、所属地区的中央委员数量(范子英和张军,2013)、全国层面财政转移支付总和与中西部地区哑变量的关联(吴敏等,2019)等解决。因此,考虑到本章的数据结构与研究目的,我们借鉴钟辉勇和陆铭(2015)的研究思路,以辖区内部各地区间的关联作为设定基础,并在本章的数据结构基础上考虑不同出生年份间的差异。

具体地,一是以出生年份和所属省份分组,测算出属于不同出生年份的所属的省份内部,除了某县(市、区)以外其他地区的(财政转移支付占地区财政总收入的比重的)均值作为工具变量;二是以出生年份和所属市分组,测算出属于不同出生年份的所属的市内部,除了某县(市、区)以外其他地区的(财政转移支付占地区财政总收入的比重的)均值作为工具变量。反映总量效应的财政转移支付与本地区自有财政收入之和的内生性问题也是这样的处理方式。上述处理方式满足工具变量的外生性与相关性,其中,在外生性方面,该工具变量含有不取决于本地区层面而取决于更高地区层面的因素,本地区财政转移支付所占的比重很难影响到更高地区层面,即很难影响到除本地区以外其他地区的均值;在相关性方面,本地区获得的财政转移支付数额与同属于更高层级政府的其他地区具有紧密的关联,例如其他地区获得更多的财政转移支付时,本地区也可能会获得更多的财政转移支付,进而各地区间的财政转移支付所占的比重也是紧密相关的。

于是,本章利用上述两个工具变量分别进行检验,以提高实证结果的稳健性。实证检验包含相同的控制变量、市层面固定效应与出生年份固定效应,且聚类到县级层面。检验结果如表6-8所示,在工具变量的检验方面,发现两个工具变量回归的 Shea Partial R^2 虽然相对较小,但 F 统计量均严格大于10,且 K-P F 统计值也较大,证明上述工具变量并不存在弱工具变量问题;同时,不可识别检验的 K-P LM 统计量,其 P 值也均显著地拒绝原假设,证明该工具变量是可识别的。在一阶段回归结果方面,发现财政转移支付所占的比重以及本地区财政总收入基本上显著为正,说明不同出生年份的个体所面临的其他地区获得的财政转移支付越多或者财政转移支付所占的比重越多,则受益于本地区的财政转移支付所占的比重也就越多。在二阶段回归结果方面,发现财政转移支付所占的比重这一回归系数,在省维度与市维度的工具变量上分别为4.0940与2.7277,二者均在1%的置信水平下显著为正,两个维度的工具变量的回归系数符号与显著性与基准回归结果保持一致,进一步验证了本章回归结果的稳健性。

表6-8　　　　　　　　　　　　工具变量检验

变量	二阶段回归			
	省维度		市维度	
	(1)	(2)	(3)	(4)
R_trans	4.0940***		2.7277***	
	(0.6903)		(0.5563)	
trans & revenue	-0.6091***		-0.2160**	
	(0.1184)		(0.0859)	
	一阶段回归			
IV_R_trans	0.9417***	0.0024	0.8489***	0.1694
	(0.0282)	(0.2124)	(0.0211)	(0.1431)
IV_trans & revenue	0.0022	0.8083***	-0.0009	0.6789***
	(0.0033)	(0.0294)	(0.0019)	(0.0242)
Shea Partial R^2	0.1390	0.0666	0.2178	0.1079
F(2,2457)	563.58	400.43	811.22	414.51
Prob > F	0.0000	0.0000	0.0000	0.0000
K-PF statistic	2039.74		1996.53	
K-P LM	3135.62		2819.05	
P-val	0.0000		0.0000	
Controls	Yes		Yes	
City FE	Yes		Yes	
Cohort FE	Yes		Yes	
Obs	81416		81297	
R-squared	0.392		0.398	

注:*、**、***分别表示10%、5%和1%的显著水平,小括号内报告的是标准误,且标准误聚类到县级层面。

第五节 机制检验：对教育支出的影响

政府投资对于提升居民长期受教育水平的重要性不言而喻（Solon, 2004; Mayer and Lopoo, 2008; Chusseau and Hellier, 2011），即人力资本依赖于政府对教育的投入（Kotera and Seshadri, 2017），尤其是对于低技能或低收入群体而言，他们受益于政府投资而得到人力资本的提升，进而促进社会平均收入水平的提升，反过来更利于政府对人力资本有关的教育进行再投资（Fan and Zhang, 2013），从而形成一个良性循环。更直接地说，就是政府对教育支持越多，各群体获益越多，自然也就有利于提升居民的教育水平。以新加坡为例，国家第一大支出项目为国防投资，第二大支出项目就是教育投资，还注重给予青少年平等的教育机会，在教育阶段消除歧视和偏见，结果成就了"每一个学校都是好学校"（Wong, 2012），2016年《世界经济论坛》关于全球综合竞争力的报告显示新加坡国民受教育程度全球最高。

为了检验财政转移支付是否促进了教育支出增加，以及财政转移支付对教育支出的结构效应这一机制，我们构建了一个包含2890个县（市、区）在1994—2009年的面板模型，其中，反映财政转移支付的结构效应的指标以财政转移支付占地方财政总收入（财政转移支付与本地自有财政收入之和）的比重表示。在控制变量方面，控制了地区的GDP以及GDP的平方项反映地区经济发展情况，旨在验证在不同的经济发展阶段，地方政府对于教育的支出呈何种趋势；上述绝对数指标均以人均数量表示，并取对数处理；控制财政供养人口，即控制财政转移支付用于人员费用的支出并取对数处理。另外，研究教育支出问题还会涉及地方政府的支出结构，即需要考虑地方政府的支出偏向问题，借鉴现有研究的普遍做法（尹恒和朱虹，2011），以基建支出占财政支出的比重表示支出偏向。表6－9显示了财政转移支付对教育支出的影响这一检验，所有回归均控制了县（市、区）的固定效应与年份固定效应，并将标准误聚类到县（市、区）层面。

表6-9　　　　　　　　　　　　机制检验

变量	转移支付总额	转移支付	税收返还	一般性转移支付	专项转移支付	联合作用
	(1)	(2)	(3)	(4)	(5)	(6)
trans	0.3117*** (0.0111)					
R_trans		0.1322*** (0.0244)				
R_tax			0.3802*** (0.0488)			0.4196*** (0.0556)
R_general				0.1080*** (0.0215)		0.0690** (0.0342)
R_special					0.1149*** (0.0260)	0.6357*** (0.0572)
total&revenue		0.5844*** (0.0132)				
tax&revenue			0.2699*** (0.0144)			0.2110*** (0.0279)
general&revenue				0.4338*** (0.0126)		0.4449*** (0.0166)
special&revenue					0.3319*** (0.0125)	-0.0599** (0.0291)
Controls	Yes	Yes	Yes	Yes	Yes	Yes
County FE	Yes	Yes	Yes	Yes	Yes	Yes
Year FE	Yes	Yes	Yes	Yes	Yes	Yes
Obs	21622	21572	21672	21609	21847	21293
R-squared	0.943	0.956	0.938	0.951	0.942	0.956

注：*、**、***分别表示10%、5%和1%的显著水平，小括号内报告的是标准误，且标准误聚类到县级层面。

首先，我们需要观察财政转移支付本身对地区层面的教育支出的影响，第（1）列显了财政转移支付的回归，发现回归系数为0.3117，且在1%的置信水平下显著为正，说明获得的财政转移支付越多则教育支出可能也越多，意味着本地区获得的人均财政转移支付每提升1个百分点，则本地区用于教育方面的支出会增加 0.3 个百分点。这样，我们就证实了财政转移支付对教育支出的积极作用。接下来，就需要再证明财政转移支付对地区层面的教育支出具有的结构效应。第（2）列显示了财政转移支付的结构效应，发现财政转移支付所占的比重这一回归系数为 0.1322，且在 1% 的置信水平下显著为正，即财政转移支付所占的比重越大，其用于教育支出的资金就越多，意味着财政转移支付所占的比重每提升 1 个百分点，则为本地教育支出额外增加 13 个百分点。说明在给定最终财政资源的前提下，财政转移支付不仅与本地的财政资源一样具有水平效应，而且还具有结构效应，即没有直接税收成本的财政转移支付发挥着比本地财政收入更大的作用。第（3）列到第（5）列的分类型财政转移支付也支持上述观点，且与前文基准回归结果所表达的含义保持一致。另外，考虑到不同类型转移支付之间存在一定的相关性，例如获得税收返还较多的地区，往往其他两种类型转移支付就更少，因此在第（6）列中同时放入了三种类型的转移支付，也验证了财政转移支付所占的比重越大，对教育支出的结构效应就越强的结论，其中，可以看出专项转移支付的作用更大，意味着需要进一步突出专项转移支付对教育支出的积极拉动作用。

本章小结

根据现有关于财政转移支付与本地自有财政收入在教育公共产品供给方面的研究，基本可以确定财政转移支付对地方教育支出的作用更大。然而，鲜有研究将其延伸到财政转移支付的结构效应，以及将研究对象归于微观个体层面。于是，本章利用分税制改革以来的财政转移支付制度，结合宏微观数据研究了财政转移支付对居民个体的长期受教育水平的结构效应，也就是财政转移支付为居民个体带来额外的受教育年限，其中，微观数据来自于 2010 年人口普查数据，宏观财政数据来自于《全国地市县财政统计资料》（1994—2009 年）。具体地，首先匹配个体微观数据与宏观财政数据，以居民个体的出生年份和所在地区为基础，测算出其所属的义务教育阶段所能够受益的财政转移支付，再测算出该财政转移支付在本地区居民所属的义务教育阶段所能够受益的财政总收入（包括本地自有财政收入与财政转移支付），进而以财政转移支付占地方财政总收入的比重作为核心解释变量，该变量系数就反映了财政转移支付的结构效应。实证检验发现，财政转移支付所占比重这一回归系数为1.6465，说明财政转移支付对提升居民长期受教育水平具有额外的效应，也就是说，居民在义务教育阶段所受益的财政转移支付，其所占的比重每提升1个百分点，则为居民的受教育年限至少额外提升0.2年。具体到分类型财政转移支付的检验结果，发现专项转移支付的作用更为突出；同时，根据估算的教育类转移支付进行再检验，也证实了这一结果。在稳健性检验方面，我们通过调整被解释变量、变更样本、调整聚类标准误等一系列检验均支持本章的研究结论。在分组检验方面，主要以性别和贫困地区作为分组条件，发现财政转移支付的结构效应对女性更为明显；在国家级贫困县分组中发现非国家级贫困县的效应明显，而国家级贫困县的效应反而不明显。在考虑其他因素的检验中，我们考察了类似于条件平行趋势假定的检验、不同地区落实义务教育法时间的差异、免费义务教育因素、高校扩招因素，以及地方政府的支出偏向等，回归结果均未改变本章的研究结论。在安慰剂检验中，利用虚假的受益个体检验了财政转移支付的结构效应，发现该结构效应并不存在，进一步支持了本章的研究结论。最后，利用县级财政数据检验了财政转移支付的结构效应的中间机制，即财政转移支付在本地区财政总收入（本地自有财政收入与财政转移支付）的比重为本地区教育支出所带来的额外效应，结果发现财政转移支付所占的比重每提升1个百分点，则为本地教育支出额外增加13个百分点。

  上述研究对我国未来进一步完善财政转移支付制度，以及教育事权和支出责任在不同层级政府间的分配具有重要的指导意义。也就是说，相对于低层级政府而言，高层级政府拨付的财政转移支付对支持本地区教育发展具有更好的作用，这就意味着义务教育阶段的教育事权和支出责任应该进一步上移，使更高层级政府承担主要责任。与此同时，我们看到具有指定用途且难以挪用的专项转移支付对教育支出的积极作用，这就需要进一步完善教育类转移支付，实施更加专业化、精准化的教育转移支付。当然，我们也必须认识到财政转移支付的结构效应在国家级贫困县的作用并不明显，这就需要我们重新审视扶贫类教育资金的合理利用。

| 第七章 |

教育财政的地方保障：基于开征地方教育附加的研究

前文研究了教育财政的中央保障，这里进一步研究教育财政的地方保障问题。随着经济发展水平的逐步提升，国家也越来越重视义务教育这种基础教育在经济社会发展中的作用，为此，投入了大量的财政资金以支持义务教育发展。但是，这种财政资金基本上来源于国家财政性拨款，包括中央和地方的财政投入。与国外不同的是，我国并没有一个专门用于支持义务教育发展的税种，或者说义务教育经费投入没有可以依赖的税种，以至于义务教育经费来源渠道相对较窄。与此同时，我国还存在着地方政府竞争行为，即重生产性支出而轻人力资本投入的动机，以至于义务教育经费投入相对不足。为了扩大义务教育经费来源渠道，缓解义务教育经费投入不足的困境，以省级政府为主导开征地方教育附加作为一个专项融资渠道，用以弥补现有用以教育领域的税费的不足。此外，开征地方教育附加与以往征收的教育费附加具有显著的不同，突出表现在地方教育附加是以省级为主导的，所得收入完全归于地方所有，且是否开征与何时开征基本上也是以省为主，省与市县的分配比例也是由省决定。当然，二者的相同点就是均具有专款专用的性质，即用以发展本地区的义务教育。所以，开征地方教育附加这种专项融资行为，势必会对地方教育发展带来积极影响。

第一节 引 言

我国的义务教育投资体制一直都是"两条腿走路",即国家投入与社会各方面统筹相结合。随着义务教育的持续发展,以及义务教育在国家长期人力资本发展中的地位越来越突出,原有的义务教育投资体制以及融资渠道已不能满足义务教育发展的需要。实际上,多元化义务教育融资渠道在一定程度上服务于义务教育经费保障,如各个修订版的《义务教育法》均规定,"用于实施义务教育财政拨款的增长比例应当高于财政经常性收入的增长比例"①,显然,过于单一的义务教育经费来源渠道很难满足这种挂钩机制。此外,从2001年以后,义务教育的投资管理体制实现了从"以乡为主"到"以县为主"的转变,而受制于分税制改革带来的县乡财政困难,还有农村税费改革,使得基层财政用于义务教育的资金捉襟见肘。进而,扩大义务教育资金来源渠道,完善义务教育投资管理体制,就成为推进义务教育发展的重要内容。以省为主导用以支持义务教育发展而开征的地方教育附加,为弥补义务教育经费来源的不足提供了新的融资渠道。显然,这也为地区的长期人力资本发展奠定了物质基础。

在财政分权理论框架下,公共产品供给权的归属取决于哪一方具有本地信息优势(Hayek,1945),进而优先提供能够完美匹配地方居民需求偏好的公共产品。具体到义务教育经费的来源分担机制,我国实施的是中央与地方共担机制,分别按照一定的比例或按责任归属承担义务教育经费的筹集与分配,这在一定程度上类似于教育分权(赵力涛,2009),但现有研究也认为我国以地方为主的财政制度很难为义务教育发展提供长期有效的支持(张丽华和汪冲,2008)。以2018年数据为例,在全国教育经费总投入中义务教育占比超过了45%②,而义务教育的责任主体则是地方政府,尤其是县级政府

---

① 尽管各个版本的《义务教育法》的表述略有差异,但基本上都规定了这种挂钩机制。
② 同期的高等教育经费总投入占比为26%、高中阶段的教育经费总投入占比为16%、学前教育阶段的教育经费总投入占比为8%,其他教育为5%。

第七章 教育财政的地方保障：基于开征地方教育附加的研究

(李世刚和尹恒，2012)，而县级财政则相对较弱，以至于很难承担义务教育支出的重任（李成贵，2003；高如峰，2004）。国外的义务教育也是类似于教育分权的方式，如美国的义务教育经费主要由州和地方政府承担①，且州和地方政府承担的责任还在不断上升，联邦政府承担的部分则相对较少（李文利和曾满超，2002）。与我国不同的是，美国州和地方政府承担的义务教育责任有相对固定的经费来源，即以财产税为主（Hoxby，1996），由于财产税的特性，不同（财产税丰裕程度）地区间的义务教育投入显然也有差异，进而倒逼州政府通过财政制度改革以实现学区间的均衡投入（Jackson et al.，2016），以至于其义务教育支出成为政府最大的单一支出项目之一（OECD，2013）②。显然，具有相对固定来源的义务教育经费对于保障教育投入的作用至关重要。

在义务教育经费来源上，我国并没有一个法定的专门用于义务教育的税种，且在免费义务教育阶段以前，学生缴纳的学杂费一直是教育经费投入的重要组成部分，尤其是在农村地区（乔宝云等，2005）。此外，我国长期以来实施了财政分权制度，在理性经济人的行为下，地方政府存在支出偏向的问题，即重视生产性建设支出（尹恒和朱虹，2011），而轻人力资本支出（周黎安，2007；傅勇和张晏，2007），存在对义务教育经费供给不足的情况（丁冬和郑风田，2015），甚至在一定程度上挤占了义务教育支出（乔宝云等，2005）。这就意味着不仅要保证义务教育经费的来源多元化和专项融资的性质，而且还要注重经费在政府间的分配，以确保义务教育的专项融资经费能够投入于义务教育领域。

现有关于我国义务教育经费来源的实证研究相对较少，且大多是从中央或地方财政性教育经费，还有教育类专项转移支付等方面研究如何弥补义务教育经费的不足，如汪德华等（2019）从"国家贫困地区义务教育工程"这一教育专项性质的角度研究贫困地区义务教育的基础设施投资；齐良书和赵俊超（2012）、范子英等（2020）探讨了政府营养干预计划提供的专项支持，以及该政策对学生健康水平与学习表现的效应。然而，鲜有研究涉及义

---

① 州和地方政府承担了义务教育经费总投入的约90%，联邦政府仅有10%（Baker and Carlo，2020）。

② 这里指的是K-12教育，即12年公共教育。

务教育经费的专项融资，特别是开拓新的税费种类为义务教育提供经费来源的创新举措。

于是，本章尝试从开征地方教育附加这一视角进行研究。与以往全国统一开征教育费附加与执行相同的征收标准不同的是，（2011 年以前）开征地方教育附加基本属于地方政府行为，且是否开征与何时开征，省与地方分配的比例等也均不相同，这为识别开征地方教育附加对教育支出的影响提供了契机。基于 1994—2009 年的《全国地市县财政统计资料》公布的县级财政数据，利用改革冲击和资金分配比例构造一个强度双重差分（DID）模型，研究发现，开征地方教育附加这种筹集与分配义务教育专项融资资金，可以使地方教育支出增加约 5—12 个百分点[1]；平行性趋势检验发现，开征地方教育附加以前各地区的教育支出并无明显的差异，但在开征了地方教育附加以后，其教育支出呈现一个明显的增长趋势。进一步，再利用微观数据（CGSS 和 CFPS），并基于相同的识别方法，将这种研究拓展到微观个体层面，发现开征地方教育附加不仅为义务教育经费提供了新的专项融资渠道，还为个体的长期受教育水平带来积极影响。

与现有文献相比，本研究的可能贡献在于：第一，在实证层面，分别以宏观教育数据与微观个体作为研究对象，利用双重差分法识别了开征地方教育附加这一义务教育专项融资渠道对地方教育支出与个体的长期受教育水平的因果效应，从义务教育经费来源的维度补充了教育财政的研究；第二，在政策实践方面，本研究发现教育经费的筹集与分配都具有非常重要的影响，资金能否下沉到基层财政是关键，这对现阶段的教育事权改革和财政体制改革都有直接的借鉴作用。本章其余的研究内容为：第二部分是研究背景主要涉及开征地方教育附加的相关政策变革，阐述地方教育附加与教育费附加的差异；第三部分是介绍数据来源与说明、识别策略与计量模型；第四部分是实证结果与分析；第五部分是进一步讨论。

---

[1] 在加入不同的控制变量下的结果。

第七章 教育财政的地方保障：基于开征地方教育附加的研究

第二节 研究背景：开征地方教育附加

新中国成立以后，我国的教育经费投入主要坚持"两条腿走路"的方针，即国家投入与社会各方面筹资办学。改革开放以后，我国继续延续了这种"两条腿走路"的教育经费投入体制，这与我国当时的所有制结构和国民收入分配格局是紧密相关的（朱国仁，2004）。而明确规定这种以国家财政拨款为主，以征收用以教育的税费等多种渠道共同筹措为辅的投入体制是1993年颁布的《中国教育改革和发展纲要》。该纲要规定在多种渠道共同筹措方面，以征收教育附加费为主要渠道，其中，在解决农村地区的教育经费资金来源这一问题时，1984年国务院发布了《关于筹措农村学校办学经费的通知》，提出征收农村教育费附加，这仍是贯彻"两条腿走路"方针的重要内容。进一步地，为了贯彻落实《中共中央关于教育体制改革的决定》，加快地方教育事业发展，扩大地方教育经费的资金来源，1986年国务院又发布了《征收教育费附加的暂行规定》，将教育费附加扩展到了城市教育费附加。这种以征收教育费附加作为教育投入体制的重要形式，在一定程度上弥补了我国教育经费投入不足的局面，于是在1986年版《教育法》中也确认了城乡征收教育事业费附加这一事项，且主要用于实施义务教育。至此，执行全国统一征收标准的教育费附加成为除国家财政性拨款以外的主要资金来源渠道[①]。

需要说明的是，这种征收教育费附加属于国家层面的行为，或者说是以中央作为教育经费筹集与分配的主体（部分收入属中央，部分收入属地方），地方具体负责实施。

针对教育费附加在地方教育经费投资体制中的重要作用，1995年版的《教育法》进一步确认了教育费附加的法律地位。更为重要的是，该法还明确规定了"省、自治区、直辖市人民政府根据国务院有关规定，可以决定开

[①] 在征收强度上，最初的教育附加率为1%，但1990年国务院修订了该规定，教育费附加率提高到了2%；在征收主体上，教育费附加落实到了乡层面，如《关于筹措农村学校办学经费的通知》(1984)规定"乡人民政府征收教育事业费附加，对农业、乡镇企业都要征收"，而且还规定"这项附加收入要取之于乡，用之于乡。"

征用于教育的地方附加费，专款专用"。也就是说，省级政府在一定程度上拥有了开征用以教育方面的税费征收权。于是，为了进一步解决义务教育资金来源渠道的不足，以省级政府主导的征收用于义务教育方面的地方教育附加逐步在部分省份推开，较早开征地方教育附加的地区如内蒙古自治区在1995年实施，辽宁省在1999年实施，宁夏回族自治区、福建省均在2002年实施，东中西部地区开征的分布相对较为均衡，具体如图7-1所示。可以发现，2004年实施开征地方教育附加的省份较多，且累计开征的省份也超过了32%，2011年以后全面推开即各省按照统一的附加率征收地方教育附加。同样，需要说明的是，这种征收地方教育附加属于地方层面的行为，或者说是以省作为教育经费筹集与分配的主体（该收入完全属地方收入），由省负责具体的征收管理和使用。

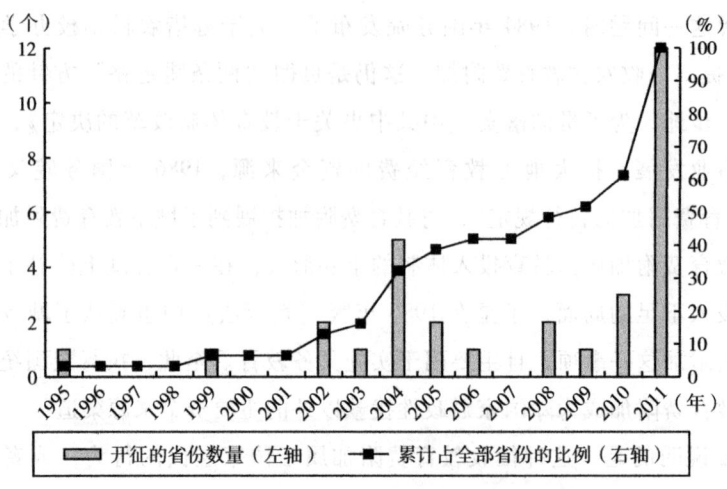

图7-1 各年份开征地方教育附加的省份数量及比例

数据来源：作者整理。

就（2011年）全面开征以前的地方教育附加而言[①]，地方教育附加具

---

① 为贯彻落实《国家中长期教育改革和发展规划纲要（2010—2020年）》，进一步规范和拓宽财政性教育经费筹资渠道，支持地方教育事业发展，2010年11月财政部发布了《关于统一地方教育附加政策有关问题的通知》，规定了统一开征地方教育附加及其征收标准（按实际缴纳的增值税、营业税和消费税税额的2%），且规定了用于发展教育事业。但是，统一开征地方教育附加的专项资金不仅限于发展义务教育，而且还可以用于其他阶段的教育支出（如学前教育、高中教育与职业教育等），这与2011年以前的部分省份开征地方教育附加具有明显的不同。

第七章 教育财政的地方保障：基于开征地方教育附加的研究

有专款专用的性质，其主要用途就是用于支持义务教育发展，如改善义务教育阶段中小学办学条件（校舍建设、危房改造、图书仪器购置等）以及（部分省份用以）弥补剥离企业自办中小学经费不足，且不得用以发放教师福利、工资补助等方面①。也就是说，地方教育附加被指定用于义务教育发展领域。具体到地方教育附加征收方面，各省的征收标准上却不尽相同。例如，在征收强度上，部分省份按消费税、增值税、营业税的 0.5% 征收，部分省份按 1% 征收，部分省份按 1.5% 征收，部分省份按 2% 征收，这也与教育费附加在全国执行统一的征收标准具有显著的不同；在征收广度上，各省份对含有外资成分的三资企业（中外合资经营企业、中外合作经营企业、外商独资经营企业）也执行着不同的征收标准，即部分省份对辖区内的三资企业征收，部分省份对辖区内的三资企业不征收。

此外，这种以省为主导的地方教育附加，在一定程度上还具有激励机制，主要体现在省与市县的分配比例上面，如部分省份规定各地方税务局（地税局）征收的地方教育附加需要上缴省级国库，部分省份规定直接留存到同级国库，而部分省份则直接规定省与市县的分配比例，即有多少比例直接留存到基层财政②。还需要重点说明的是，省与市县分配层面的"市"，在这里基本上与县处于同一分配地位，至少在全面开征以前，市并不会进一步盘剥县层面的地方教育附加。例如，浙江《关于开征地方教育附加的通知》（2006 年）规定对县（市）按 10% 分成，市不再参与县分成③；安徽《地方教育附加征收和使用管理暂行办法》（2003 年）规定，对在县（市、区）行政区域范围内征收的地方教育附加，由征收机关就地

---

① 不同省份对该规定的描述具有差异，但用途基本一致。如安徽省规定地方教育附加专项用于改善义务教育阶段中小学办学条件和弥补剥离企业自办中小学经费不足；广西壮族自治区规定专项用于义务教育阶段校舍建设、危房改造及改善中小学办学条件；青海省规定专项用于改善义务教育阶段中小学办学条件（校舍维修改造和图书教学仪器购置等），不得用于教职工工资福利和发放资金，也不得挪用到其他单位或其他项目上；湖南省规定主要用于扶持经济欠发达地区的义务教育、全省义务教育重点项目支出以及解决城乡义务教育发展不均衡问题等。另外，需要补充的就是，2011 年全面开征以后，地方教育附加就不被限制用于发展除义务教育阶段以外的其他阶段的教育。

② 如果直接进入省级国库则意味着地方征收的地方教育附加全部上交到省层面，如果直接进入同级国库则意味着地方征收的地方教育附加全部留存到基层财政。

③ 当然，这还可能与浙江省最早实施"省直管县"有关。

缴入同级国库，对省辖市行政区域范围内征收的地方教育附加，省与市实行 1∶9 分成，并由征收机关就地缴入省级和市级国库；广西《关于印发广西壮族自治区地方教育附加征收使用管理办法的通知》（2004 年）规定地方教育附加由市、县人民政府负责征收，各市、县收取的地方教育附加，全额缴入同级财政国库①。当然，如果地方教育附加全部上缴到省级国库则不涉及市与县的分配差异问题②。

实际上，教育费附加与地方教育附加均属于地方筹集用于教育的税费，承担着弥补财政性教育经费不足的职能。严格地说，二者共同构成财政性教育经费的重要组成部分，且开征地方教育附加对完善地方政府用于教育的税费体系具有重要的作用，因为它是实现并继续保持国家财政性教育经费支出占国内生产总值比例达到 4% 这一目标的重要组成部分，如财政部有关负责人表示③，为如期实现 4% 目标，在增加公共财政预算教育投入的同时，还要积极拓宽财政性教育经费来源渠道，其中一个重要渠道就是全面开征地方教育附加，它进一步拓宽了财政性教育经费来源渠道，有利于多渠道增加教育投入。从理论上讲，地方教育附加的潜在征收规模相对较大，以 2011 年全国增值税、消费税和营业税的实际收入（58443.81 亿元④）为例，并按照国家统一规定的征收率（2%）进行征收，则从理论上讲可以带来 1000 亿元左右的收入⑤。从实践上讲，地方教育附加收入业已

---

① 2011 年全面开征以后，部分省份也规定了类似的分配细节，如广东省《地方教育附加征收使用管理暂行办法》规定各地级以上市（含深圳市，下同）、县（市、区）征收的地方教育附加收入，按 3∶7 固定比例与省分成，30% 为省级收入缴入省级国库，70% 为市、县级收入缴入市、县级国库。山西省（2011）规定地方教育附加按属地原则征缴入库，省级与县（市、区）级分成比例为 3∶7，分别缴入省级国库和县（市、区）级国库。河南省规定"省辖市和县（市）留成部分分享比例按属地原则划分，县（市）区域内实现的地方教育附加留成部分原则上全部留归县（市）。"

② 云南省《关于征收地方教育附加有关问题的通知》（2005）规定地方教育附加全部作为省级收入，就地缴入省级金库；河北省《地方教育附加征收使用管理规定》（2003）规定地方教育附加作为省级收入，征收后就地缴入省级国库，并纳入省级预算管理；……。

③ "财政部：开征地方教育附加 确保教育投入达 4%"，《人民日报》，2011 年 8 月 12 日。

④ 含海关代征的进口环节增值税和进口环节消费税。

⑤ 当然，实际征收的收入并没有 1000 亿元，其征收强度需要进一步提升。资料来源：高培勇："多地开征地方教育费附加 弥补财政教育经费支出"，《经济参考报》，2012 年 5 月 3 日。

第七章 教育财政的地方保障：基于开征地方教育附加的研究

成为基层财政教育支出的重要组成部分①。显然，这种具有指定用途且带有激励性质的地方教育附加对弥补地方教育支出不足，并对受益地方教育附加的个体教育水平会产生积极影响。

第三节 数据、识别策略与计量模型

一、数据来源与说明

本章的宏观数据主要来源于《全国地市县财政统计资料》（1994—2009年），该数据包含了县级层面的宏观经济与财政数据，具有可匹配的县级、市级以及省级行政区划代码。在具体的处理过程中，发现该数据库的部分变量明显不合理（如异常值或极端值），则以剔除处理。此外，关于每一个省份是否开征地方教育附加、何时开地方教育附加以及地方教育附加在省级与市县的分配比例等，均来自于人工搜集。最后，将省级行政区划代码匹配到县层面数据，以观察县级层面的教育投入情况。

二、变量选择与处理

被解释变量的选取与处理：就我国现有的统计口径与公开数据而言，很难识别县级层面关于义务教育的支出情况，但我国《义务教育法》规定了以县为主的管理体制，地方政府的直接支出以提供义务教育为主（马海涛和郝晓婧，2019），而县级教育支出则以义务教育支出为主要方面，以

---

① 以西部地区为例，2011年广西柳州市征收了2.51亿元地方教育附加，而当年安排的教育支出（全市层面的数据，不仅包括义务教育，还包括其他阶段的教育）为15.6亿元，地方教育附加这一经费来源贡献了16%；2013年桂林市七星区，征收地方教育附加共计1402万元，而当年该区的教育支出为11296万元，地方教育附加这一经费来源贡献了12.4%；2014年贵阳市观山湖区，征收地方教育附加共计2952万元，占当年教育支出（28424万元）的10.38%。以中部地区为例，2014年山西省沁水县征收了3020万元地方教育附加，占当年该区教育支出（39670万元）的7.6%。以东部地区为例，2007年浙江省杭州市萧山区征收了25692万元地方教育附加，占当年该区教育支出（80757万元）的31.8%。

2007 年西部某省的县级教育支出数据为例,发现县级普通教育支出(含学前教育、小学教育、初中教育、高中教育)中的义务教育支出占比大约在 85%—90%,且现有关于义务教育的研究基本也以县级教育支出作为衡量指标。因此,这里选取县级层面人均教育支出作为被解释变量,并按照同比价格处理。

核心解释变量的选取与处理:以不同省份是否开征地方教育附加以及何时开征地方教育附加这两个维度的差异作为反映开征地方教育附加这种筹集义务教育财政资金的变量;在此基础上,再引入以省与市县的分配比例作为一个强度变量,以三个维度的差异反映筹集与分配义务教育专项融资资金的变量。将以上三个维度变量的交互项作为核心解释变量(具体如下文的识别策略所示)。

控制变量的选取:选取反映地区层面可能会影响到地方教育支出的变量,如地区经济发展程度指标,以人均 GDP 和人均 GDP 的平方表示,以反映地区经济发展状况对教育支出的影响以及不同经济发展阶段对教育支出的影响;城市化率指标以地区城镇人口占总人口的比重表示,反映城乡人口结构关系对教育支出的影响;财政供养人口指标反映地区政府规模对教育支出的影响;财政自给率指标反映地区层面财政收入与财政支出间的关系。上述绝对值指标,均取对数处理。各变量的描述性统计,如表 7-1 所示。

表 7-1　　主要变量的描述性统计

变量名	变量标识	观测值	平均值	标准差	最小值	最大值
人均教育支出	lnpspend_edu	35696	4.8204	0.7301	0.1823	9.4221
开征地方教育附加	surcharge	42461	0.2276	0.4193	0	1
分配比例(市县留存部分)	redistr	41714	0.1176	0.3102	0	1
人均 GDP	lnpgdp	38306	8.6426	0.9101	4.0723	15.1663
人均 GDP 的平方	lnpgdp2	38306	75.5236	16.0426	16.5837	230.0175
城市化率	urban	40455	0.3201	0.2838	0.0303	1
财政供养人口	lnsupport	40567	9.1389	0.7348	5.4161	12.9209
财政自给率	selfs	37271	0.4786	0.2534	0.0401	1.2923

第七章 教育财政的地方保障：基于开征地方教育附加的研究

三、研究设计：识别策略

为了识别省级政府筹集与分配义务教育专项融资资金对地方教育支出的影响，本章以部分省份开征地方教育附加作为研究切入点。部分省份根据《中华人民共和国教育法》《中国教育改革和发展纲要》以及各省出台的支持教育发展的相关政策，经财政部同意，出台了如《地方教育附加征收和使用管理办法》等文件，规定了开征、分配与使用地方教育附加的一系列措施。不同省份对于开征地方教育附加的策略具有明显的差异，如部分省份开征地方教育附加的年份较早，部分省份开征地方教育附加的年份较晚，部分省份在2011年以前并未开征地方教育附加。因此，我们以不同省份在不同年份是否开征地方教育附加作为识别依据，以反映省级筹集义务教育资金的情况。这里主要引入以因果效应识别为主要特征的双重差分法（DID），以不同省份是否开征了地方教育附加与何时开征地方教育附加两个维度的差异构造双重差分模型。

在此基础上，这种以省级政府为主导的义务教育专项融资的筹集行为，需要落实到基层财政，或者说这种筹集到的具有专款专用性质的义务教育财政资金，应该落实到县级财政。然而，全面开征以前，并非所有省份都规定了地方教育附加在省与市县的分配比例，如部分省份规定征收的地方教育附加直接进入同级国库，部分省份规定征收的地方教育附加需要上缴省级国库，部分省份直接规定了省与市县的分配比例[1]。于是，在是否开征了地方教育附加与何时开征地方教育附加两个维度的基础上，再引入省与市县的分配比例（市县的留存部分），构造具有三个维度差异的双重差分模型。进而，该双重差分模型反映了义务教育专项融资资金的筹集与分配行为。

很明显，这种是否开征以及何时开征地方教育附加取决于省级政府的决策，而非完全随机的结果，意味着这在一定程度上具有明显的自选择问题。

---

[1] 具体的处理方法是：如果某省份直接规定了省与市县的分配比例则按其规定的实际比例，如果某省份规定征收的地方教育附加直接进入同级国库则视其分配比例为1，如果某省份规定征收的地方教育附加直接进入省级国库则视其分配比例为一个较小的数即0.01（该值不能设为0，因为直接进入省级国库只能说明这种留存的激励较弱；如果将其设为0，则其就与未开征地方教育附加的省份相同了，故只能设为一个较小的数）。

于是，我们尝试在以下两个方面作出努力：一是利用回归的方式检验决定是否以及何时开征地方教育附加的不同组别样本在相关因素上是否普遍存在显著差异，包括地区经济发展水平（人均 GDP 和人均 GDP 的平方）、城市化水平以及财政自给率[①]，如果上述因素对开征地方教育附加的不同组别间存在差异，则说明开征地方教育附加可能取决于其他因素，而如果上述因素对开征地方教育附加的不同组别间不存在显著差异，则基本可以说明上述因素对本地区开征地方教育附加的影响是无差异的。具体结果如表 7 - 2 所示，第（1）—（4）列分别展示了各因素的单独回归，发现各因素的回归系数在统计上均不显著，在第（5）列的联合回归中各因素的回归系数依然在统计上不显著，这就说明各因素对本地区是否及何时开征地方教育附加的影响是不存在显著差异的。二是进行了平行趋势检验（如下文实证检验部分所示）。

表 7 - 2　　　　　　　　　　基于平衡性的比较

变量名	是否及何时开征地方教育附加				
	（1）	（2）	（3）	（4）	（5）
lnpgdp	-0.2822 (0.2971)				-0.0539 (0.3747)
lnpgdp2		-0.0144 (0.0151)			-0.2885 (0.3886)
urban			-0.0627 (0.3596)		0.0016 (0.0208)
selfs				-0.2019 (0.1426)	-0.1499 (0.1561)
Trend	Yes	Yes	Yes	Yes	Yes
Province FE	Yes	Yes	Yes	Yes	Yes
Year FE	Yes	Yes	Yes	Yes	Yes
Obs	496	496	496	496	496
R - squared	0.765	0.765	0.762	0.763	0.765

注：中括内的是标准差。

[①] 需要说明的是，由于省级层面的财政供养人口数据缺失严重，故该平衡性检验并未包含这一变量。此外，该回归控制了时间趋势项、省份固定效应和年份固定效应，并将标准误聚类到省层面。

第七章　教育财政的地方保障：基于开征地方教育附加的研究

很明显，这种是否开征以及何时开征地方教育附加取决于省级政府的决策，而非完全随机的结果，意味着这在一定程度上具有明显的自选择问题。于是，我们尝试在以下两个方面作出努力：一是在全部样本中观察开征地方教育附加与未开征地方教育附加两个组间的差异，以及事前样本中观察开征地方教育附加与未开征地方教育附加两个组间的差异，具体如表7-2所示。发现在全部样本中，开征与未开征地方教育附加两个组间的控制变量并未呈现明显的差异，或者说可能会影响开征与未开征地方教育附加的因素并无本质区别；同时，在事前样本中，开征与未开征地方教育附加两个组的人均教育支出变量也并未呈现明显的差异，说明在开征地方教育附加这一政策变化前的两组间的人均教育支出并无本质区别。二是进行了平行趋势检验（如下文实证检验部分所示）。

四、研究设计：计量模型

根据本章的识别策略，借鉴现有的研究将计量模型设定为如下方程：

$$Spend\_edu_{i,t} = \alpha + \beta_0 \left(surcharge_{i,t} \times redistribute_i \right) + \beta_1 surcharge_{i,t} + \chi redistribute_i + \delta X_{i,t} + \eta_t + \lambda_i + \varepsilon_{i,t} \quad (1)$$

其中：i 表示县（市、区），t 表示年份；$Spend\_edu_{i,t}$ 表示第 i 个县（市、区）在 t 年时的人均教育支出水平；$surcharge_{i,t}$ 是该省份是否开征、何时开征了地方教育附加，反映的是开征地方教育附加对地区人均教育支出的影响。更为重要的是，我们还需要关注在开征地方教育附加之后，以省为主导的义务教育专项融资的筹集活动在市县层面是如何分配落实的，这就要引入省与市县的地方教育附加分配比例变量，进而反映义务教育财政资金的筹集与分配。如 $redistribute_i$ 表示省与市县的分配比例（即有多少比例直接留存在市县），而 $surcharge_{i,t} \times redistribute_i$ 则反映这种义务教育专项融资的筹集与分配。我们预期该回归系数 β_0 显著为正，意味着以省为主导而筹集的具有专款专用性质的义务教育财政资金，更多地投入到县级层面，为县级义务教育支出提供了保障。此外，$X_{i,t}$ 表示地区层面影响教育支出的其他变量，如地区经济发展程度、城市化水平、地方政府规模以及财政自给率等；η_t 与 λ_i 表示年份的固定效应与所属地区（县层面）的固定效应；$\varepsilon_{i,t}$ 表示误差项。为了控制回归系数的标准误，我们将标准误聚类到县层面。

第四节 实证检验与结果分析

一、基准回归结果与分析

以省为主导的义务教育专项融资行为，进一步拓宽了义务教育财政资金的来源渠道，为义务教育投入提供了良好的资金保障，进而影响县层面的教育支出变化，表7-3显示了其实证检验结果。所有回归均控制了年份固定效应与县级固定效应，并将聚类标准误调整到县层面。具体地，第（1）列在未考虑控制变量的情况下，显示反映开征地方教育附加这一筹集与分配行为的交互项，其回归系数为0.0828，且在1%的置信水平下显著为正，说明开征地方教育附加这一专项融资渠道对保障地方教育支出具有积极作用。同时，发现开征地方教育附加这一变量（水平项）的回归系数为-0.1099，在1%的置信水平下显著为负，该变量所包含的意义就是不考虑省与市县的分配比例，更严格地说，是省与市县的分配比例为0时的情况，即全部上缴到省级财政的状况，市县层面所征收的地方教育附加这种具有专项性质的财政资金并未直接留存到地方，以至于制约了地方教育支出的增加。进一步，结合这两个回归系数的结果①，就可以说明开征地方教育附加这种筹集与分配行为，能够有效地促进地方教育支出的增加，且这种具有专项性质的财政资金直接留存到县层面的越多，则越有利于保障地方教育支出。在此基础上，我们还要考虑地方教育支出在时间趋势上的差异，即开征了地方教育附加的地区与未开征地方教育附加的地区相比，其教育支出在时间趋势上可能存在的差异。于是，我们在第（2）列中加入了时间趋势项，发现筹集与分配义务教育专项融资资金的回归系数为0.0832，且也在1%的置信水平下显著为

---

① 实证回归中包含了分配比例变量（redistribute），但该变量不随时间变化，与县固定效应重复，在回归中被程序直接剔除了，即 omitted 状态，故结果并未展示该变量的回归结果。

第七章 教育财政的地方保障：基于开征地方教育附加的研究

正，与第（1）列结果相比，基本保持一致。当然，如果不考虑影响地方教育支出的其他因素，就有可能会忽略开征地方教育附加这一政策的其他影响因素，进而影响回归结果的准确性。于是，在第（3）列加入可能影响地方教育支出的其他变量，如地方经济发展水平、城市化水平、财政供养人口以及财政自给率。此时，发现筹集与分配义务教育专项融资资金的回归系数是0.0565，该系数在1%的置信水平下显著为正，进一步证实了开征地方教育附加这一政策的正向效应。

表7-3　　　　　　　　　　　基准回归检验

变量	人均教育支出			
	（1）	（2）	（3）	（4）
surcharge × redistr	0.0828***	0.0832***	0.0565***	0.1259***
	(0.0139)	(0.0139)	(0.0143)	(0.0165)
surcharge	-0.1099***	-0.0794***	-0.0679***	-0.1538***
	(0.0101)	(0.0101)	(0.0107)	(0.0123)
lnpgdp			0.1515***	
			(0.0467)	
lnpgdp2			-0.0037	
			(0.0027)	
urban			-0.1404***	
			(0.0405)	
lnsupport			-0.0498	
			(0.0448)	
selfs			0.0324	
			(0.0225)	
Constant	4.1303***	4.1373***	3.6427***	4.1420***
	(0.0057)	(0.0058)	(0.4508)	(0.0051)
Trend		Yes	Yes	Yes
Control × Year dummy				Yes
County FE	Yes	Yes	Yes	Yes
Year FE	Yes	Yes	Yes	Yes
Obs	35086	35086	32045	25057
R-squared	0.923	0.923	0.923	0.937

注：*、**、***分别表示10%、5%和1%的显著水平，小括号内报告的是标准误，且标准误聚类到县级层面。

当然，正如前文所述，部分省份是否开征以及何时开征地方教育附加，实际上并非是完全外生或随机发生的，而是由各省份用以支持义务教育发展的财力水平和义务教育发展的任务等多种因素决定的。也就是说，可能还存在其他一些混合性因素共同影响着地方教育支出水平与是否（及何时）开征地方教育附加。为此，引入控制变量与年份固定效应的交互项，以控制地区层面的因素在各年度对被解释变量所产生的异质性影响。结合本章的识别策略，这样处理就使 DID 放松为条件平行趋势假定。第（4）列显示了加入控制变量与年份固定效应的交互项后的回归结果，发现筹集与分配义务教育专项融资资金的回归系数为 0.1259，且在 1% 的置信水平下显著为正。说明考虑了控制变量在各年度对被解释变量的异质性影响后，筹集与分配义务教育专项融资资金对教育支出的积极作用依然存在。虽然不同方法的回归系数具有一定的差异，但系数符号均保持一致，证实了筹集与分配义务教育专项融资资金对教育支出的积极影响这一结果的稳健性。总体来说，基于上述含有不同控制变量下的回归结果，可以得出筹集与分配义务教育专项融资资金，可以使地方教育支出增加 5—12 个百分点，这也与各地方征收的地方教育附加的实际贡献基本一致。

显然，这种结果的主要启示就在于：第一，为义务教育财政资金寻求更为广泛且较为稳定的资金来源对于提升教育支出具有重要作用，它可以弥补基层政府在义务教育财政资金供给方面的不足；第二，义务教育财政资金的筹集行为不能是孤立的，需要筹集与分配并重，即不仅需要重视资金的筹集更要重视资金的分配；第三，筹集与分配这种具有专款专用性质的义务教育财政资金，需要更多地直接落实到基层，以形成这种专项收入用以专项支出的激励。

在控制变量方面，发现反映地区经济发展状况的人均 GDP 与人均 GDP 的平方项，前者在 1% 的置信水平下显著为正，后者的系数为负但在统计上不显著，这意味着教育支出随着经济发展而增加，但其增速相对是递减的。此外，发现城市化程度对县级层面的教育支出具有显著的负向影响，意味着城镇人口数量与本地区人均教育支出呈反向变化，即城镇人口越多，农业人口越少时，本地区人均教育支出就越少，一个可能的原因就是农业人口越少时，地方政府投入的用以扶贫或专项解决农村落后地区的急迫性的教育问题就相对越少。

二、稳健性检验：基于样本变量的特征

(一) 样本处理

第一，截尾处理。长期以来，受制于地理因素、历史因素以及经济社会发展政策的影响，我国地区间普遍存在着发展不均衡的状况，同时各地区教育发展程度或教育所处的发展阶段也不相同，导致各地区教育支出具有明显的差异。当然，我们也不能忽视地区人口规模因素的存在，表现为部分地区人均教育支出特别高，部分地区人均教育支出特别低。为了排除这种具有极端值的情况，这里考虑对研究样本进行截尾处理，具体就是对样本进行左右的1%截尾。表7-4的第（1）列显示了上述截尾处理后的结果，发现筹集与分配义务教育专项融资资金的回归系数为0.1232，且在1%的置信水平下显著为正，该系数与基准回归结果相比基本保持一致，依然支持本章的研究结论。

表7-4　　　　　　　　稳健性检验一

变量	截尾	排除京津沪	排除市辖区	聚类到省	聚类到市
	(1)	(2)	(3)	(4)	(5)
surcharge × redistr	0.1232***	0.1264***	0.1246***	0.1259*	0.1259***
	(0.0154)	(0.0165)	(0.0163)	(0.0646)	(0.0335)
surcharge	-0.1553***	-0.1558***	-0.1577***	-0.1538***	-0.1538***
	(0.0112)	(0.0124)	(0.0121)	(0.0444)	(0.0221)
Constant	4.1479***	4.1311***	4.1331***	4.1420***	4.1420***
	(0.0045)	(0.0050)	(0.0051)	(0.0173)	(0.0096)
Trend	Yes	Yes	Yes	Yes	Yes
Controls × Year dummy	Yes	Yes	Yes	Yes	Yes
County FE	Yes	Yes	Yes	Yes	Yes
Year FE	Yes	Yes	Yes	Yes	Yes
Obs	24758	24686	23212	25057	25057
R-squared	0.944	0.935	0.938	0.937	0.937

注：*、**、***分别表示10%、5%和1%的显著水平，小括号内报告的是标准误，且标准误聚类到县级层面。

第二,排除京津沪直辖市样本。直辖市的设立主要是针对特殊的地理区位且具有较大规模的建成区、居住较多的人口,在全国层面具有重要的经济社会地位的地区。受益于直辖市地区在全国层面的重要性,往往会优先获得国家的政策支持或优先发展的条件,导致与普通地区具有显著的差别。更为重要的是,直辖市地区还具有明显的教育资源集聚效应,体现为各类型优质教育资源或要素的净流入,以至于直辖市地区的教育支出具有特殊性,而包含此类地区的检验,可能会使回归结果有偏,故需要对该类样本进行特殊处理。我国现有的直辖市主要有北京市、天津市、上海市与重庆市,前三个直辖市均位于东部地区,经济发展程度高且教育资源集聚明显,为此这里仅排除北京市、天津市、上海市三个地区的所有样本,以剔除经济与教育高度发展地区可能存在的特殊影响。第（2）列显示了排除京津沪样本的回归结果,显示筹集与分配义务教育专项融资资金的回归系数为 0.1264,且在 1% 的置信水平下显著为正,这也与基准回归结果基本保持一致。该回归结果说明,即便剔除北京市、天津市、上海市三个直辖市地区的样本,筹集与分配义务教育专项融资资金对教育支出的积极影响依然存在,且并无明显的变化。

第三,排除市辖区样本。区级行政单位与其他县级行政单位相比,主要体现在其经济社会发展水平高且人口密度大等特征。例如,《市辖区设置标准》就对市辖区的设置作了详细的规定,用以区分市辖区与普通县的差异,即改设市辖区的县（市）,全县（市）国内生产总值、财政收入不低于上一年本市市辖区的平均水平或人均国内生产总值、人均财政收入不低于上一年本市市辖区的平均水平。此外,还对人口规模与非农业人口的规模进行了限定,等等。显然,市辖区与普通县在本市内部或省内部并不具有明显的可比性,因为二者的发展程度不同,且征收到的地方教育附加规模也不同,以至于将二者纳入同一框架下进行回归也可能会对回归结果的准确性造成影响。于是,我们排除掉所有的市辖区样本,仅保留普通县（市）样本进行回归。此外,我国在不同的时间对部分地区是否是市辖区进行了多次调整,为了便于分析,我们以 2000 年时的县级地区是否属于市辖区为标准而区分市辖区与普通县（市）。第（3）列显示了排除市辖区后的回归结果,发现筹集与分配义务教育专项融资资金的回归系数为 0.1246,且也在 1% 的置信水平下显著为正。这一回归结果与基准回归结果相比也基本保持一致,说明排除了

第七章 教育财政的地方保障：基于开征地方教育附加的研究

市辖区而仅考虑普通县（市）的情况下，筹集与分配义务教育专项融资资金对教育支出的积极影响也依然存在，且作用程度也基本保持一致。

（二）调整聚类标准误

本章在分析地方开征教育附加对县级教育支出的作用时采用了县级层面的面板数据，由于面板的特征属性，同一个体在不同年份具有不同的数值分布，因此，为了防止县级同一单位和不同单位在时间序列上存在自相关及异方差方面的问题，我们需要使用聚类稳健标准误来进行解决，同时这种聚类在县级层面即可解决问题，为我们得到正确的回归结果。进一步地，由于开征地方教育附加属于省层面的政策，这就使得将聚类标准误调整到省层面会更加严格，更能有效地反映开征地方教育附加这一政策变革对地方教育支出的影响。于是，我们在第（4）列展示了聚类到省层面的回归结果，显示筹集与分配义务教育专项融资资金的回归系数为0.1259，在10%的置信水平下显著为正，虽然该显著度明显低于基准回归结果，但依然支持开征地方教育附加的积极作用的存在性。与此同时，我们也放松了这种聚类标准误，尝试将该回归聚类到市层面，如第（5）列所示，发现筹集与分配义务教育专项融资资金的回归系数为0.1259，在1%的置信水平下显著为正，该显著度与基准回归结果保持一致，同样支持开征地方教育附加的积极作用的存在性。

（三）调整变量

第一，控制变量在不同年份对被解释变量的影响差异。控制变量对被解释变量的影响，在不同年份可能会产生具有差异化的影响，原因就在于不同的控制变量可能会在部分年份受到不同程度的外生冲击或内在变化，以至于不同年份对被解释变量的影响也不同。或者说，控制变量对被解释变量的影响可能遵循着特定的时间趋势。为了控制各类型控制变量在不同时间对被解释变量的影响差异，引入控制变量（期初值）与年份的一次、二次、三次项的交互项。表7-5的第（1）列为控制变量（期初值）与时间高阶项交互项的回归结果[①]，发现筹集与分配义务教育专项融资资金的回归系数为

---

① 这里未展示控制变量（期初值）与时间的一次项、二次项、三次项交互项的回归结果。

0.1014，且在1%的置信水平下显著为正，该回归结果虽然略小于基准回归结果，但系数符号并未出现变化。这就说明在控制了各控制变量（期初值）与不同时间高阶项的交互项的情况下，筹集与分配义务教育专项融资资金的效果依然存在。

表7-5 稳健性检验二

变量	控制变量与时间的交互项	控制变量与政策前后的交互项	分配比例设为0/1变量	教育支出占GDP的比重
	(1)	(2)	(3)	(4)
surcharge × redistr	0.1014*** (0.0166)	0.1169*** (0.0160)	0.1023*** (0.0163)	0.0085*** (0.0013)
surcharge	-0.1333*** (0.0123)	-0.1481*** (0.0118)	-0.1507*** (0.0133)	-0.0063*** (0.0011)
Constant	3.8178*** (0.0936)	4.1425*** (0.0053)	4.1420*** (0.0051)	0.0365*** (0.0003)
Trend	Yes	Yes	Yes	Yes
Controls × f(t)	Yes	Yes		
Controls × Year dummy			Yes	Yes
County FE	Yes	Yes	Yes	Yes
Year FE	Yes	Yes	Yes	Yes
Obs	25057	25057	25057	23974
R-squared	0.934	0.934	0.937	0.634

注：*、**、***分别表示10%、5%和1%的显著水平，小括号内报告的是标准误，且标准误聚类到县级层面。

第二，控制变量在政策变革前后对被解释变量的影响差异。与前文关于控制变量在不同年份对被解释变量的影响研究不同，部分控制变量在面临开征地方教育附加这种相对外生冲击的影响时，相比于未开征地方教育附加的时间节点，它对被解释变量的影响作用也可能不同。或者说，是否开征地方教育附加以及何时开征地方教育附加的组别，其控制变量在政策变革前后对被解释变量的影响不同。为了控制这种控制变量在政策变革前后对被解释变量的影响差异，再引入控制变量（期初值）与政策变革前后这一虚拟变量的交互项①。第（2）列显示了该类回归结果，显示筹集与分配义务教育专项融资资金的回归系数为 0.1169，且也在 1% 的置信水平下显著为正。很明显，这一回归系数也基本接近于基准回归结果，且系数符合保持一致，均再一次验证本章的研究结论。

第三，分配比例的离散化处理。开征地方教育附加这一专项融资活动，不仅为地方政府筹集了义务教育财政资金，还在一定程度上激励着地方政府的教育支出，其原因就在于省与市县还有一个分配问题，如部分省份直接规定了与市县的分配比例，部分省份规定征收的地方教育附加直接留存到同级国库，部分省份规定直接上缴省级国库等。这也就意味着，如果留存到地方政府的资金越多，则越可能会促进地方教育支出的增加。于是，为了突出分配的效应，这里将分配比例作进一步的处理，就是将该分配比例设为一个离散的 0/1 变量，即如果对市县分配的比例超过一半则设为 1，如果对市县分配的比例少于一半则设为 0。这样处理的好处就在于，能够清晰地判别留存到地方政府的比例倾向对地方教育支出的影响差异。具体检验结果如第（3）列所示，发现筹集与分配义务教育专项融资资金的回归系数为 0.1023，且也在 1% 的置信水平下显著为正，说明如果征收的地方教育附加全部留存到地方政府，则可能会使人均教育支出增长 10 个百分点，这就进一步肯定了将更多的具有专项性质的义务教育专项融资资金留存到地方政府的重要性。

第四，调整被解释变量。教育支出是我国一项重点支出项目，而重点支出则存在着一种特殊的机制即重点支出挂钩机制，就是教育类支出与财政收支、国民或国内生产总值挂钩，教育支出的增长要同步于或快于财政收支、国民或国内生产总值的增长，这就为教育类支出提供了制度保障。如《中共中央关于教育体制改革的决定》（1985 年）规定，在今后一定时期内，中央和地方政府的教育拨款的增长要高于财政经常性收入的增长，并使按在校学生人数平均的教育费用逐步增长；《教育法》（1995 年）也规定，国家财政性教育经费支出占国民生产总值的比例应当随着国民经济的发展和财政收入的增长逐步提高；此后修订的《教育法》、国家和地区层面的《教育改革和发展规划纲要》等也均维持了教育类支出挂钩机制。而关于教育支出的增长

---

① 这里未展示控制变量（期初值）与政策变革前后的交互项的回归结果。

目标,《中国教育改革和发展纲要》(1993 年)规定教育类经费支出占国民生产总值的比例在 20 世纪末达到 4%,且以后的政策文件也均指出要落实 4% 的支出目标。因此,我们不仅需要分析教育支出增长情况,还要重视教育支出在生产总值中所占的比重问题。于是,我们考虑将被解释变量由人均教育支出换成教育支出占 GDP 的比重这一指标,进而观察筹集与分配义务教育专项融资资金对落实重点支出项目目标的执行情况。第(4)列的回归结果发现,筹集与分配义务教育专项融资资金的回归系数为 0.0085,且在 1% 的置信水平下显著为正,说明筹集与分配义务教育专项融资资金对县级层面的重点支出即教育占 GDP 的比重具有积极作用,进一步佐证了本章研究结论的正确性与稳健性。对于这一回归,我们可以得到的启示就是实现重点支出项目的增长,需要开拓用以重点支出项目的资金来源渠道,以弥补现有投入机制的不足。

三、异质性检验:基于不同的征收标准

第一,征收强度:执行何种征收率。相对于教育费附加这种全国统一开征且执行统一的征收标准而言,各省份在开征地方教育附加这一政策方面基本上执行了不同的征收标准,至少在全面推开地方教育附加前,各省份执行了具有差异化的征收率。例如,部分省份以增值税、消费税和营业税的 0.5% 征收,部分省份以上述三税的 1% 征收,部分省份以上述三税的 1.5% 征收,也有部分省份以上述三税的 2% 征收。显然,按照不同的征收率开征地方教育附加,就直接决定着地方教育附加的征收规模,更决定着用以义务教育部分的资金规模。因此,我们需要考察这种不同征收率条件下的异质性。受数据限制,我们参考全面开征以后的征收率(2%),以各省份执行的征收率未达到 2% 与达到了 2% 作分组处理,前者检验的是相对于未开征地方教育附加而言,开征了地方教育附加的地区且执行了低于 2% 的征收率,为地方教育支出所带来的效应;后者检验的是相对于未开征地方教育附加而言,开征了地方教育附加的地区且执行了 2% 的征收率,为地方教育支出所带来的效应。具体结果如表 7-6 的前两列所示,第(1)列与第(2)列分别显示了征收率低于 2% 与等于 2% 条件下的回归结果,发现筹集与分配义

务教育专项融资资金的回归系数分别为 0.1758 与 1.9556，二者分别在 1% 与 5% 的置信水平下显著为正，这一结果证实了征收率越高，其征收的资金规模越大，也越能带动教育支出的增加。

表 7-6　　　　　　　　　　　异质性检验

变量	征收率<2% (1)	征收率=2% (2)	含三资企业 (3)	不含三资企业 (4)
surcharge × redistr	0.1758*** (0.0159)	1.9556** (0.7599)	0.1539*** (0.0554)	0.0907** (0.0392)
surcharge	-0.1848*** (0.0124)	-0.2668*** (0.0795)	-0.1301*** (0.0145)	-0.1746*** (0.0376)
Constant	4.1330*** (0.0052)	4.0997*** (0.0066)	4.1323*** (0.0058)	4.0772*** (0.0074)
Trend	Yes	Yes	Yes	Yes
Controls × Year dummy	Yes	Yes	Yes	Yes
County FE	Yes	Yes	Yes	Yes
Year FE	Yes	Yes	Yes	Yes
Obs	23925	12996	19581	11705
R-squared	0.938	0.952	0.938	0.952

第二，征收广度：对三资企业是否征收。三资企业就是在我国境内设立的中外合资经营企业、中外合作经营企业、外商独资经营企业，其核心差别就是外资成分所占的比重以及中外合作形式。在开征地方教育附加这一政策下，各省份对于这种含外资成分的企业也执行了不同的征收标准，如部分省份对含有外资成分的三资企业征收，部分省份对这种含有外资成分的三资企业不征收。显然，对三资企业征收与否也直接影响着这种税费的税基，如对三资企业征收则地方政府会获得更多的地方教育附加，对三资企业不征收则地方政府会损失这部分的税基，即征收与否直接影响着地方教育附加的资金规模。基于此，我们也检验了对三资企业征收与否的效应。具体地，对三资企业征收的地区与不征收的地区作分组讨论，前者检验的是相对于未开征地方教育附加的地区而言，开征了地方教育附加的地区，且也对三资企业征收，进而对地方教育支出的影响；后者检验的是相对于未开征地方教育附加

的地区而言,开征了地方教育附加的地区,但不对三资企业征收,进而对地方教育支出的影响。检验结果如表 7-6 的后两列所示,第(3)列与第(4)列分别显示了对三资企业征收与不征收的检验结果,发现筹集与分配义务教育专项融资资金的回归系数分别为 0.1539 与 0.0907,且二者分别在 1% 与 5% 的置信水平下显著为正,显然前者的回归系数大于后者,即对三资企业征收地方教育附加能够获得更多的专项融资资金,并为地方教育支出带来积极影响。

四、其他因素的影响

第一,国家贫困地区义务教育工程。我国义务教育发展的不均衡来源于地区间经济社会发展的不均衡,在经济发展薄弱的地区其基础教育发展落后,自有财力难以解决其教育发展的需求,这就依赖于高层级政府给予具有专款专用性质的财政补助。于是,为了解决贫困落后地区的义务教育发展问题,并贯彻落实党中央、国务院提出的"科教兴国"战略,我国实施了国家贫困地区义务教育工程,这对提高贫困地区的长期人力资本水平与经济社会发展具有重要意义。总体而言,1995—2000 年实施的一期工程就集中在 22 个省、自治区、直辖市及新疆生产建设兵团的 852 个贫困县,包括"八七"扶贫攻坚计划的 568 个国家级贫困县,其中,第一步的重点是在"二片"地区实施,包括河北、山西、黑龙江、安徽、福建、江西、河南、湖北、湖南、海南、四川、陕西、重庆 13 个省、市,383 个项目县,其中,国家级贫困县 262 个,省级贫困县 121 个;第二步的重点是在"三片"地区实施,中央财政安排了大量的财政资金支持贫困地区发展义务教育,直接安排专款 24 亿元,占国家贫困地区义务教育工程中央专款总额的 62%,平均每个项目县分配的中央专款补助额度要比"二片"地区大得多①。之后,我国又实施了二期工程,在"十五"期间中央财政再拨款 50 亿元,以帮助贫困地区实现义务教育。显然,国家贫困地区义务教育工程,一方面包含了地区财力因素,即吸收了贫困县特征;另一方面也

---

① 资料来源:1998 年 5 月 7 日,时任财政部副部长楼继伟同志在"三片"地区"国家贫困地区义务教育工程"签字仪式暨新闻发布会上的讲话。

第七章 教育财政的地方保障：基于开征地方教育附加的研究

包含了教育支出因素，即该工程具有直接用于义务教育的专款支出，这就使得该工程可能会影响地区是否开征、何时开征地方教育附加、省与市县的分配比例以及教育支出情况。为了排除国家贫困地区义务教育工程的影响，我们控制了参与国家贫困地区义务教育工程的县。表7-7的第（1）列显示了该回归结果，显示筹集与分配义务教育专项融资资金的回归系数为0.1268，且在1%的置信水平下显著为正，该回归结果与基准回归结果基本保持一致，说明考虑了国家贫困地区义务教育工程这一因素后，也并未影响筹集与分配义务教育专项融资资金对教育支出的积极影响。

表7-7 其他因素的影响

变量	国家贫困地区义务教育工程	落实义务教育的年份	农村义务教育经费保障新机制	省直管县	支出偏向	政府收支分类改革
	（1）	（2）	（3）	（4）	（5）	（6）
surcharge × redistr	0.1268***	0.1086***	0.1272***	0.1256***	0.0659***	0.0925***
	(0.0165)	(0.0167)	(0.0164)	(0.0165)	(0.0217)	(0.0182)
surcharge	-0.1548***	-0.1486***	-0.1533***	-0.1553***	-0.1326***	-0.1476***
	(0.0125)	(0.0122)	(0.0123)	(0.0122)	(0.0179)	(0.0149)
Constant	4.1422***	4949.266***	4.1420***	4.1419***	5.3783***	4.1435***
	(0.0145)	(944.0254)	(0.0051)	(0.0051)	(0.0172)	(0.0050)
Poor	Yes					
Comyear		Yes				
Newmec			Yes			
Pmc				Yes		
Bias					Yes	
Trend	Yes	Yes	Yes	Yes	Yes	Yes
Controls × Year dummy	Yes	Yes	Yes	Yes	Yes	Yes
County FE	Yes	Yes	Yes	Yes	Yes	Yes
Year FE	Yes	Yes	Yes	Yes	Yes	Yes
Obs	24218	25057	25057	25057	10086	21612
R-squared	0.935	0.937	0.937	0.937	0.934	0.919

第二，落实义务教育的时间差异。为了保障适龄儿童、少年接受义务教育的权利，保证义务教育的实施，提高全民族素质，我国根据宪法和教育法制定了《中华人民共和国义务教育法》，实施时间是在1986年7月1日。但是，由于各地区教育发展程度的不同，还有财政教育经费安排能力的不同，不同省份在落实该法的时间也有所不同，部分省份实施得较早如1985年（浙江省），部分省份实施在1986年，部分省份甚至在1994年以后才开始实施。显然，落实义务教育法需要一定的财力支持，如果地方落实义务教育法的时间较早，则需要更多的财力用以发展义务教育，进而可能为发展义务教育而开征或较早地开征地方教育附加，或者调整省与市县的分配比例。于是，为了排除各个省份关于落实义务教育法的时间差异，我们搜集了各个省份在落实义务教育法的年份，为了便于分析与反映落实义务教育法的时间效应，这里加入了各个省份落实义务教育法的年份与宏观数据年份的交互项，以控制因落实义务教育法的时间差异而造成的影响。第（2）列显示了该回归结果，发现筹集与分配义务教育专项融资资金的回归系数分别为0.1086，且在1%的置信水平下显著为正，该回归结果与基准回归结果基本保持一致，说明考虑了各省关于落实义务教育的时间这一因素后，同样也未影响筹集与分配义务教育专项融资资金对教育支出的积极影响。

第三，农村义务教育经费保障新机制。我国在2001年以后实施了"以县为主"的农村义务教育经费保障机制，这就改变了原有的"以乡为主"的保障机制。为了进一步完善农村义务教育经费保障机制，并加大上级政府的财政支出责任，国务院在2005年底印发了《关于深化农村义务教育经费保障机制改革的通知》，核心内容在于（从2006年开始）逐步将农村义务教育全面纳入公共财政保障范围，建立中央与地方分项目、按比例分担的农村义务教育经费保障新机制。具体来说，就是全部免除农村义务教育阶段学生学杂费，对贫困家庭学生免费提供教科书并补助寄宿生生活费；提高农村义务教育阶段中小学公用经费保障水平；建立农村义务教育阶段中小学校舍维修改造长效机制；巩固和完善农村中小学教师工资保障机制。实施新机制改革的第一步就是逐步推行免费的义务教育，第二步就是完善生均公用经费基准定额。受数据限制，本章使用的宏观数据仅能到2009年，故将农村义务教育经费保障新机制仅限于逐步推行免费的义务教育部分。显然，这种新机

第七章　教育财政的地方保障：基于开征地方教育附加的研究

制的实施，在一定程度上强化了义务教育经费保障，一方面对基层政府形成财政压力；另一方面对于教育支出的增加也具有积极影响。为了吸收农村义务教育经费保障新机制的作用，我们根据各区域实施免费义务教育的时间差异构造新变量，如 2006 年在西部农村地区率先推行，2007 年在中部和东部的农村地区推行，到 2008 年秋季在全国范围内推广。于是，构造一个虚拟变量，如该地区属于西部地区且在 2006 年及以后的为 1，还有宏观年份在 2007 年及以后的设为 1，其他设为 0。第（3）列显示考虑了农村义务教育经费保障新机制的回归结果，显示筹集与分配义务教育专项融资资金的回归系数为 0.1272，并在 1% 的置信水平下显著为正，该回归结果与基准回归结果基本保持一致，说明考虑了农村义务教育经费保障新机制这一因素后，同样证实了筹集与分配义务教育专项融资资金对教育支出的积极影响。

第四，省直管县的影响。我们还需要关注的是政府间财政体制的因素，即省直管县的影响。实行省直管县改革的主要目的就是激发县域经济发展活力，进一步加快县域经济的发展步伐。我国最早实施省直管县的地区是浙江省，一直保持着市与县属于同级财政的体制，且均由省直管；从 2003 年以后，各省开始陆续开展以扩大县级财政的权限为核心的省直管县试点改革。该项改革在行政层面，保留了市级对县级的人事权；在财政方面，收入划分越过了市级财政，即省与县级单位直接划分财政收入，如各类型财政转移支付等均由省直接划拨到县；还有就是预决算也上移到省级审批（贾俊雪和宁静，2015）。其带来的结果就是政府间垂直管理的扁平化（Li et al., 2016），县级层面的财政权限在不断扩大，获得了更多的财政资金。很明显，这种县级层面的自主权在不断扩大，且财政能力在不断增强的条件下，也可能会影响其所在地区是否开征与何时开征地方教育附加，以及省与市县的分配比例等，当然也影响其教育支出水平。为了排除这种省直管县的财政体制因素的影响，我们控制了各个县是否实施了省直管县改革以及何时实施了省直管县改革，以吸收省直管县因素的影响。第（4）列显示了控制省直管县因素后的回归结果，显示筹集与分配义务教育专项融资的回归系数为 0.1256，且在 1% 的置信水平下显著为正，该回归结果与基准回归结果基本保持一致，说明考虑了各县级单位实施省直管县这一因素后，依然未影响筹集与分配义务教育专项融资资金对教育支出的积极影响。

第五，地方政府支出偏向的影响。现有研究关于地方政府支出偏向的相对较多，主要是地方政府偏向于投资生产性支出（尹恒和朱虹，2011），其逻辑就在于我国分税制以来的财政分权，即政治上的集权与经济上的分权，地方政府间竞争使得支出结构呈现出系统性的偏差特征（Keen and Marchand，1997）。进而，导致地方政府重视以经济增长为考核的晋升激励，一个突出的表现就是地方政府重基本建设而轻人力资本投资和公共服务（周黎安，2007；傅勇和张晏，2007），将资源投入到了具有生产性公共服务和提升政绩的领域（张军等，2007；范子英和张军，2013），降低了地方政府的公共教育供给（周亚虹等，2013），甚至生产性公共服务支出形成了对义务教育支出的挤占（乔宝云等，2005）。于是，我们不能忽视地方政府支出偏向的影响。现有研究关于支出偏向的是以基建支出占财政支出的比重作为衡量指标，但在政府收支分类改革前，教育支出包含学校层面的基建支出，以至于基建支出同时存在于控制变量与被解释变量。因此，需要从教育支出中剥离出基建支出的部分①。剥离后的回归结果如第（5）列所示，发现其回归系数为 0.0659，且在 1% 的置信水平下显著为正，该回归结果略小于基准回归结果，但系数符号并未发生变化，说明在控制了地方政府支出偏向的情况下，开征地方教育附加对教育支出的积极影响依然存在。

第六，政府收支分类改革的影响。为了构建适合社会主义市场经济体制下公共财政管理要求的新的政府收支分类体系，我国在现行《政府预算收支科目》的基础上，并参照国际通行做法，实施了政府收支分类改革。具体地，2006 年财政部根据《关于印发政府收支分类改革方案的通知》，制定了《2007 年政府收支分类科目》，并于 2007 年 1 月 1 日开始执行，该项改革改变了原有

---

① 具体过程：第一，查询现有的《中国教育经费统计年鉴》（1999—2007 年），可以看出全国与各省份均公开了教育支出数据，其中还包括了中小学教育支出中的基建支出。从全国层面看，1995—2006 年中学、职业中学、小学层面的基建支出占基建总支出的比重约为 3.6%（1995—2006 年的均值）。从地方层面看，1998 年、2002 年、2006 年各省份中小学预算内基建支出占各省份基建总支出的比重分别为 3.48%、3.42%、4%（各省均值），这与全国层面的均值基本保持一致。第二，测算各省份在各年份中小学教育支出中的基建支出占对应的基建总支出的比重，这里需要说明的是，受数据统计口径的限制，目前仅能使用 1998—2006 年的数据；然后，县层面参照省层面的比重，将基建支出从教育支出中剥离出来，即县教育支出 −（教育基建的比重 × 县教育支出）= 不含基建部分的教育支出。当然，这是一个较为粗略的估算方法，背后假设的是省内各县的教育基建比重是相同的。

的收支统计体系,使之能够更准确地、更完整地反映政府收支活动,新体系主要包括收入分类、支出功能分类和支出经济分类三部分,而教育支出就属于支出功能分类的一部分。相比于改革前的统计口径,修改后的政府收支统计口径发生了重大变化,如新科目中的"教育支出",不仅包含了原"教育事业费",还包括了教育基建支出、教育行政费支出以及其他用于教育方面的支出。于是,2007年前后的教育支出数据就存在明显的不可比性,那么政府收支分类改革带来的统计口径差异,在一定程度上也可以说是存在测量误差问题。为了解决政府收支分类改革带来的数据前后不一致的问题,并顾及本章所使用的数据①,我们以排除2007年及以后的数据作为一种处理方式,即仅分析2006年以前未发生政府收支分类改革下的效应。具体结果如第(6)列所示,发现以1994—2006年的数据作为研究样本,其回归系数为0.0925,且在1%的置信水平下显著为正,该回归系数与基准回归结果相差较小,说明排除了财政收支分类改革的政策影响,也并未改变本章的研究结论。

五、安慰剂检验:虚假分配

本章的一个研究假设就是开征了地方教育附加且规定了省与市县的分配比例,进而影响教育支出。为了确定开征了地方教育附加且规定了省与市县的分配比例的独特作用,我们考虑对是否开征地方教育附加、何时开征地方教育附加以及省与市县的分配比例进行随机化处理。第一,随机化分配比例,即人为地随机安排开征了地方教育附加的省与市县的分配比例,这样就模糊了分配比例的作用,如果这一情况下回归结果依然显著为正,或者与基准回归系数基本保持一致,则说明本章的研究结果可能是由于其他因素引起的,反之,则说明本章的研究结果并不是随机产生的。具体方法则是每一次随机化并抽取后,相应地构建新的虚拟变量与开征地方教育附加变量作交互,并按照原回归方程进行检验,我们随机做了500次,根据每次回归得到的系数与标准误,将其绘制到给定参考上的密度概率图上。具体如图7-2(a)所示。发现

---

① 需要说明的是,《全国地市县财政统计资料》中2008—2009年的教育支出数据存在较为严重的数据缺失问题,可能在一定程度上(从数据源上)会弱化政府收支分类改革的影响。

该安慰剂的虚假回归的均值为0.00036,标准差为0.01525,基本以0为中心呈正态分布,而且该回归均值严格偏离于基准回归结果的0.1259。因此,结合前文的回归可以判断本章的基准回归结果并不是随机产生的。第二,进一步严格化安慰剂检验,即随机化开征的省份与分配比例(对原开征的省份与原分配比例变量进行随机化),这样就不仅模糊了分配比例的作用,更随机了哪些省份开征哪些省份未开征地方教育附加的效应。同样,如果该回归结果依然显著为正,或与基准回归系数基本保持一致,则依然说明原回归结果是由其他因素引起的。具体方法与上述方法相同,即构建新的开征地方教育附加地区的虚拟变量、新的随机化分配比例的虚拟变量,将这两个变量与开征时间作交互①,也按照原回归方程进行检验,也随机做500次,并将其回归系数与标准误绘制到密度概率图上。具体如图7-2(b)所示。发现该安慰剂的虚假回归的均值为0.00019,标准差为0.01106,基本以0为中心呈正态分布,而且该回归均值也严格偏离于基准回归结果的0.1259。再一次验证了本章的基准回归结果并不是随机产生的。

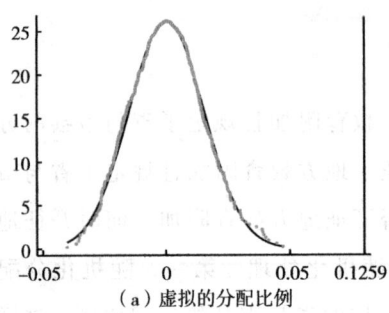 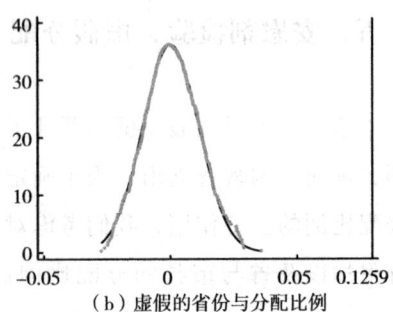

(a) 虚拟的分配比例　　　　　　(b) 虚假的省份与分配比例

图7-2　安慰剂检验

六、平行趋势检验:观察趋势性变化

运用双重差分模型研究因果效应,需要满足一个重要前提假设就是平行趋势假设。尽管前文在安慰剂检验部分业已检验随机化后的组别(开征与未

---

① 这里为了便于处理,考虑到2002年以后开征地方教育附加的省份开始增多,故人为地设定2002年及以后的为1,2002年以前的为0。作为安慰剂检验,这样处理并不影响本章的核心逻辑。

开征地方教育附加)以及分配比例在政策时间节点前后并无明显差异,但是其他可能影响事前组变化趋势的因素依然很难观测,故仍需检验其平行趋势。借鉴现有研究思路(Chen et al.,2020),设定如下事件研究方程:

$$Spend\_edu_{i,t} = \alpha + \beta_r \sum_{\gamma \geq -7}^{4+} D_{t_0+\gamma} \times redistribute_i + \delta X_{i,t} + \eta_t + \lambda_i + \varepsilon_{i,t} \quad (2)$$

其中:$D_{t_0+\gamma}$表示是否及何时开征了地方教育附加,t_0表示开征地方教育附加的年份,而$\gamma = -7, -6, \cdots, 4+$,其中,将前七期以前的均累计到前七期,第四期以后的也均累计到第四期。图7-3显示了平行趋势检验结果(均以前一期为基准),发现开征地方教育附加以前各地区的教育支出差异在0附近波动,并不存在明显的趋势性变动,而在开征了地方教育附加以后,开征了地方教育附加的地区其教育支出出现一个明显的增长趋势,且随着时间的推移,这种增长的趋势越明显。进而,可以说明本章的双重差分模型满足平行趋势假设的要求。

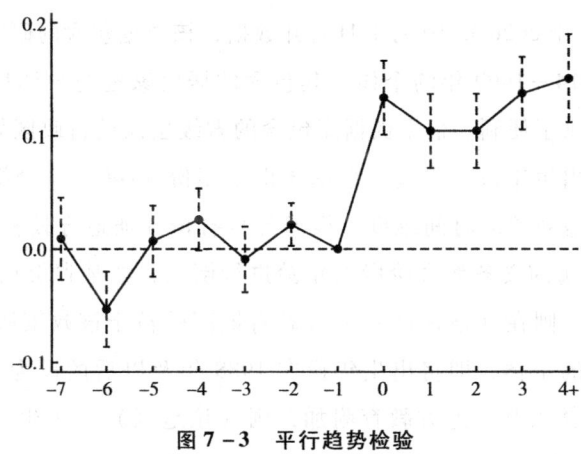

图7-3 平行趋势检验

第五节 进一步讨论:对个体教育水平的影响

前文业已验证开征地方教育附加这种以省为主导的筹集与分配教育财政资金,为义务教育发展提供了一个专项融资渠道,促进了教育支出的增加。从教育作为一项具有广泛空间外溢性的公共产品来讲,它不仅需要家庭部门的教育投入，更需要政府部门的公共教育投入（Fernández and Rogerson，1998）。在很大程度上，公共教育投入可以弥补家庭教育投入的不足（李力行和周广肃，2014），以至于部分地区的教育发展相当依赖于以政府为主导的公共教育投入（Kotera and Seshadri，2017）。于是，我们需要观察这种以开拓专项融资渠道为义务教育融资的行为，对受益于该政策变革的居民个体的长期受教育水平会带来何种影响。也就是说，将开征地方教育附加的政策影响从宏观层面延伸到居民个体的微观层面。

这里利用现有公开的微观调查数据库，以距离开征地方教育附加年份相对较远或者距离当前时间较近的数据库作为主要数据来源，原因在于可以充分利用居民个体完成正规教育的时间，使研究对象更具代表性。这里选择以CGSS2017作为主要数据来源，研究开征地方教育附加对居民个体的长期受教育水平的影响。CGSS（中国综合社会调查）是我国最早的全国性、综合性、连续性学术调查项目，搜集了社会、社区、家庭、个人多个层次的数据，CGSS2017于2020年10月1日公开数据，该数据包含的研究样本涵盖了出生年份在1914—1999年的个体，其包含的居民家庭与个体层面的数据也为本章研究提供了便利。根据数据库包含的省级层面的行政区划代码，并利用居民个体的出生年份，构造一个基于出生年份（cohort）分组的非平衡面板。具体到受益对象的时间维度，根据部分省份开征地方教育附加的时间，以居民个体所属的义务教育阶段的年龄进行倒推，如某省份在2002年开征地方教育附加，则在（该地区）义务教育期间受益于该政策影响的是1988年及以后出生的个体，即将出生年份在1988年及以后的设为1，其他设为0[①]；如某省份并未开征地方教育附加，则（该地区）各出生年份的个体均设为0。因此，基于开征地方教育附加的省份以及该省份的省与市县的分配比例，再结合受益于该政策变革的出生年份，构造一个微观层面的吸收三个维度差异的双重差分模型。

$$educ_{i,j,c} = \alpha + \rho_0(surcharge_{i,j,c} \times redistribute_j) + \rho_1 surcharge_{i,j,c}$$
$$+ \chi redistribute_j + \delta X_{i,j,c} + \eta_c + \lambda_j + \varepsilon_{i,j,c} \tag{3}$$

[①] 说明：由于CGSS2017调查的个体涵盖了1914—1999年出生的个体，故研究范围的截止日期就是出生年份在1999年的个体。

其中：i 表示居民个体，j 表示省份，c 表示出生年份（cohort），$educ_{i,j,c}$ 则表示第 c 年出生的在 j 省份的第 i 个个体的受教育水平；$surcharge_{i,j,c}$ 表示属于 j 省份的且在第 c 年份出生的第 i 个个体是否受益于开征地方教育附加的影响，表示根据该省份在哪一年开征了地方教育附加，进而推算属于该省份的个体的出生年份能否受益开征地方教育附加这一政策变革的影响[①]；$redistribute_j$ 表示某省份的省与市县的分配比例；$surcharge_{i,j,c} \times redistribute_j$ 则表示是否受益于开征地方教育附加这一政策影响，其系数 ρ_0 是我们重点关注的系数，我们预期该系数显著为正，进而意味着受益于开征地方教育附加为居民个体的长期受教育水平带来积极影响。此外，$X_{i,j,c}$ 表示影响居民个体长期受教育水平的其他因素，如个体层面的性别、民族、14 岁时的常居地，还有父母的受教育水平等，因为家庭的教育投入决策取决于父母二者的共同作用（Galor and Zeira, 1993；Maoz and Moav, 1999）；η_c 表示出生年份的固定效应，λ_j 表示省份固定效应，$\varepsilon_{i,j,c}$ 表示随机误差项。

具体到变量设置方面，以个体的最高受教育程度作为受教育水平的衡量指标，在数据库中该指标是以各个学历层级作为表示，为了便于解释与比较，这里全部转换为具体的受教育年限，如没有受过任何教育的设为 0，私塾、扫盲班的设为 1，小学设为 6，初中设为 9，高中层级的设为 12，大学专科层级的设为 15，大学本科层级的设为 16，研究生及以上的设为 19。此外，为了保证研究对象在出生年份层面的可比性，这里限定了回归样本是出生年份在 1980 年及以后的所有样本（即出生年份在 1980—1999 年的个体）。接下来，检验开征地方教育附加对居民个体的长期受教育水平的影响，结果在表 7-8 中得到了证实。所有回归均控制了出生年份和省份的固定效应，并将标准误聚类到省层面。表 7-8 的第（1）列显示了这一回归结果，发现筹集与分配义务教育专项融资资金的回归系数为 1.0254，且在 10% 的置信水平下显著为正，说明了以省级政府为主导的开征地方教育附加这种为义务教育发展提供专项融资渠道，不仅促进了教育支出的增加，也对受益于该政策变革的居民个体的长期受教育水平产生了积极影

[①] 根据该省份开征地方教育附加的年份，并参照个体在义务教育阶段的时间，推算其受益于地方教育附加政策的出生年份。例如，某省份在 2000 年开征了地方教育附加，进而按照所在义务教育阶段的时间，推算出在 1986 年及以后出生的个体会受益于该政策的影响。

响。进一步,除了该政策变革的因素以外,还有个体层面的其他因素也可能会影响其长期受教育水平,如果忽略这些因素则可能会高估该政策变革的影响。于是,我们在第(2)列加入了个体层面的其他因素,发现回归系数稳定在了 1.0519,并在 5% 的置信水平下显著为正,再一次验证了开征地方教育附加这一政策变革的积极作用。当然,为了与基准回归结果保持一致,在第(3)列中加入了控制变量与出生年份固定效应的交互项,发现筹集与分配义务教育专项融资资金的回归系数为 0.8053,且在 10% 的置信水平下显著为正,依然支持了开征地方教育附加对受益于该政策的居民个体长期受教育水平的积极影响[①]。

不能忽视的是,这种结果的存在性是否是由于数据库本身的原因,也就是说不同数据库可能存在着具有差异化的结果。为排除数据库来源这一因素,我们利用 CFPS2018 数据作进一步的稳健性检验。CFPS 数据(中国家庭追踪调查)是北京大学中国社会科学调查中心(ISSS)组织实施,主要是跟踪收集个体、家庭、社区三个层次的数据,为社会经济等各类型研究提供基础数据支持。2010 年正式开展调查活动,调查了全国 25 个省、市、自治区的 16000 户样本,调查对象包含样本家户中的全部家庭成员。该调查已历经 2010 年基线、2012 年(第 1 轮)、2014 年(第 2 轮)、2016 年(第 3 轮)、2018 年(第 4 轮),而 2018 年距离当前的时间更为接近,故本章以 CFPS2018 作为新数据库来源。具体的处理方法与前文保持一致,由于不同数据库的结构与变量设置各异,为了保证回归的样本量与有效性[②],仅选择居民个体的性别、12 岁时的户口状况以及家庭人口数量作为控制变量,且控制了出生年份和家庭层面的固定效应,并将标准误聚类到省层面。表 7-8 的第(4)列与第(5)列分别显示了不包含与包含个体与家庭层面变量的回归结果,发现筹集与分配义务教育专项融资资金的回归系数分别为 1.6020 与 2.0095,二者分别在 5% 与 1% 的置信水平下显著为正;同时,也在第(6)列加入了控制变量与出生年份固定效应的交互项,发现筹集与分配义务教育专项融资资金的回归系数为 1.8997,且在 10% 的置信水平下显著为正。上述回归结果的系

[①] 前文的 redistribute 分配变量在回归中是 omitted 状态,为了展示效果在前后的一致,这里未报告 redistribute 分配变量的回归结果。

[②] 这里的研究样本范围包括出生年份在 1980—2000 年的个体。

数略大于 CGSS2017 数据库的结果,但并未改变本章的研究结论,依然支持本章的研究逻辑。

表7-8　　　　　进一步讨论:个体的受教育水平

变量	CGSS2017			CFPS2018		
	(1)	(2)	(3)	(4)	(5)	(6)
surcharge × redistr	1.0254* (0.5042)	1.0519** (0.4772)	0.8053* (0.4191)	1.6020** (0.6601)	2.0095*** (0.6695)	1.8997* (0.9635)
surcharge	-0.1077 (0.4988)	0.1074 (0.4629)	0.0172 (0.3766)	-0.1380 (0.3806)	-0.2148 (0.5296)	-0.2408 (0.7943)
Constant			10.9267*** (0.7494)			9.7703** (3.8072)
Controls		Yes	Yes		Yes	Yes
Controls × Cohort dummy			Yes			Yes
Cohort FE	Yes	Yes	Yes	Yes	Yes	Yes
Province FE	Yes	Yes	Yes			
Family FE				Yes	Yes	Yes
Obs	3123	3114	3114	6373	4306	8782
R-squared	0.180	0.278	0.316	0.841	0.864	0.932

注:*、**、***分别表示10%、5%和1%的显著水平,小括号内报告的是标准误,且标准误聚类到省级层面。

本章小结

我国现有关于义务教育经费来源渠道的研究相对较少,且更鲜有涉及专项融资来源渠道的义务教育经费在政府间的分配比例问题。于是,本章尝试以开征地方教育附加这一政策变革研究义务教育专项融资对地方教育支出的影响。本章研究所使用的宏观数据主要是《全国地市县财政统计资料》,微观数据主要是 CGSS2017、CFPS2018。具体地,根据手工搜集的各省份开征地方教育附加的政策,如某省份是否开征、何时开征以及省与市县的分配比例等，以识别地方教育附加的效应。在构造识别变量方面，以省份是否开征及何时开征、省与市县的分配比例两个变量（三个维度）的交互效应反映开征地方教育附加的效应。实证检验结果发现，开征地方教育附加这种筹集与分配义务教育专项融资资金能够有效地保障地方政府的教育支出，验证了开拓义务教育专项融资渠道对义务教育发展的积极作用。在此基础上，还对这一结果作了稳健性检验，并考察了其他因素对这一结果的影响，还有安慰剂检验等，均支持本章的研究结论。此外，在平行趋势检验部分，发现开征地方教育附加以前各地区的教育支出并无明显的差异，或者是并不存在明显的趋势性变动，而在开征了地方教育附加以后，开征了地方教育附加的地区其教育支出出现一个明显的增长趋势，且随着时间的推移，这种增长的趋势越明显。进一步，我们分别利用CGSS2017、CFPS2018微观调查数据讨论了这种开征地方教育附加对受益于该政策变革的个体的长期受教育水平的影响，也发现这种筹集与分配义务教育专项融资资金对受益于该政策变革的个体的长期受教育水平具有积极影响。

上述研究结果证实了开拓义务教育专项融资渠道对于地方教育支出以及受益于该政策变革的个体的长期受教育水平的积极影响，并识别了这种因果效应。这一研究结果对于义务教育经费的融资体制和分配机制均具有重要意义，即开拓具有稳定资金来源渠道的税费，专门用于支持义务教育发展，能够在一定程度上弥补义务教育经费的不足。

2019年《教育领域中央与地方财政事权和支出责任划分改革方案》出台以后，扩大了中央在义务教育领域的事权和支出责任，意味着中央在义务教育方面承担着越来越大的责任。但是，不可忽视的是，还有两点没有改变：一是阶段性任务与专项性工作的事项依然由地方承担主要的支出责任没有改变；二是中央统筹部分的经费也由财政转移支付的形式拨付没有改变。也就是说，地方政府依然承担着重要的事权和支出责任，资金分配机制也有继续完善的空间。此外，为了建立"后4%时代"财政教育经费投入稳定增长的长效机制，中央也支持多渠道筹措教育经费的制度体系。那么，在义务教育领域的事权和支出责任越来越清晰，且地方政府依然承担重要的支出责任的情况下，地方层面如何进一步完善义务教育经费投融资体制和机制，其中，一方面就是以地方为主导开拓新的专门用以支持义务教育发展的税

第七章 教育财政的地方保障：基于开征地方教育附加的研究

（种）费，且保证这种资金的专款专用性质。主要原因在于，我们不仅需要为当前的九年义务教育提供相对充足的教育财政资金，还需要为未来可能要实施的十二年义务教育提供足额的资金支持；国外的部分经验也告诉我们，地方政府具有相对稳定的专门支持义务教育发展的税费，会对本地义务教育发展具有积极作用，因此，寻求新的税（种）费渠道是保障义务教育长期发展的必要条件。另一方面，就是尽可能地将这种具有专项性质的财政资金直接下沉到基层财政。主要原因在于这种具有指定使用用途的财政资金，能够保障其使用的方向与力度，避免其他层级政府对该项资金的盘剥或挪用，下沉的资金越多就越有利于保障基层财政的义务教育支出空间。当然，这种新的税费形式可能在一定程度上不利于地区间义务教育的均衡发展，因为它与所在地区的经济发展直接相关，即税源丰富的地区所征收的税费也就越多，这也就需要中央政府承担弥补地区间经费筹集不均衡的责任。

| 第八章 |

研究结论、政策建议与研究展望

第一节 研究结论

如前文所述,义务教育是国家统一实施的所有适龄儿童、少年必须接受的教育,是国家必须予以保障的公益性事业。义务教育质量事关亿万少年儿童健康成长,事关国家发展,事关民族未来。2008年,时任国务院总理温家宝在《政府工作报告》中提到:近些年来,由于经费不足,一些农村中小学不仅没有专门的实验室,甚至连做演示实验的条件都没有;由于基层财政困难,一些农村学校的校长为了保证学校的正常运转,不得不四处筹钱,被形象地称为"化缘校长"。可以看出,我国基层政府的义务教育经费并不富裕,在部分地区甚至依然很艰难。因此,如何为义务教育发展保驾护航,就需要研究义务教育经费保障。我国的义务教育经费保障存在的问题,在很大程度上来源于政府间责任分配的过于下沉,即低层级政府承担着过重的责任。于是,本书从政府间责任分配的视角对义务教育经费保障进行研究。

本书首先梳理了现有关于义务教育经费保障的文献,并得出本书试图研究的方向,也就是实现各层级政府共同承担的义务教育经费保障,且高层级政府承担更大的责任;其次,从理论层面验证不同层级政府对义务教育经费的责任分配,目的在于说明义务教育的责任更适合由高层级政府承担;再次,从义务教育经费保障的重要性层面,梳理我国在不同历史阶段关于义务教育发展及其经费保障机制的历史教训,并借鉴国外不同国家结

第八章 研究结论、政策建议与研究展望

构形式下的经验教训,总结我国义务教育经费保障存在的问题与未来可能改善之处;然后,从义务教育经费保障的三项改革出发,即以农村中小学教师工资的管理责任上移、财政转移支付制度以及开征地方教育附加作为政策冲击,检验各项改革对教育发展的影响。本书研究在一定程度上丰富了义务教育经费保障关于责任上移的研究,丰富以比例税为补充经费来源的义务教育经费保障研究,有助于解决县级义务教育经费投入不足与来源不足的困境。

具体地,本章研究有如下几个结论:

第一,在教育的管理责任划分方面,发现高层级政府管理义务教育财政资金会更有效率。在义务教育公共产品的供给上,不同层级政府间具有不同的供给激励,高层级政府应承担更大的财政责任。我国在 2001 年出台了《关于基础教育改革与发展的决定》,规定农村中小学教师工资的管理权由乡镇财政上移到县级财政,也就是说,农村中小学教师工资的管理责任由低层级政府上移到了高层级政府,这种管理责任上移保障了农村教师工资待遇,进而可能对受益于该政策的居民个体的长期受教育水平产生积极影响。为检验这种影响的存在性,我们利用 2010 年人口普查数据,基于居民个体的不同出生年份与所属地区两个维度,以居民个体及其父母三者的户籍性质来识别该政策的受益群体,再引入地区的自有财力因素以区分各地的实施效果差异,进而识别这种管理责任上移对居民长期受教育水平的影响。结果发现,"以县为主"的政策效应相对优于"以乡为主"的政策效应,说明了高层级政府在义务教育公共产品供给方面的积极作用。进一步,以性别分组的检验中发现男女的受益程度较为类似,以贫困地区分组的检验中现非国家级贫困县的受益程度更高,这就肯定了管理责任上移的作用而非是获得额外的财政补助的作用。

这一研究发现的学术贡献在于:在实证层面,以微观个体作为研究对象,利用出生年份与所属地区识别了农村中小学教师工资的管理责任上移对居民个体的长期受教育水平的因果效应,进一步丰富了以农村中小学教师工资角度来研究义务教育问题。在事权层面,揭示了高层级政府对于义务教育投资与管理责任的重要性,即相对于低层级政府而言,高层级政府能够更好地管理义务教育财政资金,这就为进一步清晰义务教育的事权和支出责任提

供了基础数据。

第二，在教育财政的中央保障方面，发现相对于低层级政府自有的财政收入而言，高层级政府拨付的财政资金更具有效率。1994年分税制改革以来，以转移支付制度作为协调政府间财政关系的重要手段，主要是要解决各级政府履行事权与支出责任的财力缺口，实现地区的均衡发展，尤其是地区间基本公共服务均等化。地方政府获得相当规模的转移支付，这就为教育支出的增长提供了稳定的财源，进而为提升居民的教育水平提供了条件。于是，本书利用分税制改革以来的财政转移支付制度，结合宏微观数据研究了财政转移支付对居民个体的长期受教育水平的结构效应，也就是财政转移支付为居民个体带来额外的受教育年限。研究发现，居民个体在义务教育阶段所受益的财政转移支付所占（地方财政总收入）的比重每增加1个百分点，能够为本地区居民的长期受教育水平额外带来至少0.2年的受教育年限，具体到分类型财政转移支付，发现专项转移支付的作用相对更为明显；同时，利用估算的教育类转移支付也发现了这一结果。另外，在作用机制的检验中，也同样发现了财政转移支付的结构效应，即财政转移支付所占的比重每提升1个百分点，则为本地区教育支出带来额外的13个百分点。

这一研究发现的学术贡献在于：一是进一步验证了高层级政府对于低层级政府在教育投入方面的积极带动作用，再将其延伸到微观个体层面的长期受教育水平；二是重点研究了上级拨付的财政转移支付对微观个体的长期受教育水平的结构效应，也就是相对于本地自有财政收入而言，财政转移支付所带来的额外效应；三是，为进一步完善义务教育领域的事权与支出责任提供了基础数据支持，即高层级政府能够为地方提供更好的教育公共服务。

第三，教育财政的地方保障方面，发现以省级为主导的开拓新的义务教育专项融资渠道有效地弥补了义务教育投入的不足。随着经济发展水平的逐步提升，国家也越来越重视义务教育这种基础教育在经济社会发展中的作用，为此，投入了大量的财政资金以支持义务教育发展。与国外不同的是，我国并没有一个专门用于支持义务教育发展的税种，或者说义务教育经费投入没有可以依赖的税种，以至于义务教育经费来源渠道相对较窄。于是，本书尝试以开征地方教育附加这一视角研究新的义务教育专项融资渠道的积极作用。与以往全国统一开征教育费附加与执行相同的征收标准不同的是，（2011年以前）开征地方教育附加基本上属于地方政府行为，且是否开征与何时开征，省与地方分配的比例等也均不相同，故能够识别开征地方教育附加对教育支出的影响差异。研究发现，开征地方教育附加这种筹集与分配行为，尤其是该税费具有的专款专用的性质，有效地保障了地方政府的教育支出。进一步，我们还通过识别个体的所属地区与出生年份，讨论了开征地方教育附加对受益于该政策变革的个体的长期受教育水平的影响，发现开征地方教育附加不仅为义务教育经费提供了新的专项融资渠道，还为个体的长期受教育水平带来积极影响。

这一研究发现的学术贡献在于：一是在实证层面，分别以宏观教育数据与微观个体作为研究对象，利用双重差分法识别了开征地方教育附加这一义务教育专项融资渠道对地方教育支出与个体的长期受教育水平的因果效应，丰富了义务教育经费来源这一研究；二是在事权方面，揭示了以省为主筹集与分配具有专款专用性质的义务教育经费，对于完善义务教育经费投融资机制的积极作用。

第二节　政策建议

第一，在体制方面，努力落实省级统筹。在不同层级政府的责任分配上，本书研究对于完善我国义务教育阶段的财政资金在不同层级政府间的配置具有重要的指导意义。也就是说，相对于低层级政府而言，高层级政府更能够管理好、使用好义务教育财政资金，尤其是保障农村教师工资待遇。但是，我们依然需要重视的是，这种管理责任上移对县级财政也造成了一定的影响，因为县级财政自身也面临着财政困难；同时，地区间财力状况的不均衡，也导致实施效果的不均衡，地区间的差距依然存在。显然，我们需要将这种义务教育的财政责任进一步上移，即实现省级统筹。然而，尽管2006年新修订的《教育法》规定了义务教育经费由省级负责统筹落实的体制，但事实上并未有效落实省级统筹，依然是以县为主的义务教育保障体制。因此，在确定高层级政府具有供给优势的条件下，未来在义务教育经费保障方面需要落实省级统筹,促进地区间义务教育的均衡发展,缩小地区间、城乡间的教育发展差距。

第二,在机制方面,继续完善财政转移支付制度,尤其是教育类财政转移支付。在财政转移支付制度上,本书研究证实了相对于低层级政府自有的财政收入而言,高层级政府拨付的财政资金更有效率。这对我国未来进一步完善财政转移支付制度,以及教育事权和支出责任在不同层级政府间的分配具有重要的指导意义。也就是说,相对于低层级政府而言,高层级政府拨付的财政转移支付对支持本地区教育发展具有更好的作用,这就意味着义务教育阶段的教育事权和支出责任应该进一步上移,使更高层级政府承担主要责任。与此同时,我们看到具有指定用途且难以挪用的专项转移支付对教育支出的积极作用,这就需要进一步完善教育类转移支付,实施更加专业化、精准化的教育转移支付。当然,我们也必须认识到财政转移支付的结构效应在国家级贫困县的作用并不明显,这就需要我们重新审视扶贫类教育资金的合理利用。

第三,在融资体制方面,考虑开拓新的税费来源以补充义务教育经费的不足。在义务教育经费来源上,以省级政府为主导的开征地方教育附加,有效地弥补了义务教育经费投入的不足。证实了开拓义务教育专项融资渠道,对于地方教育支出以及受益于该政策变革的个体的长期受教育水平的积极影响,并识别了这种因果效应。这一研究结果对于义务教育经费的融资体制具有重要意义,即开拓具有稳定资金来源渠道的税费,专门用于支持义务教育发展,能够在一定程度上弥补义务教育经费的不足。当然,这种融资行为不仅要重视资金的筹集还需要重视资金的分配。本书研究表明,以省为主的义务教育筹资行为能够为义务教育的长期发展产生积极作用。因此,在义务教育经费投融资体制上需要进一步实现"以县为主"到"以省为主"的转变。

第三节 研究展望与研究不足

第一,将研究对象延伸到学校层面,研究学校如何高效地使用义务教育经费。中小学的规模一般较小，因此没有条件建立专门的财务机构，大多数学校在后勤部门设立财务部门，由学校任命教师来担当学校财务人员，对其进行短暂培训即可上岗，其业务水平较低，常出现不规范的核算行为，而预算管理则更无从谈起。现有针对学校层面涉及的支出，如人员经费支出、公用经费支出、资助贫困学生支出、项目支出等均缺乏实证性的研究。因此，进一步的研究应该是完善预算管理，使学校层面的教育经费的管理责任上移，纳入更高一级政府的预算管理，即需要全面推广"校财局管"的改革，使学校层面的经费管理也上升到预算管理。

第二，探索十二年制义务教育的研究。现有关于义务教育的研究，基本上都是以九年制义务教育作为基准，当前已有部分地区试点实施了十二年制义务教育。那么，在十二年制义务教育下，各层级政府又在义务教育经费保障方面发挥何种作用？我们可以预测的是，实施十二年制义务教育的地区，用以义务教育方面的支出必然会增加，这突出地表现在接受（十二年制）义务教育的人数增加，相关的配套设施也要增加，可能会在一定程度上加剧县级政府的财政困难。尽管我国当前并未达到全面推行十二年制义务教育的条件，但实行十二年制义务教育是一个大趋势。因此，我们需要为十二年制义务教育的推广作前期研究。

第三，探索学前教育的研究。学前教育是学前教育学的重要内容之一，是构成学前教育学的科学体系的一部分。儿童是人生智力发展的基础阶段，又是发展最快的时期，适当、正确的学前教育对幼儿智力及其日后的发展具有重要的作用。法国在 2019 年强制实行 3 岁入学的义务教育，实际上就将学前教育纳入了义务教育的范畴，我国的决策部门、社会研究人员等也在探讨学前教育的地位问题。因此，在探索十二年制义务教育的同时，还可以探索学前教育，以进一步丰富我国基础教育的研究。

在研究不足方面，与企业税收、产业经济、国际贸易以及劳动经济等方面的研究相比，现有关于教育财政方面的实证研究相对较少，一个主要原因就在于缺乏基础数据支持，如县、乡方面的教育财政数据严重缺失，更不用说学校维度的数据，以至于很难为教育财政作定量研究。本书使用的宏观数据指标，基本上来自于《全国地市县财政统计资料》（1994—2009 年），该数据库涉及的县级教育数据仅有教育支出一项，且教育支出项目尚不能区分出义务教育与高中教育的相对关系（尽管部分县层面公布了学生数、教师数，但缺失较为严重），以至于研究变量相对粗糙、研究期限相对较短。此外，更为重要的是，教育指标在部分地区或部分年份缺失严重，鲜有地区公开2010年及以后的县级教育支出数据。因此，数据的严重缺失在一定程度上制约了本书的研究。期待在未来一段时期内，统计部门能够公开部分教育财政类数据，以弥补本书因变量粗糙带来的不足。

参考文献

[1] Acemoglu, D. (2008). Introduction to Modern Economic Growth, Princeton University Press.

[2] Acemoglu, D., & Angrist, J. (2001). How Large are Human – Capital Externalities? Evidence from Compulsory – Schooling Laws, in (B. Bernanke and K. Rogoff, eds.), NBER Macroeconomics Annual 2000, Cambridge MA: MIT Press.

[3] Alderman, H., Hoddinott, J., & Kinsey, B. (2006). Long – Term Consequences of Early Childhood Malnutrition. Oxford Economic Papers, 58 (3), 450 – 474.

[4] Alesina, A., & Rodrik, D. (1994). Distributive Politics and Economic Growth. The Quarterly Journal of Economics, 109 (2), 465 – 490.

[5] Baker, B. D., & Di Carlo, M., (2020). "The Coronavirus Pandemic and K – 12 Education Funding", Washington, D. C., Albert Shanker Institute.

[6] Barro, R. J., & Lee, J. W. (1993). International Comparisons of Educational Attainment. Journal of Monetary Economics, 32 (3), 363 – 394.

[7] Bartfeld, J., & Dunifon, R. (2006). State – Level Predictors of Food Insecurity among Households with Children. Journal of Policy Analysis and Management, 25 (4), 921 – 942.

[8] Becker, G. S., & Tomes, N. (1976). Child Endowments and the Quantity and Quality of Children, Journal of Political Economy, 84 (4), 143 – 162.

[9] Becker, G. S., & Tomes, N. (1979). An Equilibrium Theory of the Distribution of Income and Intergenerational Mobility. Journal of Political Econo-

my, 87 (6), 1153 – 1189.

[10] Becker, G. S., & Tomes, N. (1986). Human Capital and the Rise and Fall of Families. Journal of Labor Economics, 4 (3), S1 – S39.

[11] Berlinski, S., & Ramos, A. (2020). Teacher Mobility and Merit Pay: Evidence from a Voluntary Public Award Program. Journal of Public Economics, 186, 1 – 16.

[12] Besley, T., & Persson, T. (2010). State Capacity, Conflict and Development. Econometrica, 78 (1), 1 – 34.

[13] Bhattacharya, J., & Haider, C. S. J. (2006). Breakfast of Champions? The School Breakfast Program and the Nutrition of Children and Families. The Journal of Human Resources, 41 (3), 445 – 466.

[14] Bishop, J. (1996). Incentives to Study and the Organization of Secondary Instruction. In Assessing Educational Practices, edited by William Becker and William Baumol. Cambridge, MA: MIT press.

[15] Black, S. E., Devereaux, P. J., & Salvanes, K. (2004). Fast Times at Ridgemont High? The Effect of Compulsory Schooling Laws on Teenage Births. Technical Report. National Bureau of Economic Research.

[16] Black, S. E., & Devereux, P. J. (2010). Recent Developments in Intergenerational Mobility, Social Science Electronic Publishing, 4 (1), 1487 – 1541.

[17] Buchmann, C., DiPrete, T. A., & McDaniel, A. (2008). Gender Inequalities in Education. Annual Review of Sociology, 34, 319 – 337.

[18] Bütikofer, A., Molland, E., & Salvanes, K. G. (2018). Childhood Nutrition and Labor Market Outcomes: Evidence from a School Breakfast Program. Journal of Public Economics, 168, 62 – 80.

[19] Cai, H., Chen, Y., & Gong, Q. (2016). Polluting Thy Neighbor: Unintended Consequences of Chinas Pollution Reduction Mandates. Journal of Environmental Economics & Management, 76, 86 – 104.

[20] Case, A. C., Rosen, H. S., & Hines, J. R. (1993). Budget Spillovers and Fiscal Policy Interdependence: Evidence from the States. Journal of Pub-

lic Economics, 52, 285 – 307.

[21] Cassidy, R. G., Kirby, M. J. L., & Raike, W. M. (1971). Efficient Distribution of Resources Through Two or More Levels of Government. Management Science, 17 (8), 462 – 473.

[22] Chen, Y., Lei, X., & Zhou, L. A. (2017). Does Raising Family Income Cause Better Child Health? Evidence from China. Economic Development & Cultural Change, 65 (3), 495 – 520.

[23] Chen, T., Kung, J. K., & Ma, C. (2020). Long Live Keju! The Persistent Effects of China's Civil Examination System. The Economic Journal, 130 (631), 2030 – 2064.

[24] Chen, Y., Fan, Z., Gu, X., & Zhou, L. A. (2020). Arrival of Young Talents: Send – Down Movement and Rural Education in China. American Economic Review, 110 (11), 3393 – 3430.

[25] Chiswick, B. B. R. (1966). Education and the Distribution of Earnings. The American Economic Review, 56 (1 – 2), 358 – 369.

[26] Chusseau, N., & Hellier, J. (2011). Educational Systems, Intergenerational Mobility and Social Segmentation. European Journal of Comparative Economics, 8 (2), 203 – 233.

[27] Chusseau, N., Hellier, J., & Ben – Halima, B. (2012). Education, Intergenerational Mobility and Inequality, Ssrn Electronic Journal, 537 (2), 225 – 273.

[28] Datzberger, S. (2018). Why Education Is Not Helping the Poor. Findings from Uganda. World Development, 110, 124 – 139.

[29] Denison, E. (1983). Human Capital Approach to Economics Development. New Metropolitan, Delhi.

[30] Devarajan, S., Swaroop, V., & Zou, H. (1996). The Composition of Public Expenditure and Economic Growth. Journal of Monetary Economics, 37 (2), 313 – 344.

[31] Drèze, J., & Khera, R. (2017). Recent Social Security Initiatives in India. World Development, 98, 555 – 572.

[32] Duflo, E. , & Pande, R. (2007). Dams. The Quarterly Journal of Economics, 122 (2), 601 – 646.

[33] Duflo, E. (2011). Schooling and Labor Market Consequences of School Construction in Indonesia: Evidence from an Unusual Policy Experiment. American Economic Review, 91 (4), 795 – 813.

[34] Eckstein, Z. , & Zilcha, I. (1994). The Effects of Compulsory Schooling on Growth Income Distribution and Welfare. Journal of Public Economics, 54, 339 – 359.

[35] Fan, C. S. , & Zhang, J. (2013). Differential Fertility and Intergenerational Mobility under Private versus Public Education. Journal of Population Economics, 26 (3), 907 – 941.

[36] Fang, H. , Rizzo, J. A. , Rozelle, S. , & Zeckhauser, R. J. (2012). The Returns to Education in China: Evidence from the 1986. Compulsory Education Law, NBER Working Paper, No. 18189.

[37] Ferguson, R. F. (1991). Paying for Public Education: New evidence onHow and Why Money Matters. Harvard Journal of Legislation, 28 (2), 465 – 498.

[38] Fernández, R. , & Rogerson, R. (1998). Public Education and Income Distribution: A Dynamic Quantitative Evaluation of Education – Finance Reform. The American Economic Review, 88 (4), 813 – 833.

[39] Figlio, D. N. & Kenny, L. W. (2007). Individual Teacher Incentives and Student Performance. Journal of Public Economics, 91 (5 – 6), 901 – 914.

[40] Fraker, T. , Martini, A. , & Ohls, J. (1995). The Effect of Food Stamp Cashout on Food Expenditures: An Assessment of the Findings from Four Demonstrations. The Journal of Human Resources, 30 (4), 633 – 649.

[41] Francavilla, F. , & Giannelli, G. C. (2007). The Relation between Child Labour and Mothers' Work: The Case of India. IZA Discussion Papers.

[42] Galor, O. , & Zeira, J. (1993). Income Distribution and Macroeconomics. Review of Economic Studies, 60 (1), 35 – 52.

[43] Glewwe, P., Jacoby, H. G., & King, E. M. (2001). Early Childhood Nutrition and Academic Achievement: A Longitudinal Analysis. Journal of Public Economics, 81 (3), 345-368.

[44] Goldhaber, D., Lavery, L., & Theobald, R. (2015). Uneven Playingfield? Assessing the Teacher Quality Gap between Advantaged and Disadvantaged Students. Educational Researcher, 44 (5), 293-307.

[45] Goodburn, C. (2009). Learning from Migrant Education: A Case Study of the Schooling of Rural Migrant Children in Beijing. International Journal of Educational Development, 29 (5), 495-504.

[46] Gordon, N. E., & Ruffini, K. J. (2018). School Nutrition and Student Discipline: Effects of Schoolwide Free Meals, NBER, Working Paper 24986.

[47] Hayek, F. A. (1945). The Use of Knowledge in Society. The American Economic Review, 35 (4), 519-530.

[48] Hedges, L., Laine, R., & Greenwald, R. (1994). An Exchange: Part I: Does Money Matter? A Meta-Analysis of Studies of the Effects of Differential School Inputs on Student Outcomes. Educational Researcher, 23 (3), 5-14.

[49] Hout, M., & DiPrete, T. A. (2006). What We Have Learned: Rc28's Contributions to Knowledge about Social Stratification. Research in Social Stratification & Mobility 24.

[50] Hoxby, C. M. (1996). Are Efficiency and Equity in School Finance Substitutes or Complements?. Journal of Economis Perspectives, 10 (4), 51-72.

[51] Hoynes, H. W., & Schanzenbach, D. W. (2009). Consumption Responses to In-kind transfers: Evidence from the Introduction of the Food Stamp Program. American Economic Journal: Applied Economics, 1 (4), 109-139.

[52] Jackson, C. K., Johnson, R., & Persico, C. (2016). The Effects of School Spending on Educational and Economic Outcomes: Evidence from School Finance Reforms. The Quarterly Journal of Economics, 131 (1), 157-218.

[53] Keen, M., & Marchand, M. (1997). Fiscal Competition and the Pattern of Public Spending. Journal of Public Economics, 66, 33-53.

[54] Kleinman, R. E., Murphy, J. M., Little, M., Pagano, M., Wehler, C. A., & Regal, K., et al. (1998). Hunger in Children in the United States: Potential Behavioral and Emotional Correlates. Pediatrics, 101 (1), E3.

[55] Kneller, R., Bleaney, M. F., & Gemmell, N. (1999). Fiscal Policy and Growth: Evidence from OECD Countries. Journal of Public Economics, 74 (2), 171–190.

[56] Kotera, T., & Seshadri, A. (2017). Educational Policy and Intergenerational Mobility. Review of Economic Dynamics, 4 (25), 187–208.

[57] La, V. (2014). Does Schooling Pay? Evidence from China. MPRA Paper.

[58] Lai, F., Liu, C., & Luo, R. (2014). The Education of China's Migrant Children: The Missing Link in China's Education System. International Journal of Educational Development, 37, 68–77.

[59] Lankford, H., Loeb, S., & Wyckoff, J. (2002). Teacher Sorting and the Plight of Urban Schools: A Descriptive Analysis. Educational Evaluation and Policy Analysis, 24 (1), 37–62.

[60] Lau, L. J., Jamison, D. T., & Liu, S. C., et al. (1993). Education and Economic Growth some Cross-Sectional Evidence from Brazil. Journal of Development Economics, 41, 45–70.

[61] Lavy, V. (2002). Evaluating the Effect of Teachers' Group Performance Incentives on Pupil Achievement. Journal of Political Economy, 110, 1286–1317.

[62] Li, H., Loyalka, P., Rozelle, S., & Wu, B. (2017). Human Capital and China's Future Growth. The Journal of Economic Perspectives, 31 (1), 25–47.

[63] Li, P., Lu, Y., & Wang, J. (2016). Does Flattening Government Improve Economic Performance? Evidence from China. Journal of Development Economics, 123, 18–37.

[64] Liang Z., & Chen, Y. P. (2007). The Educational Consequences of Migration for Children in China. Social Science Research, 36 (1), 28–47.

[65] Lleras – Muney, A. (2005). The Relationship between Education and Adult Mortality in the United States. Review of Economic Studies, 72 (1), 189 – 221.

[66] Lochner, L., & Moretti, E. (2004). The Effect of Education on Crime: Evidence from Prison Inmates, Arrests, and Self – reports. American Economic Review, 94 (1), 155 – 189.

[67] Loeb, S., & Page, M. (2000). Examining the Link between Teacher Wages and Student Outcomes: The Importance of Alternative Labor Market Opportunities and Non – Pecuniary Variation. The Review of Economics and Statistics, 82 (3), 393 – 408.

[68] Long, S. K. (1991). Do the School Nutrition Programs Supplement Household Food Expenditures?. Journal of Human Resources, 26 (4), 654 – 678.

[69] Lucas, R. E. (1988). On the Mechanics of Economic Development. Journal of Monetary Economics, 22 (1), 3 – 42.

[70] Mankiw, N. G., Romer, D., & Weil, D. N. (1992). A Contribution to the Empirics of Economic Growth. Quarterly Journal of Economics, 107, 407 – 437.

[71] Maoz, Y. D., & Moav, O. (1999). Intergenerational Mobility and the Process of Development. The Economic Journal, 109 (458), 677 – 697.

[72] Mayer, S. E., & Lopoo, L. M. (2008). Government Spending and Intergenerational Mobility. Journal of Public Economics, 92 (1), 139 – 158.

[73] McKenzie, D., & Rapoport, H. (2006). Migration and Education Inequality in Rural Mexico. INTAL – ITD Working Paper 1446, Inter – American Development Bank, INTAL.

[74] Meng, X., & Yamauchi, C. (2015). Children of Migrants: The Impact of Parental Migration on Their Children's Education and Health Outcomes. IZA Discussion Papers.

[75] Middleman, A. B., Emans, S. J., & Cox, J. (1996). Nutritional Vit B12 Deficiency and Folate Deficiency in an Adolescent Patient Presenting with Anemia, Weight Loss, and Poor School Performance. Journal of Adolescent

Health, 19, 76 - 79.

[76] Moretti, E., & Wilson, D. J. (2017). The Effect of State Taxes on the Geographical Location of Top Earners: Evidence from Star Scientists. The American Economic Review, 107 (7), 1858 - 1903.

[77] Murphy, J. M., Wehler, C. A., Pagano, M. E., Little, M., Kleinman, R. E., & Jellinek, M. S. (1998). Relationship between Hunger and Psychosocial Functioning in Low - Income American Children. Journal of the American Academy of Child & Adolescent Psychiatry, 37 (2), 163 - 70.

[78] Musgrave, R. A. (1959). The Theory of Public Finance: A Study in Public Economy. McGraw - Hill, New York.

[79] Oates, W. E. (1972). Fiscal Federalism. Harcourt Brace Jovanovich, New York.

[80] Oates, W. E. (1999). An Essay on Fiscal Federalism. Journal of Economic Literature, 37 (3), 1120 - 1149.

[81] Oberholser, C. A., & Tuttle, C. R. (2004). Assessment of Household Food Security Among Food Stamp Recipient Families in Maryland. American Journal of Public Health, 94 (5), 790 - 795.

[82] OECD. (2013). Education at a Glance 2013: OECD Indicators. Paris: OECD Publishing.

[83] Pollitt, E., Cueto, S., & Jacoby, E. R. (1998). Fasting and Cognition in Well - and Undernourished Schoolchildren: A Review of Three Experimental Studies. American Journal of Clinical Nutrition, 67 (4), 779S - 784S.

[84] Qian, Y., & Weingast, B. R. (1997). Federalism as a Commitment to Market Incentives. Journal of Economic Perspectives, 11, 83 - 92.

[85] Rivkin, S., Hanushek, E., & Kain, J. (2005). Teachers, Schools, and Academic Achievement. Econometrica, 73 (2), 417 - 458.

[86] Romer, P. M. (1989). Human Capital and Growth: Theory and Evidence, NBER Working Papers 3173.

[87] Rosen, H. S. (1995). Public Finance, 4th edition, Illinois: Richard D. Irwin, INC.

[88] Ryu, J. & Bartfeld, J. (2012) Household Food Insecurity during Childhood and Subsequent Health Status: The Early Childhood Longitudinal Study—Kindergarten Cohort. American Journal of Public Health, 102, 50 – 55.

[89] Sass, T. R., Hannaway, J., Xu, Z., Figlio, D. N., & Feng, L. (2012). Value Added of Teachers in High Poverty Schools and Lower Poverty Schools. Journal of Urban Economics, 72 (2 – 3), 104 – 122.

[90] Schively, C. (2007). Understanding the NIMBY and LULU Phenomena: Reassessing Our Knowledge Base and Informing Future Research. Journal of Planning Literature, 21 (3), 255 – 266.

[91] Schmidt, L., Shoresheppard, L., & Watson, T. (2013). The Effect of Safety – Net Programs on Food Insecurity. Journal of Human Resources, 51 (3), 589 – 614.

[92] Serrato, J. C. S., & Wingender, P. (2016). Estimating Local Fiscal Multipliers. Working Paper. No. w22425.

[93] Shah, A. (2003). Intergovernmental Fiscal Arrangements: Lessons from International Experience. The World Bank Institute.

[94] Shah, A. (1994). The Reform of Intergovernmental Fiscal Relations in Developingand Emerging Market Economics. Policy and Research Series 23, The World Bank, Washington DC.

[95] Shah, A. (2006). A Practitioner's Guide to Intergovernmental Fiscal Transfers. Policy Research Working Paper, 44 (2), 127 – 186.

[96] Shavit, Y., & Blossfeld, H. P. (1993). Persistent in Equality: Changing Educational Attainment in Thirteen Contries. Westview Press.

[97] Solon, G. (2004). A Model of Intergenerational Mobility Variation over Time and Place, In Corak, M (ed.), Generational Income Mobility in North America and Europe, Cambridge: New York and Melbourne.

[98] Solow, R. M. (1956). A contribution to the Theory of Economic Growth. Quarterly Journal of Economics, 70 (1), 65 – 94.

[99] Springer, M. G., & Taylor, L. (2016). Designing Incentives for Public School Teachers: Evidence from a Texas Incentive Pay Program. Journal of Ed-

ucation Finance, 41 (3), 344 – 381.

[100] Stoddard, C. (2005). Adjusting Teacher Salaries for the Cost of Living: The Effect on Salary Comparisons and Policy Conclusions. Economics of Education Review, 24 (3), 323 – 339.

[101] Tiebout, C. M. (1956). A Pure Theory of Local Expenditures. Journal of Political Economy, 64 (5), 416 – 424.

[102] Ushomirsky, N., & Williams, D. (2015). Funding Gaps 2015. The Education Trust.

[103] Wang, Y. R. (2018). Educational and Nutritional Consequences of Education Subsidy in Rural China. China Economic Review, 51, 167 – 180.

[104] Weber, M. (1947). The Theory of Social and Economic Organization. The Free Press, NewYork.

[105] Weingast, B. R. (1995). The Economic Role of Political Institutions: Market – Preserving Federalism and Economic Development. Journal of Law Economics & Organization, 11 (1), 1 – 31.

[106] West, L. A., & Wong, C. P. W. (1995). Fiscal Decentralization and Growing Regional Disparities in Rural China: Some Evidence in the Provision of Social Services. Oxford Review of Economic Policy, 11 (4), 70 – 84.

[107] Williams, W., Adrien, R., Murthy, C., &Pietryka, D. (2016). Equitable Access to Excellent Educators: An Analysis of States' Educator Equity Plans. Washington, DC: Office of Elementary and Secondary Education, U. S. Department of Education.

[108] Winicki, J., & Jemison, K. (2003). Food Insecurity and Hunger in the Kindergarten Classroom: Its Effect on Learning and Growth. Contemporary Economic Policy, 21 (2), 145 – 157.

[109] Wong, T. (2012). Perceptions about Neighbourhood Schools Must Change. The Straits Times, March 8.

[110] Xiao, Y., Li, L., & Zhao, L. Q. (2017). Education on the Cheap: The Long – Run Effects of a Free Compulsory Education Reform in Rural China. Journal of Comparative Economics, 45 (3), 544 – 562.

[111] Xu, H., & Xie, Y. (2015). The Causal Effects of Rural – to – Urban Migration on Children's Well – being in China. European Sociological Review, (4), 237 – 44.

[112] Young, A. (2000). The Razor's Edge: Distortions and Incremental Reform in the People's Republic of China. The Quarterly Journal of Economics, 115 (4), 1091 – 1135.

[113] 白易彬：《京津冀区域政府协作治理模式研究》，中国经济出版社2017年版。

[114] 鲍传友："中国城乡义务教育差距的政策审视"，《北京师范大学学报（社会科学版）》，2005年第3期。

[115] 鲍宗豪：《科学发展论》，上海社会科学院出版社2007年版。

[116] 才国伟、刘剑雄："收入风险、融资约束与人力资本积累——公共教育投资的作用"，《经济研究》，2014年第7期。

[117] 财政部教科文司、教育部财务司、上海财经大学公共政策研究中心课题组：《中国农村义务教育转移支付制度研究》，上海财经大学出版社2005年版。

[118] 蔡昉："中国的人口红利还能持续多久"，《经济学动态》，2011年第6期。

[119] 曾天山、刘立德：《中国教育科研报告2008年第3辑》，人民教育出版社2008年版。

[120] 常斌："中国省际间义务教育发展差异及解释研究"，《财政研究》，2015年第4期。

[121] 陈斌开、张鹏飞、杨汝岱："政府教育投入、人力资本投资与中国城乡收入差距"，《管理世界》，2010年第1期。

[122] 陈永明：《教育经费的国际比较》，天津教育出版社2006年版。

[123] 陈钊、徐彤："走向'为和谐而竞争'：晋升锦标赛下的中央和地方治理模式变迁"，《世界经济》，2011年第9期。

[124] 成刚、萧今："政府间转移支付对县域基础教育供给的影响——基于江西省的证据"，《北京大学教育评论》，2011年第2期。

[125] 程名望、盖庆恩、Jin Yanhong："人力资本积累与农户收入增

长",《经济研究》,2016 年第 1 期。

[126] 褚宏启:"城乡教育一体化:体系重构与制度创新——中国教育二元结构及其破解",《教育研究》,2009 年第 11 期。

[127] 丁冬、郑风田:"撤点并校:整合教育资源还是减少教育投入?——基于 1996—2009 年的省级面板数据分析",《经济学(季刊)》,2015 年第 2 期。

[128] 丁继红、徐宁吟:"父母外出务工对留守儿童健康与教育的影响",《人口研究》,2018 年第 1 期。

[129] 杜育红、王善迈:"西部教育发展要有新战略、新思路",《教育研究》,2000 年第 5 期。

[130] 段成荣、周福林:"我国留守儿童状况研究",《人口研究》,2005 年第 1 期。

[131] 段成荣、王文录、王太元:"户籍制度 50 年",《人口研究》,2008 年第 1 期。

[132] 范柏乃、闫伟:"我国教育投入对经济增长贡献率的时空差异研究——基于 1996—2011 年的省际面板数据",《国家教育行政学院学报》,2013 年第 12 期。

[133] 范先佐:"构建'以省为主'的农村义务教育财政体制",《华中师范大学学报(人文社会科学版)》,2006 年第 2 期。

[134] 范先佐:《人口流动背景下的义务教育体制改革》,中国社会科学出版社 2011 年版。

[135] 范子英:"财政转移支付与人力资本的代际流动性",《中国社会科学》,2020 年第 9 期。

[136] 范子英、高跃光:"财政扶贫资金管理、支出激励与人力资本提升",《财政研究》,2019 年第 3 期。

[137] 范子英、高跃光、刘畅:"营养干预、健康与教育——基于国家营养改善计划的研究",《财贸经济》,2020 年第 7 期。

[138] 范子英、张军:"转移支付、公共品供给与政府规模的膨胀",《世界经济文汇》,2013 年第 2 期。

[139] 费雪:《州和地方财政学》,吴俊培总译校,中国人民大学出版

社 2000 年版。

[140] 冯晨、陈舒、白彩全："长期人力资本积累的历史根源：制度差异、儒家文化传播与国家能力塑造"，《经济研究》，2019 年第 5 期。

[141] 傅勇、张晏："中国式分权与财政支出结构偏向：为增长而竞争的代价"，《管理世界》，2007 年第 3 期。

[142] 伏润民、常斌、缪小林："我国省对县（市）一般性转移支付的绩效评价——基于 DEA 二次相对效益模型的研究"，《经济研究》，2008 年第 11 期。

[143] 甘行琼、刘大帅："论户籍制度、公共服务均等化与财政体制改革"，《财政研究》，2015 年第 3 期。

[144] 高如峰：《中国农村义务教育财政体制研究》，人民教育出版社 2005 年版。

[145] 高如峰："农村义务教育财政体制比较：美国模式与日本模式"，《教育研究》，2003 年第 5 期。

[146] 高如峰："中国农村义务教育财政体制的实证分析"，《教育研究》，2004 年第 5 期。

[147] 龚自知：《云南教育经费独立经过》，载于李家祥、王雯、张鑫《云南职业教育百年——文献史料选编》，云南大学出版社 2017 年版。

[148] 郭庆旺、贾俊雪："中央财政转移支付与地方公共服务提供"，《世界经济》，2008 年第 9 期。

[149] 国家统计局农村社会经济调查总队：《中国农村贫困监测报告 2001》，中国统计出版社 2001 年版。

[150] 哈巍、罗蕴丰、徐晓雯："义教工程，成效几何——基于'国家贫困地区义务教育工程'一期的影响分析"，《清华大学教育研究》，2018 年第 3 期。

[151] 贺曲夫：《中国当代省制改革展望》，中国经济出版社 2011 年版。

[152] 黄玖立、李坤望："出口开放、地区市场规模和经济增长"，《经济研究》，2006 年第 6 期。

[153] 黄燕萍、刘榆、吴一群、李文溥："中国地区经济增长差异：基于分级教育的效应"，《经济研究》，2013 年第 4 期。

[154] 贾俊雪、宁静:"纵向财政治理结构与地方政府职能优化——基于省直管县财政体制改革的拟自然实验分析",《管理世界》,2015 年第 1 期。

[155] 贾康、王桂娟:《财政制度国际比较》,立信会计出版社 2016 年版。

[156] 贾晓俊、岳希明、王怡璞:"分类拨款、地方政府支出与基本公共服务均等化——兼谈我国转移支付制度改革",《财贸经济》,2015 年第 4 期。

[157] 康建英:《财政分权体制下政府义务教育支出研究》,人民出版社 2012 年版。

[158] 李成贵:"农村义务教育投入:主体确认与增长机制研究",《中国农村经济》,2003 年第 11 期。

[159] 李春玲:"社会政治变迁与教育机会不平等——家庭背景及制度因素对教育获得的影响(1940—2001)",《中国社会科学》,2003 年第 3 期。

[160] 李力行、周广肃:"家庭借贷约束、公共教育支出与社会流动性",《经济学(季刊)》,2015 年第 1 期。

[161] 李萍:《财政体制简明图解》,中国财政经济出版社 2010 年版。

[162] 李强:"影响中国城乡流动人口的推力与拉力因素分析",《中国社会科学》,2003 年第 1 期。

[163] 李瑞锋:"我国农村教育发展与农村经济增长的实证研究",《财经问题研究》,2007 年第 4 期。

[164] 李实:"中国农村劳动力流动与收入增长和分配",《中国社会科学》,1999 年第 2 期。

[165] 李世刚、尹恒:"县级基础教育财政支出的外部性分析——兼论'以县为主'体制的有效性",《中国社会科学》,2012 年第 11 期。

[166] 李文利、曾满超:"美国基础教育'新'财政",《教育研究》2002 年第 5 期。

[167] 李阳:"流动人口公共产品提供的公共政策研究:以流动儿童义务教育为例",北京理工大学出版社 2015 年版。

[168] 李永友、沈玉平:"转移支付与地方财政收支决策——基于省级面板数据的实证研究",《管理世界》,2009 年第 11 期。

[169] 李永友、张子楠:"转移支付提高了政府社会性公共品供给激励吗?",《经济研究》,2017 年第 1 期。

[170] 李贞:"义务制教育的公共产品定位",《中央财经大学学报》,2005 年第 4 期。

[171] 厉以宁:"关于教育产品的性质和对教育的经营",《教育发展研究》,1999 年第 10 期。

[172] 林伯强:"中国的政府公共支出与减贫政策",《经济研究》,2005 年第 1 期。

[173] 林江、孙辉、黄亮雄:"财政分权、晋升激励和地方政府义务教育供给",《财贸经济》,2011 年第 1 期。

[174] 刘畅、马光荣:"财政转移支付会产生'粘蝇纸效应'吗?——来自断点回归的新证据",《经济学报》,2015 年第 1 期。

[175] 刘畅、曹光宇、马光荣:"地方政府融资平台挤出了中小企业贷款吗?",《经济研究》,2020 年第 3 期。

[176] 刘惠林:《中国地方教育财政问题研究》,黑龙江人民出版社 2018 年版。

[177] 刘剑文、侯卓:"事权划分法治化的中国路径",《中国社会科学》,2017 年第 2 期。

[178] 刘克崮、贾康:《中国财税改革三十年 亲历与回顾》,经济科学出版社 2008 年版。

[179] 刘荣勤、秦庆武:"农村教育与农村现代化——山东莱芜农科教协调发展的启示",《中国社会科学》,1994 年第 2 期。

[180] 刘瑞明、赵仁杰:"西部大开发:增长驱动还是政策陷阱——基于 PSM – DID 方法的研究",《中国工业经济》,2015 年第 6 期。

[181] 刘生龙、周绍杰、胡鞍钢:"义务教育法与中国城镇教育回报率:基于断点回归设计",《经济研究》,2016 年第 2 期。

[182] 吕利丹、阎芳、段成荣、程梦瑶:"新世纪以来我国儿童人口变动基本事实和发展挑战",《人口研究》,2018 年第 3 期。

[183] 吕炜、刘国辉:"中国教育均等化若干影响因素研究",《数量经济技术经济研究》,2010 年第 5 期。

[184] 吕炜:"深化我国财政体制改革的探讨",《管理世界》,2005 年第 12 期。

[185] 马光荣、郭庆旺、刘畅："财政转移支付结构与地区经济增长"，《中国社会科学》，2016 年第 9 期。

[186] 马国贤："中国义务教育资金转移支付制度研究"，《财经研究》，2002 年第 6 期。

[187] 马海涛、郝晓婧："中央和地方财政事权与支出责任划分研究——以公共教育领域为例"，《东岳论丛》，2019 年第 3 期。

[188] 马晓强、崔吉芳、刘大伟等："中国教育现代化发展的总体趋势和挑战"，《教育研究》，2017 年第 11 期。

[189] 毛捷、吕冰洋、陈佩霞："分税的事实：度量中国县级财政分权的数据基础"，《经济学（季刊）》，2018 年第 2 期。

[190] 孟航鸿：《义务教育财政问题研究》，河北教育出版社 2010 年版。

[191] 蒋洪：《财政学（第 2 版）》，高等教育出版社 2004 年版。

[192] 庞丽娟、韩小雨："我国农村义务教育教师队伍建设：问题及其破解"，《教育研究》，2006 年第 9 期。

[193] 齐良书、赵俊超："营养干预与贫困地区寄宿生人力资本发展——基于对照实验项目的研究"，《管理世界》，2012 年第 2 期。

[194] 乔宝云、范剑勇、冯兴元："中国的财政分权与小学义务教育"，《中国社会科学》，2005 年第 6 期。

[195] 秦雪征、庄晨、杨汝岱："计划生育对子女教育水平的影响——来自中国的微观证据"，《经济学（季刊）》，2018 年第 3 期。

[196] 佘国信：《地区间财力差异与调节》，中国财政经济出版社 1999 年版。

[197] 申国昌："民国时期山西义务教育经费保障研究"，《教育与经济》，2008 年第 2 期。

[198] 石绍宾：《城乡基础教育均等化供给研究》，经济科学出版社 2008 年版。

[199] 舒尔茨：《论人力资本投资》，吴珠华等译，北京经济学院出版社 1990 年版。

[200] 司晓宏："优化教育资源配置，促进西部农村义务教育优质发展"，《教育研究》，2009 年第 6 期。

[201] 司晓宏、杨令平："当前我国西部地区农村义务教育形势分析"，《教育研究》，2010 年第 8 期。

[202] 孙开：《地方财政学》，经济科学出版社 2002 年版。

[203] 谭融：《权力的分配与权力的角逐 美国分权体制研究》，天津大学出版社 1994 年版。

[204] 谭深："中国农村留守儿童研究述评"，《中国社会科学》，2011 年第 1 期。

[205] 唐松林：《中国农村教师发展研究》，浙江大学出版社 2005 年版。

[206] 唐为："分权、外部性与边界效应"，《经济研究》，2019 年第 3 期。

[207] 陶菁："农村留守儿童教育出现的新问题及其对策——对'两免一补'政策效应的调查与思考"，《江西社会科学》，2007 年第 7 期。

[208] 陶然、周敏慧："父母外出务工与农村留守儿童学习成绩——基于安徽、江西两省调查实证分析的新发现与政策含义"，《管理世界》，2012 年第 8 期。

[209] 陶勇："省以下政府事权和支出责任划分的问题与改革"，《公共治理评论》，2016 年第 2 期。

[210] "完善农村义务教育财政保障机制"课题组、张少春、刘艳华、王敏、吕炜："发展中国家义务教育财政保障机制的比较与启示"，《财政研究》，2005 年第 12 期。

[211] 汪德华、邹杰、毛中根："'扶教育之贫'的增智和增收效应——对 20 世纪 90 年代'国家贫困地区义务教育工程'的评估"，《经济研究》，2019 年第 9 期。

[212] 王法忠：《预算知识手册》，中国财政经济出版社 2020 年版。

[213] 王麒麟："生产性公共支出、最优税收与经济增长"，《数量经济技术经济研究》，2011 年第 5 期。

[214] 王善迈、袁连生、刘泽云："我国公共教育财政体制改革的进展、问题及对策"，《北京师范大学学报（社会科学版）》，2003 年第 6 期。

[215] 王善迈："我国教育投资体制的改革"，《教育发展研究》，1999 年第 6 期。

[216] 王小龙："义务教育'两免一补'政策对农户子女辍学的抑制效

果——来自四省（区）四县（旗）二十四校的证据"，《经济学家》，2009年第4期。

[217] 魏东霞、谌新民："落户门槛、技能偏向与儿童留守——基于2014年全国流动人口监测数据的实证研究"，《经济学（季刊）》，2018年第2期。

[218] 邬志辉、于胜刚：《农村义务教育经费保障新机制》，北京大学出版社2008年版。

[219] 吴敏、刘畅、范子英："转移支付与地方政府支出规模膨胀——基于中国预算制度的一个实证解释"，《金融研究》，2019年第3期。

[220] 吴愈晓、黄超："基础教育中的学校阶层分割与学生教育期望"，《中国社会科学》，2016年第4期。

[221] 武向荣："义务教育经费均衡现状调查与对策分析"，《教育研究》，2013年第7期。

[222] 小弗恩·布里姆莱、鲁龙·R. 贾弗尔德：《教育财政学 因应变革时代》，窦卫霖主译，中国人民大学出版社2007年版。

[223] 谢桂华："中国流动人口的人力资本回报与社会融合"，《中国社会科学》，2012年第4期。

[224] 谢庆奎、杨宏山：《府际关系的理论与实践》，天津教育出版社2007年版。

[225] 熊贤君：《民国义务教育研究》，湖南教育出版社2018年版。

[226] 熊贤君：《中国近代义务教育研究》，华中师范大学出版社2006年版。

[227] 徐坚成、茅鸿祥、付炜：《中国人力资源基本国情分析——基于第五次全国人口普查资料的实证研究》，上海市教育科学研究院研究报告，2010年。

[228] 薛海平、王蓉："教育生产函数与义务教育公平"，《教育研究》，2010年第1期。

[229] 杨东平：《中国教育发展报告（2009）》，社会科学文献出版社2009年版。

[230] 尹恒、朱虹："县级财政生产性支出偏向研究"，《中国社会科

学》，2011 年第 1 期。

［231］岳希明、蔡萌："现代财政制度中的转移支付改革方向"，《中国人民大学学报》，2014 年第 5 期。

［232］袁飞、陶然、徐志刚、刘明兴："财政集权过程中的转移支付和财政供养人口规模膨胀"，《经济研究》，2008 年第 5 期。

［233］袁镭、李燕凌："我国义务教育资源配置均等化水平的实证分析——基于泰尔指数的分析"，《现代教育科学》，2015 年第 10 期。

［234］袁希涛：《义务教育》，商务印书馆 1931 年版。

［235］张军、高远、傅勇、张弘："中国为什么拥有了良好的基础设施？"，《经济研究》，2007 年第 3 期。

［236］张莉、年永威、刘京军："土地市场波动与地方债——以城投债为例"，《经济学（季刊）》，2018 年第 3 期。

［237］张丽华、汪冲："解决农村义务教育投入保障中的制度缺陷——对中央转移支付作用及事权体制调整的思考"，《经济研究》，2008 年第 10 期。

［238］张侠、刘小川："义务教育均等化：基于省际数据的实证考察"，《现代管理科学》，2015 年第 4 期。

［239］张晏、李英蕾、夏纪军："中国义务教育应该如何分权？——从分级管理到省级统筹的经济学分析"，《财经研究》，2013 年第 1 期。

［240］赵力涛："中国义务教育经费体制改革：变化与效果"，《中国社会科学》，2009 年第 4 期。

［241］赵志耘、吕冰洋："政府生产性支出对产出—资本比的影响——基于中国经验的研究"，《经济研究》，2005 年第 11 期。

［242］中国第二历史档案馆编：《中华民国史档案资料汇编 第 5 辑 第 1 编 教育》，江苏古籍出版社 1994 年版。

［243］中国行政管理学会：《政府层级管理》，人民出版社 2009 年版。

［244］中国经济增长前沿课题组、张平、刘霞辉、袁富华、陈昌兵："突破经济增长减速的新要素供给理论、体制与政策选择"，《经济研究》，2015 年第 11 期。

［245］中央教育科学研究所教育政策分析中心："义务教育均衡发展是

实现教育公平的基石",《教育研究》,2007年第2期。

[246] 钟辉勇、陆铭:"财政转移支付如何影响了地方政府债务?",《金融研究》,2015年第9期。

[247] 周飞舟:"从汲取型政权到'悬浮型'政权——税费改革对国家与农民关系之影响",《社会学研究》,2006年第3期。

[248] 周黎安:"中国地方官员的晋升锦标赛模式研究",《经济研究》,2000年第7期。

[249] 周晓、朱农:"论人力资本对中国农村经济增长的作用",《中国人口科学》,2003年第6期。

[250] 周亚虹、宗庆庆、陈曦明:"财政分权体制下地市级政府教育支出的标尺竞争",《经济研究》,2013年第11期。

[251] 朱国仁:《教育体制改革:科教兴国战略下的选择》,党建读物出版社2004年版。